日本政治学会 編

選挙ガバナンスと民主主義

年報政治学 2018 − Ⅱ

木 鐸 社

はじめに

　近年，現実社会でも学問的にも，選挙管理のあり方に対する関心が高まっている。現実社会では，選挙管理は以前から発展途上国や民主化間もない国において重要な課題であったが，2000年のアメリカ大統領選挙を境に，先進国でも課題として意識されるようになった。選挙管理上の問題といえば，票の買収や投票箱の差し替えなどが典型的な例であるが，そのような露骨な選挙不正でなくても，有権者認定手続きや投票環境のあり方などが選挙の公正性を歪めているのではないかとの懸念が生まれてきたのである。日本では選挙の公正性が正面から話題になることはなかったが，投票率の低下や在外居住者などの投票参加機会の欠如が問題視される中で，投票環境の改善が進められてきた。また，投票用紙の破棄や白票の二重カウントなど，従来日本の選挙では考えられなかった，選挙実務上の事件が多発しており，比較的軽微な執行管理上問題となるケースも含めると，選挙管理ミスがここ10年で10倍に急増し，選挙管理委員会での管理体制が問題視されるようになっている。

　学問的な関心の台頭は，現実社会の流れに伴う形で現れてきた。2000年以前，世界的には選挙管理の問題は先進国以外に比重があった。自由で公正な選挙を如何に実施するか，そのための条件は何かが研究されてきた。そこでの重要なポイントは，選挙管理機関の独立性と中立性であった。選挙は有権者が自らの代表を候補者の中から選択するゲームであるが，候補者たちは選挙で勝たねば政治活動を行うことができないので，このゲームをできる限り自分に有利なように展開させたいという動機が生まれ得る。言い換えれば，選挙管理への介入のインセンティブが政治家にはある。とりわけ，民主主義が脆弱な国では選挙干渉が発生しやすいので，選挙管理機関の独立が重要であった。

　選挙管理機関の独立性は依然重要ではあるが，2000年以降，新たに重要な争点に浮上してきているのは，積極的投票権保障である。先に触れた在外国民や，投票日が勤務日となっている被用者など，選挙権があっても投

票が実質的に困難な者や，未成年者，囚人，一部の障碍者など，国家の構成員であるにもかかわらず選挙権が制約されている者，以上に該当しない有権者ではあるが，選挙に関する情報が不足している者などに対し，投票環境の改善や，選挙権賦与，選挙情報へのアクセス保障などによって実質的に投票権を保障しようという動きが世界的に見られるが，それをどう捉えるかに新たな研究関心が生じてきたのである。

　後者の動きを含めると，選挙管理という用語では議論が困難であり，より広く選挙ガバナンスとして捉える必要がある。選挙ガバナンスとは，選挙を成り立たせる一連の活動のセットのことであり，その中には，選挙に関するルール作成，ルールの適用，ルールによる決着が含まれる（Mozaffar 2002）。こうした選挙ガバナンスの研究が，世界的にはここ10年で急速に増加し，政治学の一分野を形成しつつあるといってよいであろう。

　そこで，本年報では，選挙ガバナンスに関する特集をもうけ，日本と世界の選挙管理，選挙ガバナンスの状況と，それらが民主主義に与える効果について検討することにした。その際に気をつけたのは，次の２点である。第１に，研究対象を狭く選挙管理に限定しないことである。選挙管理という概念は，各国の選挙管理機関がどのような業務を行っているかに依存しており，各国によって異なる。つまり，日本の概念を用いて調査することは適当とはいえない。より広い，機能的概念である選挙ガバナンスを用いて研究すべきであるが，選挙ガバナンスという研究領域が出現してまだあまり時間がたっていないため，曖昧さが残り，領域の区画確定ができるだけの研究蓄積があるわけではない。このような状況において研究対象を限定するのは適切な指針とならないであろう。

　第２に，先行研究の状況に応じて，日本の分析と世界の分析でフォーカスを同じくしないことである。日本については，選挙ガバナンスそれ自体については既に研究がある（大西編，2018）ので，まだ議論が不十分な新しくかつ日本特有の争点と，選挙ガバナンスの文脈でまだ論じられてはいない新しい領域を論じた。新しい争点とは，投票支援（河村論文）とインターネット広報（岡本論文）である。新しい領域とは，情報ゲームとして見た場合に，積極的投票権保障が投票行動に何をもたらすのか（飯田論文）である。急速に少子高齢化と過疎化が進む日本では，高齢者をはじめとする投票弱者に対する支援が必要となってきており，またICT（情報通信技術）の急速

な革新を受けて，選挙情報を選挙公営の観点からどのように有権者に伝達するかが重要になってきている。これらに日本の選挙管理委員会はどのように対応しているのか。また，選挙情報の伝わり方が，有権者の投票行動にどのような影響を与えるのか，とりわけ期日前投票導入などの積極的投票権保障が有権者の情報環境にいかなる影響を与えているのかが，議論される。

世界については，幾つかの国を事例に，選挙ガバナンスの論点を分析する。世界各国の選挙ガバナンス研究は，Norris を中心に急速に進んでいるが，日本では各国の状況がほとんど報告されていない（例外として，大西編(2017)）。また，Norris らの報告もまた，共通するトピックで幾つかの国の情報を報告する形をとっており，網羅的でない一方で，各国，あるいはそのトピックの特徴を捉えるものとはなっていない。彼女たちの研究以外では計量分析に依拠した比較分析が進められており，それ自体は重要であるが，事例分析が不足していて，事例が持つ文脈依存性を知らないまま分析している嫌いがある。本特集では，選挙ガバナンスのトピックである，独立性の問題（松本論文，伊藤論文），積極的投票権保障拡大（中井論文）でそれぞれ特徴的な国を対象に検討する。また，当事者外から見れば歪に見える選挙ガバナンスを有権者がどう見ているのか，という点（川中論文）についても分析する。

以下では各論文の概要を述べる。河村論文「投票環境改善策としての移動支援―選挙管理委員会に対する調査結果から―」は，選挙における移動支援を，どういう自治体がなぜ行っているのかを分析する。総務省投票環境の向上方策等に関する研究会の取り組みにみられるように，投票弱者の投票環境を改善する取り組みが全国的に進められようとしている。すなわち，少子高齢化の進行によって，高齢者の投票権保障策としての移動支援が幾つかの市区町村選管で試みられている。しかし，移動支援にはコストがかかる上，移動支援を行うことで選挙における公平性の原則に反するのではないかとの懸念もある。2017年に実施された，全国の市区町村選挙管理委員会事務局に対する調査データを用い分析したところ，2016年参院選において移動支援を行っている自治体は13.1％に留まっているが，こうした移動支援は，高齢化が進んだ合併自治体が実施する傾向があることが明らかとなった。言い換えれば，移動支援は高齢化による投票弱者の救済と

いう側面はないわけではないが，それ以上に投票所削減への保障措置の色彩が強いのである。

岡本論文「選挙管理機関による情報発信行動とその規定要因—選挙公報尾ネット掲載を中心に—」では，選挙管理委員会によるインターネットをつうじた情報発信行動として，地方選挙における選挙公報のウェブサイト掲載の有無およびその掲載期間の長さに焦点を合わせて，上述の選管事務局調査のデータを用いてそれらを規定する要因を明らかにしようと試みる。テストされるのは，選挙管理委員会の独立性のなさが選挙公報のネット配信のあり方に影響するかどうかである。藤村(2018)によれば，選挙公報もその一部と理解できる選挙に関する啓発活動は選挙管理委員会の活動の一部であるが，選挙管理委員会がどの程度自治体首長から独立しているかによって，活動のあり方は影響を受ける。首長の権力基盤が盤石であればあるほど，啓発活動に熱心でなくなるのである。これに対し本論文は，選挙公報のウェブサイト掲載の有無およびその掲載期間の長さのいずれに対しても，選挙管理委員会の独立性はあまり問題とならず，むしろ選挙管理委員会事務局による選挙公報の必要性の認識が影響する。これは政治の影響を受けないという意味で規範的には望ましい結論であるが，選挙情報の市民への伝達が選挙管理委員会の意識次第で変わりうるのは，民主主義的に好ましい結論とはいえないであろう。

飯田論文「「不正確な投票」と投票後悔—2016年参院選における護憲派による改憲勢力への投票—」では，2016年参院選前後に実施されたインターネット調査を用いて，有権者が憲法改正という争点に対し正確な投票(correct voting)を行えたのかどうかを検証する。参院選では，いわゆる改憲勢力が議席の3分の2を占めるほどの大勝を収めるが，選挙前の世論調査によると，有権者は必ずしも憲法改正を支持していたわけではなかった。すなわち，少なからぬ護憲派の有権者が改憲勢力に投票したはずであり，そうした有権者は正確な情報を得た上で投票したのであろうか。これに対し本論文は，改憲争点における自民党の立場について「わからない」と答えた護憲派ほど改憲勢力に投票する傾向があること，また改憲勢力に投票した護憲派は選挙後その投票について後悔していること，さらにその傾向は期日前投票を行った有権者の間で強く見られたことがわかった。選挙情報を正確に得ているのかどうかが投票結果に影響を与えており，しかもそ

の歪みに積極的投票権保障が関係しているのである。

　以降は世界編である。松本論文「アメリカ50州における選挙管理組織—何がトップの選出方法を説明するのか—」が対象とするのはアメリカの州レベルの選挙管理機関である。アメリカは民主主義の母国の一つでありながら，選挙管理機関の国際比較の対象とするのが極めて困難な国である。その理由は州権の強さからくるアメリカ内部の多様性であり，もう一つは選挙管理機関もまた党派的であることを問題視しない政治風土である。本論文では，アメリカの特徴を国際比較の枠組みで有力視される，選挙管理機関の独立性に関する分析枠組みを用いてもうまくいかず，むしろアメリカ建国以来の政治的文脈が重要であることを明らかにする。なお，2000年の大統領選挙以降，アメリカでも選挙管理機関を独立させるべきで，党派的運営から脱するべきとの議論はあるが，現実には選挙管理機関の重要性が党派によって認識されたため，より党派的になっている様が記述される。

　伊藤論文「イタリアにおける選挙ガバナンス—民主化と分散的設計のパラドクス—」は，以前より選挙不正が問題となっているイタリアが，選挙不正が発生しやすいとされる政府モデルを改革しようとしない状況を，イタリアの選挙ガバナンスのあり方を伝える中で説明する。イタリアの選挙管理モデルは独立性が低く，選挙管理機関が政府の一部である政府モデルとされるが，実際には選挙管理に政府だけでなく，政党，市民，司法，議会が関与する多元的モデルである。そして，多くの主体の関与が，選挙管理に対する信頼性を高めているといえる。イタリアでは，選挙不正は以前ほど問題視されてはいない。多元的モデルは，しかし，多くの主体が関与するが故に時間がかかり，人的，金銭的資源も必要とされるため，効率的ではない。また，多くの主体から支持を取り付ける現在のシステムは，それだけ拒否点が多いことを意味するため改革が容易ではない。

　中井論文「偶然と党略が生み出したインターネット投票—エストニアによる世界初導入へと至る政治過程—」は，エストニアにおけるインターネット導入の政治過程を分析する。インターネット投票は積極的投票権保障を行う上での最たる形態の一つといえる。投票コストは極めて低く，在外国民，障碍者，移動困難な高齢者を問わず，投票環境を劇的に改善する。他方で，インターネット投票は投票者の本人確認が困難であり，選挙不正の温床になりやすく，かつなったとしても判明しにくい。エストニアは世

界で初めてインターネット投票を導入し，定着させた国である。なぜエストニアが導入に成功したのかについての説明は世界的にもほとんど試みられておらず，電子政府化の一環であるなどの，十分確認されない説が飛び交っている状態である。本論文によれば，エストニアでの成功の理由は二つである。第1に，エストニア固有の文脈に基づく個人IDカード構想の先行で，第2に，インターネット投票実現による集票を期待した党派による政治状況の掌握である。このことはつまり，積極的投票権保障拡大が中立的になされるわけではないことを示しているといえる。

　川中論文「一党優位支配と選挙システム—シンガポールにおける選挙システムと有権者からの評価—」は，外形的には歪で民主主義とは言いがたい選挙制度が，当該国の有権者からどのように評価されており，その評価は何から来るのかをシンガポールを事例に明らかにする。シンガポールは定期的に選挙をおこなっており，露骨な選挙不正は存在しないが，与党人民行動党が勝利できるように頻繁に選挙制度，選挙区区割りを変更するなど，選挙のルールそのものが歪められているため民主的だと見なされていない国である。この選挙制度をシンガポールの有権者がどう認識しているかは，選挙ガバナンスの重要性の核心が，選挙が支配の正当性を与える機能になるという点に着目すれば極めて重要である。シンガポール国立大学リー・クアンユー公共政策大学院の政策研究所が2011年と2015年に実施した選挙直後の世論調査を分析したところ，世代間の亀裂，教育レベルの違いが統計的に有意なレベルで選挙システムの公平性，維持に対する選好に影響を与えていることが分かった。すなわち，独立とその直後から始まる経済発展を経験した世代と，そうした経験のないより若い世代では現行の選挙制度に関する満足度が大きく異なり，若い世代ほど懐疑的である。このように選挙制度（の公正性）に関する評価が価値観に依存しているとすれば，外形的な妥当性と統治の正統性には乖離があることになるかもしれない。

　特集の研究は，科学研究費補助金を受けている。編集委員会は飯田健，伊藤武，岡本哲和，川中豪，河村和徳，中井遼，松本俊太，品田裕と私であった。編集委員に加え，稲継裕昭，曽我謙悟，高橋百合子，西山隆行，藤村直史が研究会に参加してくれた。

　また名取良太査読委員長，齋藤純一政治学会理事長，高安健将常務理事

をはじめ関係者の皆さまに感謝したい。発行にあたり坂口節子木鐸社社長にはいつにもましてお世話になった。心よりお礼を申し上げたい。

〈参考文献〉

Mozaffar, Shaheen（2002）"The Comparative Study of Electoral Governance-Introduction," *International Political Science Review*, 23-1.

大西裕編（2017）『選挙ガバナンスの実態　世界編』ミネルヴァ書房。

大西裕編（2018）『選挙ガバナンスの実態　日本編』ミネルヴァ書房。

藤村直史（2018）「首長は選挙管理に影響を与えるか—市長の選挙戦略と選挙管理委員会事務局の意識—」（大西裕編（2018）『選挙ガバナンスの実態　日本編』ミネルヴァ書房）。

2018年度Ⅱ号年報編集委員長

大西　裕

日本政治学会年報　2018－Ⅱ

目次

はじめに　　　　　　　　　　　　　　　　　　　大西　裕（3）

〔特集〕　選挙ガバナンスと民主主義

投票環境改善策としての移動支援
　　－選挙管理委員会に対する調査結果から－　　河村和徳（15）

選挙管理機関による情報発信行動とその規定要因：
　　選挙公報のネット掲載を中心に　　　　　　　岡本哲和（40）

政党の争点立場認知と投票後悔：
　　2016年参院選における護憲派による改憲勢力への投票　飯田　健（60）

アメリカ50州における選挙管理組織：
　　何がトップの選出方法を説明するのか　　　　松本俊太（82）

イタリアにおける選挙ガヴァナンス：
　　民主化と分散的設計のパラドクス　　　　　　伊藤　武（107）

偶然と党略が生み出したインターネット投票：
　　エストニアによる世界初導入へと至る政治過程　中井　遼（127）

一党優位支配と選挙システム
　　シンガポールにおける選挙システムと有権者からの評価

　　　　　　　　　　　　　　　　　　　　　　　川中　豪（152）

戦後日本首相による所信表明演説の研究：
　　－Discourse Analysisを用いた実証研究－　　ソジエ内田恵美（177）

政党の戦略的行動が政党間移動に与える影響
　　－民主党分裂のケースから－　　　　　　　　谷　圭祐（200）

民主主義の境界画定：
　－正当性と正統性－　　　　　　　　　　　　　福原正人（224）

事前分配（pre-distribution）とは何か：
　－政策指針と政治哲学的構想の検討－　　　　　　大庭　大（246）

2017年学界展望　　　　　　　　　日本政治学会文献委員会（271）

2018年度日本政治学会総会・研究大会日程　　　　　　　（301）

『年報政治学』論文投稿規程　　　　　　　　　　　　　（315）

査読委員会規程　　　　　　　　　　　　　　　　　　（319）

Summary of Articles　　　　　　　　　　　　　　　（323）

選挙ガバナンスと民主主義

投票環境改善策としての移動支援

－ 選挙管理委員会に対する調査結果から －

河村和徳*

要旨：近年の総務省投票環境の向上方策等に関する研究会の取り組みにみられるように，投票弱者の投票環境を改善する取り組みが進められており，高齢社会の到来によって，交通弱者となった高齢者の投票権保障策としての移動支援が幾つかの市区町村選管で試みられている。本稿では，全国の市区町村選挙管理委員会事務局に対して実施した調査データを用い，こうした取り組みについて検討を行った。選管調査のデータによると，2016年参院選において移動支援を行っている自治体は13.1％に留まっており，導入のコストと公平性に対する懸念が実施の足枷になっていることがうかがえた。またロジスティック回帰分析を行った結果，こうした移動支援は高齢化が進んだ合併自治体が実施する傾向があることが明らかとなった。移動支援策の実施は，合併後の過程でもたらされた投票区合区の影響を多分に受けているようである。高齢化の進展によって，移動支援の重要性は増すことが予想され，こうした投票支援策に関する研究を進めていく必要に我々は迫られている。

キーワード：高齢社会，積極的投票権保障，移動支援，
選挙のインテグリティ，市町村合併

1．はじめに

1.1 高齢化と交通弱者の投票弱者化

医療技術の発達によって，日本人の平均寿命は大きく伸びた。2016年に厚生労働省が発表した平成27年簡易生命表によると[1]，男性の平均寿命は80.79年，女性は87.05年である。戦争直後の1947年のそれは男性が50.06

---

*　東北大学情報科学研究科

16

年，女性が53.96年だったから，30年以上伸びたことになる。約20年前の1995年時点では，男性76.38年，女性82.85年であるから，そこからも約4年程度伸びた計算になる。

　医療技術の進歩により寿命が伸びるということは，介護されて老後を過ごす高齢者が増えるということと同義であり，寝たきりの有権者が増えるということでもある。寝たきりの者は当然のことながら，投票所に自力で足を運ぶことはできない。また足を運べたからと言って，投票できるとは限らない。投票所のバリアフリー化が不十分で投票所に入場できなかったり，投票したい候補者を自書できなかったりする可能性もある。高齢社会を迎えた今，彼らに対する投票権をいかに保障するか，我々は考える時期に来ている。

　それだけではない。一般的に，年を重ねれば運動機能は低下し，日々の活動範囲は狭くなり，また認知機能の低下等によって事故リスクが高まることになる。近年，免許証の自主返納が呼びかけられ，それに応じる者は増える傾向にある[2]。免許証の自主返納が行われれば，高齢者の交通事故が減ることにおそらくつながるであろう。しかし，公共交通の無い中山間地のように，自家用車が生活する上での唯一の足である場合，彼らの多くは免許証の返納をしぶるだろうし，実際，そのような発想を持つ者は「車社会」の進展した地域を中心に少なくない。

　免許証の自主返納は，政治参加とも無縁ではない。農山村や漁村では，自宅から投票所までの距離が十キロを超えるような場合もある。免許証を自主返納すれば，自らの票を投じることは困難になる。投票率の観点から見た場合，免許証の自主返納は投票率低下を促す可能性もある。免許証の自主返納はプラスの面ばかりではなく，マイナスの面も含んでおり，参政権という民主主義の根幹に関わる問題も孕んでいるのである。

　ただし，免許証を自主返納する高齢者が増加したとしても，公共交通があるような地域や地域社会のネットワークが機能しているような地域では，その問題は顕在化しないだろう。前者であれば，彼らを公共交通（多くの場合はバス）が彼らを投票所に運んでくれるであろう。後者であれば，地域の助け合い（いわゆる「共助」）が働くかもしれない。言い換えれば，免許証を返納した高齢者の投票弱者化を，公共交通ないしはソーシャル・キャピタルが阻んでくれる可能性はある[3]。ただし，日本の中山間地では，

林業の衰退や若者が仕事を求めて都会へ流出した影響もあって集落の高齢化率は極めて高く、いわゆる「限界集落(山下 2012)」化している。このようなところは、もともと投票所に行くことが容易ではないところがほとんどである。

そう考えると、今後、日本の中山間地で免許返納者が増えれば交通弱者が増えることになり、そして彼らはそのまま投票弱者となる可能性は高い。

1.2 近年における投票環境向上に対する取り組み

投票環境における制約から有権者に有効な投票機会を提供できていない側面があるのであれば、少なくともそのような制約についてはできるだけ解消、改善し、有権者一人一人に着目した更なる投票機会の創出や利便性の向上に努めていくべきである(総務省投票環境の向上方策等に関する研究会 2016)。

国民は、投票の同一価値の原則の下、納税額等の制限を設けずに選挙権を行使でき、投票に際しては自らが望む候補者・政党に自由に投票でき、その投票先を他者に知られることがない。これは民主主義国における選挙の基本と言えるだろう(International IDEA 2002; Weill 2017)。「国家の構成員のできるだけ多くの人々に選挙権を賦与し、選挙情報へのアクセスを保障し、投票しやすい環境を整備し、実質的に投票権を保障しよう(大西 2017)」とすることは、選挙で選ばれるリーダーの正統性を高めると考えられる。

1990年代以降、日本では投票環境の改善、とりわけ相対的に投票弱者とされる有権者の投票環境を改善する制度改正が進められてきた(大西 2018)。表 1 は1990年代後半以降の選挙制度の改正をまとめたものである。下線を引いたものは、投票弱者とされる有権者の投票環境改善に関する改正である[4]。「期日前投票制度[5]」や「共通投票所投票制度」の導入[6]、「インターネット選挙運動」の解禁[7]といった大きな改革に我々の目は奪われがちであるが、表を見ればわかるように、数多くの投票弱者向けの改正がなされてきているのである。

1990年代後半以降に、投票弱者の投票環境を向上する方向に改正が進ん

表1　1995年以降の選挙制度の改正

選挙と投開票日	改正内容
第41回衆議院議員総選挙 1996年10月20日	小選挙区比例代表並立制が導入される
第18回参議院議員通常選挙 1998年7月12日	投票時間，不在者投票時間が延長される 不在者投票事由が緩和される
第42回衆議院議員総選挙 2000年6月25日	比例代表に在外選挙が導入される 洋上投票が導入される
第19回参議院議員通常選挙 2001年7月29日	参議院の比例代表名簿が非拘束名簿方式になる
第43回衆議院議員総選挙 2003年11月9日	マニフェストの頒布が解禁される
第20回参議院議員通常選挙 2004年7月11日	期日前投票制度が導入される 郵便投票制度が拡充される
第21回参議院議員通常選挙 2007年7月29日	在外選挙で選挙区選挙が可能になる 南極投票等が導入される
仙台市議会議員選挙など 2011年8月28日	選挙公報のWEB掲載が解禁される
第23回参議院議員通常選挙 2013年7月21日	成年被後見人選挙権が回復される インターネット選挙運動が解禁される
第24回参議院議員通常選挙 2016年7月11日	選挙権年齢が18歳に引き下げられる 合区選挙区が制度化される 共通投票所投票制度が導入される 期日前投票における弾力運用が可能になる 移動支援経費の加算規定が新設される
第48回衆議院総選挙 2017年10月22日	洋上投票の対象者が拡大される

出典：総務省資料を元に筆者作成

だのには理由がある。投票率の低下傾向への危惧と，それに伴い総務省が姿勢を転換したからである。選挙行政を司る総務省のかつての姿勢は，「一部の有権者の投票を支援することは選挙の平等・公正性を損なう恐れがある」というものであったと言える。それが投票率維持の観点など時代の変化から，上述したような「有権者一人一人に着目した更なる投票機会の創出や利便性の向上に努めていくべき」という姿勢に変わったのであった[8]。

　こうした投票弱者の選挙権を保障しようという試みは，日本だけのものではない。先進民主主義国では，「積極的投票権保障（substantive voting rights）（Alvarez, Hall, and Hyde 2008; Hanmer 2009; 大西 2017）」の観点から，代替不在者投票（alternative (absentee) voting）[9] の仕組みを見直し，また「有権者の資格要件緩和」や「選挙情報へのアクセス保障」，「投票環境の

改善」を，交通網や情報通信網の整備と関連づけながら，試みてきた。エストニアで実施されている「期日前投票におけるインターネット投票[10]」は，積極的投票権保障の取り組みの最たるものの1つと言えるだろうし，本稿で採り上げる移動支援も投票環境の改善につながることから，積極的投票権保障の1つと言える。

1.3　本稿の意義と使用するデータ

　本稿では，交通弱者の投票支援策としての移動支援を1つの例として採り上げる。そして，日本における選挙権の現実的な保障のあり方を考える1つの機会と位置づけ，その過程を通じ，日本の選挙管理委員会の取り組みだけではなく，投票環境の改善に対する彼らの姿勢にも多様性が存在することを明らかにする。

　これまで行政学・地方自治の分野では，地方自治体における政策形成や政策の波及について着目した研究が数多くなされてきた[11]。しかしながら，選挙管理委員会の取り組みに対しては焦点が当たってこなかった。選挙管理は「選挙そのものに比べて大変地味」（大西2013: 1）であり，日本の選挙管理委員会が持つ多様性に我々研究者は関心を払ってこなかった。そのため，選挙管理委員会の意思決定などについて，実態を把握し考察した研究は，大西（2013, 2018）など一握りである。本稿は，先行研究が乏しかった選挙管理研究を試みるものと位置づけられる。

　また移動支援の取り組みを考察することは，高齢社会到来で予想される交通弱者に対する投票権保障を考えるきっかけにもなる。後述するようにこれを実施している自治体は，実はそれほど多くはない。2016年の参院選でこれを実施した自治体にどのような傾向があるのか，また実施していないのはなぜなのか，これらを探索的に検討し，将来に向けた可能性等も論じたいと思う。

　なお，本稿では，選挙ガバナンス研究会が2017年に行った「全国市区町村選挙管理委員会・事務局調査（以下，選管調査2017）」のデータを利用して考察を行う。選挙ガバナンス研究会は，同様の調査を2013年にも実施しており（以下，選管調査2013），選管調査2017はそのパネル調査としての性格を持っている[12]。選管調査2017は，選管調査2013と同様，全市区町村選挙管理委員会（政令市の行政区選管を含む）に対して調査票を郵送す

20

る方式で調査がなされている。選管調査2017の回収率は80.3%である。

2. 交通弱者に対する移動支援策の現状

2.1 移動支援策の視座

　交通弱者に対する移動支援の取り組みは，経費の加算が法律に明記され
た2016年参院選以前から，幾つかの自治体で既に試みられていた。ただ，
こうした取り組みが世の中に広く認知されるようになったのは，東日本大
震災後に行われた被災地での選挙であった。東日本大震災では，住民票を
移さずに遠距離避難をする被災者が数多く生じた。彼らの中には，投票所
までの足を確保できない者や，投票所まで出向く移動コストが高くつく者
が少なくなかった。震災弱者である彼らの投票権を保障するため，被災自
治体の選挙管理委員会は様々な投票支援に取り組み，移動支援もその１つ
として行われた。仮設住宅から投票所に出向くための巡回バスを運行した
り，仮設住宅団地を巡回する移動期日前投票所の設置を試みたりしたので
ある(河村・湯淺・高 2013)。

　ところで，交通弱者に対する投票支援策は，これまでの取り組み状況か
ら，次の２つの視点から分類できる。第一の視点は，「投票者と投票箱と
の関係性」である。この視点に立てば，「投票者が投票箱に近づく」のか，
「投票箱が投票者に近づく」のか，それとも「投票箱と投票者の距離は変
わらない」のか，に投票支援策は分類できる[13]。第二の視点は，「投票す
る期日」である。「投票期日の前に投票できるよう支援を行う」のか，そ
れとも「投票当日に投票できるよう支援を行う」のか，に投票支援策は分
類できる。

　表２は，現行で可能な取り組みを分類したものである[14]。郵便投票は利
用できる者が法令で限られており，選管に利用者に関する裁量の余地はな
い。そのため，交通弱者に対する投票支援策として行われているのは②か
ら④の取り組みである。

2.2 2016年参院選における移動支援の状況

　総務省は，2016年参院選における投票支援策に関する実施状況を取り
まとめている。そして，一部の取り組みは『投票環境向上に向けた取組事

表2　交通弱者に対する投票支援策の分類

		投票当日投票所投票主義の視点	
		事前投票	投票当日投票所投票
投票者と投票箱の関係性の視点	投票者と投票箱の距離はそのまま	① 郵便投票（実施の裁量なし）	
	投票者が投票箱に近づく	② 期日前投票所までの移動支援	③ 指定された投票所までの移動支援（共通投票所含む）
	投票箱が投票者に近づく	④ 移動期日前投票所（車）の実施	

例集』にて紹介されている（総務省 2017）。ここではこうした総務省の資料を元に，2016年参院選における投票支援の実施状況を確認したい。

　総務省（2017）には，移動支援（表2中②ないし③）の取り組みを行った青森県田子町，岩手県宮古市，栃木県下野市，長野県中野市，兵庫県神河町，同香美町の事例が紹介されている。一口に「移動支援」と言っても，その内容は様々である。移動支援の取り組み状況をまとめた表3を見ればわかるように，「支援内容」「対象者」「実施期間」でバリエーションが存在する（表3）。

　また総務省の資料によると，2016年の参院選において，自宅と投票所まで間を自治体の公用車や介護タクシーで送迎したり，投票所に向かう際のバス料金を補助したりするといった「投票箱に向かって人を運ぶ」という移動支援（表中②ないし③）を行った自治体は，215あり，その利用者は4,182人であった（表4）

　表3及び表4は，表2中の②及び③に該当する取り組みであるが，2016年参院選では，表中④に該当する取り組みもなされている。投票が不便な場所に選管事務局職員が選挙機材を携えて巡回し，時間限定の期日前投票所を設置する取り組み（巡回型期日前投票所の設置）をした自治体もある。更に浜田市にいたっては，ワンボックスカーをそのまま期日前投票所にする「移動期日前投票車」を2016年参院選で初めて導入している（岩田2016）。

表３　移動支援の取り組みの実例

自治体	支援内容	対象者	実施時期
青森県田子町	自宅と期日前投票所の送迎	長距離の自立歩行が難しく，補助の移動手段を持たない選挙人	期日前投票期間
岩手県宮古市	無料送迎バス(旧投票所から新投票所間)	投票所見直しで投票所が遠くなった地域の選挙人	投票日当日
栃木県下野市	巡回型無料バス(旧期日前投票所から新庁舎期日前投票所までの区間)	旧期日前投票所を利用していた投票弱者	期日前投票期間のうち2日
長野県中野市	公用車による無料送迎	中小屋地区・牧ノ入地区(投票所までの距離が遠くなった地域)の選挙人	投票日当日
兵庫県神河町	コミュニティバスの無料化	投票所へ移動する町民	期日前投票期間及び投票日当日
	町社会福祉協議会による無料送迎	車椅子もしくはストレッチャーを利用しており，投票の意思表示ができる町民	期日前投票期間のうち2日平日
	町選挙管理委員会の公用車による無料送迎	歩行に支障のある独居高齢者，高齢者夫婦世帯	投票日当日
兵庫県香美町	中型バスによる送迎(1日3回)	投票区の見直しにより投票所が遠方になった2地区	投票日当日

出典：総務省(2017)より筆者作成

表４　2016年参院選における移動支援の状況

実施団体数	巡回・送迎バスの運行	臨時バスの運行	その他	利用者数
215	172	5	38	4,182

出典：総務省提供資料

3．移動支援実施の規定要因

　高齢社会を意識した取り組みを積極的に検討する自治体は，2016年参院選以降，増えると予想される。第一の理由として，選挙執行経費基準法2016年4月改正において，国政選挙で移動支援を行う費用を国費で措置することが明記されたことを挙げることができる。法改正にあたって，地方選挙での移動支援を行う経費に対する財政措置も新設された[16]。中山間地を抱える自治体の多くは財政環境が厳しく，新しい取り組みを試みようとしても財政当局は首をなかなか縦に振らないであろうが，財源措置が明記

されたことによって，選挙管理委員会事務局が財政当局を説得しやすい環境が整ったのである。

第二の理由としては，投票率を維持することが社会的な要請になっていることを挙げることができる。現在，国・地方を問わず，投票率は低下傾向にある。そしてその低下傾向にある中で投票率の高さを支えているのは高齢者である[17]。投票率の低下は，代表者の正当性への影響等，民主制の根幹に関わる重要な問題である。現時点で不要と判断している自治体であっても，高齢者が投票率を支えているという観点から，実施に踏み切ることになるのではないか。

ところで，2016年参院選時点において移動支援を実施している自治体は圧倒的に少数である。なぜ移動支援に取り組んでいる自治体は少ないのか。ここでは選管調査2017を用い，①ロジスティック回帰分析による実施自治体の特徴の把握，②実施していない自治体が答えた移動支援を行わない理由，の2点から考察を行うことにしたい。これらを考察することで，今後，移動支援が波及するかについても見えてくると思う。

なお，選管調査2017の集計結果によれば，「投票期日前の移動支援を行った」と回答した自治体は，1386の回答した自治体のうち95自治体(6.9％)であり，「投票日当日の移動支援を行った」という回答した自治体は115自治体(8.3％)であった(図1)。いずれかを行ったという自治体は181(13.1％)であった[18]。

図1　2016年参院選における移動支援の実施状況
（選管調査2017）

出典：選管調査2017データより筆者作成

3.1 移動支援を実施した背景
3.1.1 投票区見直しの代償という側面

交通弱者に対する移動支援を試みるインセンティヴがあるのは，高齢化が進み交通弱者が増加している自治体，とりわけ中山間地を抱える自治体である。そう考えることは自然であろう。こうした傾向は，前出の総務省がまとめた事例集から容易に予想できるる。期日前もしくは当日に移動支援を実施した自治体の65歳人口比(2015年)と，それをしていない自治体との間でt検定を行えば，はっきりとした有意差を確認できる(0.01％水準)。「高齢化が進んだ自治体ほど移動支援策を実施する傾向にある」ということはほぼ間違いない。

ただし，高齢化に伴う交通弱者の増加が実施のトリガーであるとするならば，繰り返しとなるが，移動支援を実施する団体はもっと多くてもよい。高齢化が押し寄せている自治体は数多く，今後，社会の高齢化が進むことで「2040年には全国896の市区町村が「消滅可能性都市」に該当」するとも言われているからである[19]。

しかしながら，現実はそうはなっていない。移動支援を検討しているという選管事務局も，データ的に少数派である(図2)。移動支援策を実施していない自治体のうち，「(移動支援の実施を)検討したことがない」とい

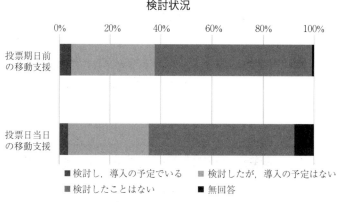

図2　移動支援を実施していない自治体の検討状況

出典：選管調査2017データより筆者作成

うところは圧倒的に多く，「検討したけれども導入の予定はない」という自治体は概ね25％を占める。移動支援策を検討し導入予定でいる団体は５％未満である。

　繰り返しとなるが，高齢化は移動支援を実施と密接に関わっていることは間違いない。しかし，移動支援を実施する自治体がそれほど多くはないのは，おそらく，それ以外の要因が存在するためであろう。高齢化とは異なる，移動支援を導入するためのトリガーがあるのかもしれない。

　それを考える１つの有力な手がかりがある。それは，朝日新聞2010年12月６日付の記事である。この記事では，以前から離島など特殊な事情がある地域では行われていた移動支援が，「投票所減と反比例するように増えていると指摘する。すなわち，この記事は，「投票所の減少を補う措置として移動支援が試みられた」という仮説を提示している。移動支援には，「高齢者を中心とする交通弱者対策」と「投票所減少に伴う代替措置」という二面性があるというのである。選管調査2017に回答した自治体の中で，ここ５年間の間に投票所を減らしたところは19.6％（302自治体）に留まっている。もし，この仮説が正しいとなれば，移動支援の実施している自治体がそれほど多くないことをうまく説明できる。

　ただし，この記事には１つの疑問がある。投票所減と反比例にするように移動支援が増えているというのであれば，投票所減の要因は何か，という疑問である。選挙の継続性の観点から考えれば，投票所を減らすことは有権者の利便性を損ねることになる。そのため，それを選択することは容易ではない。投票所を減らす正統性がないと，なかなか減らせないと思われる。投票所を減らした自治体が２割程度であったのも，おそらくそのためであろう。

　筆者が各地の選管事務局にヒアリングした限り，近年の投票所の減少は「平成の大合併」の影響を受けている可能性が高い。自治体によってタイムラグはあるものの，多くの合併自治体は投票所を減少させてきた。合併自治体の多くは，小学校等の公共施設の統廃合といった効率化推進策を採り[20]，投票所を設置できる施設が減ったことに伴い投票区を再編したというところは多い（茨木・河村 2016; 河村 2017）。また，合併から時間が経過したので，旧自治体ごとで異なっていた投票区の基準を見直し，その結果，投票区数が減ったというところもある。

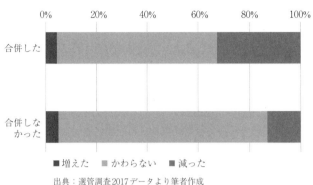

図3 「平成の大合併」での合併経験と投票所増減との関係

出典：選管調査2017データより筆者作成

　投票区が見直される過程で，合併自治体の中には，投票環境悪化に対する代償として支所に期日前投票所を設置したところがある。移動支援を実施した自治体も，おそらく小さな集落単位の投票区を見直した代償として移動支援を導入したのではないか。なお，合併自治体と非合併自治体の間で投票所数の増減に有意差があることは，選管調査2017から指摘することができる。ここ5年間で，投票所を減らしたと回答した選管事務局は，合併自治体の方が相対的に多いことは，図3から視認できる。

3.1.2　ロジスティック回帰分析の結果

　以上から，次のような展開を導き出すことができる。移動支援を行っている自治体は総じて高齢化（交通弱者の増加）が進んでいる自治体であることは間違いないだろう。ただし，高齢化が進んでいるから移動支援を行うようになったという単純な話ではない。朝日新聞の記事が指摘するように，もともと移動支援は限られた地域での取り組みであったが，合併の影響で投票所が減らされる過程で，投票権保障の1つとして移動支援を試みる自治体が増えた可能性がある。

　この仮説を検証するために，ロジスティック回帰分析を行う。従属変数は，「移動支援の実施」である。期日前，投票当日に関わらず，移動支援を実施している場合は1，していない場合を0と置く。

　独立変数を次の4つとする。第一の独立変数は，2015年の国勢調査で得

投票環境改善策としての移動支援(2018 - II)　27

表5　ロジスティック回帰分析の結果

変数	B	標準偏差	Wald	有意確率
定数	− 4.697	0.467	101.222	0.009
65歳人口比(2015)	4.662	1.346	12.003	0.001
合併ダミー	0.395	0.196	4.072	0.044
投票所減少ダミー	1.694	0.182	86.555	0.000
市区町村区分	0.363	0.216	2.834	0.092
N	1370			
Cox-Snell R^2	0.093			
Nagelkerke R^2	0.174			

られた「65歳人口比」である。この変数は，統計的に有意になることは間違いないだろう。第二の独立変数は，合併自治体を1，非合併自治体を0とする「合併ダミー」である。第三の独立変数は，ここ5年間で投票所を減少させた自治体を1，減少させなかった自治体を0とする「投票所減少ダミー」である。合併ダミーと投票所減少ダミーが統計的に有意であれば，合併後の投票区見直しの代償として移動支援が行われている，と言うことができる。

　第四の独立変数として，市区を1，町村を2とする「市区町村区分」を回帰式に加える。市区町村区分を独立変数に加えるのは，市区と町村で，いわゆる「横との連携」に違いがあるからである。市区のほとんどの選管は全国市区選挙管理委員会連合会(全選連)に加盟しており，県境を越えた情報交換の場を有している。一方，町村選管にそうした組織はない。市区町村区分は，そうした両者の違いを示す変数として投入する。

　ロジスティック回帰分析を行うにあたり，制度的な影響を考慮し，政令指定都市選管及び政令指定都市の行政区選管を分析から外すことにした。日本の選挙管理は，市区町村選管が選挙実務を担うのが基本であるが，政令指定都市では政令指定都市選管の下に選挙管理の実務を担う行政区選管が設置されており，特殊であるためである。

　ロジスティック回帰分析の結果を示したものが表5である。この表から，高齢化が進んでいる自治体ほど移動支援を実施する傾向にあること，そして合併を経験し，投票所を減らした自治体ほど移動支援に取り組んでいることが確認できる。ここから，先ほど示した仮説はデータ的に支持さ

れたと言える。

　なお，10%水準であるが，町村の方が移動支援に取り組む傾向にあるようである。

3.2　移動支援を行わない理由
3.2.1　「コストがかかる」という認識

　図4は移動支援を行わない理由の集計結果を図示したものである。この図を見ればわかるように，期日前・投票日当日を問わず，「コストがかかる」ことを，移動支援を実施しない理由に挙げる選管事務局は，市区で4割超，町村で3割超と最も多い。また費用対効果の点から実施を見送って

図4　移動支援を行わない理由（多重回答）

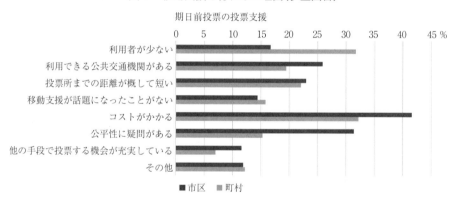

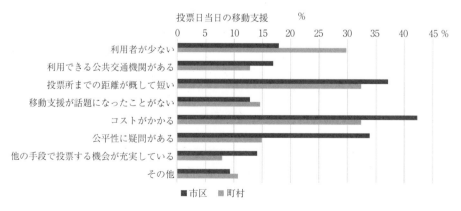

いるところも少ないことが，図からはうかがえる。「投票所までの距離が概して短いから」「利用者が少ないから」と，費用対効果を意識して導入しないという判断を下しているところもある。

　一般的に，厳しい財政環境にある自治体の財政当局は，新規の取り組みに対してネガティブである。移動支援のような投票権を保障する取り組みに対しても同様，と考えられる。「コストがかかる」という回答の中には，イニシャル・コストやランニング・コストの確保といった直接的な費用や財政当局を説得するコストが含まれていることは間違いない。

　ただし，投票権保障に関するコストはそればかりではない。投票権保障に関する新たな取り組みの実施は，通常，選管業務の業務量増加を伴う。業務量が増えれば，当然，ヒューマンエラー（選挙管理ミス）が発生する確率は高まる[21]。そうしたヒューマン・エラーを回避するためのコスト（事前研修やシステムの構築等）を支払う必要が出てくる。また新たな業務を実施するにあたっては，それを担当する者の手当も必要となる（秦2018）。選管事務局は独立行政委員会であるため，選管事務局独自の判断で人的手当をすることは容易ではない。そうした点も，「コスト」に含まれると考えられる。

　「『コストがかかる』という回答が多かったのは，上記のような理由があるから」と解することが妥当と思われる。

3.2.2　「公平性」に対する疑問

　「費用がかかるので移動支援を行わない」「費用対効果が悪いので移動支援を行わない」という結果だけであれば，図4から得られる政治学的含意はほとんどないと言ってよい。しかし，この図をよく見ると，興味深い結果も示されている。移動支援を行っていない約4分の1の選管が「公平性に疑問がある」と回答している点である。

　前述したように，かつての総務省は，「一部の有権者の投票を支援することは選挙の平等・公正性を損なう恐れがある」という立ち位置であったが，現在は「有権者一人一人に着目した更なる投票機会の創出や利便性の向上に努めていくべき」（総務省投票環境の向上方策等に関する研究会2016）に立ち位置を変えている。しかし，図4から，選管事務局の一部に総務省とは若干違う立ち位置を採るところがあることが確認でき，そし

て，そうした立ち位置の選管事務局は相対的に市区に多い。

　これは，日本の選挙管理に対する一般的な認識である「各地の選挙管理委員会は，総務省選挙部の統制下にあり，総務省選挙部の意向に即した形で選挙実務を行っている」とは異なる現実があることを示唆している。それと同時に，日本の選挙管理委員会内に，選挙の公正性・公平性に対する姿勢の違いが存在していることを示している。また，「移動支援は公平性に疑問がある」と認識している選管事務局が存在することは，財源等の手当をしたとしても移動支援を実施しない自治体が存在することを意味する。それとともに，将来，交通弱者の増加に伴って移動支援が全国的に展開するとは限らないことも示唆してもいるのである。

4．おわりに

　ここまで，交通弱者に対する投票支援策の1つである移動支援についての考察を行ってきた。最後に，これまで得られた結果をまとめつつ，現在の移動支援の将来などについて，簡単ではあるが論じておきたい。

4.1　投票権保障の二重性

　2016年参院選から財政的な手当が明確化された移動支援であるが，2016年参院選で実施した自治体は215に留まっており，選管調査2017の回答をみる限り，導入を検討する自治体もそれほど多くはない。導入していない自治体の選管事務局にその理由を聞いたところ，コストがかかり，費用対効果が悪いと認識しているところが多い。移動支援を行った自治体は相対的に高齢者が多い（交通弱者が相対的に多い）自治体であることには間違いないが，「平成の大合併」で合併し投票区の見直しの過程で投票所数を減らした自治体の方が移動支援を行う傾向にあることが本稿のロジスティック回帰分析の結果から明らかになった。現在行われている移動支援は，中山間地等における高齢化が移動支援実施のトリガーではなく，投票区の見直し・投票所の減少の方が移動支援実施のトリガーになっているようである。言い換えれば，現時点で行われている移動支援には，「高齢者を中心とする交通弱者対策」と「投票所減少に伴う代替措置」の二面性があり，現時点で行われている移動支援は後者の色合いが濃い，となる。

　積極的投票権保障の文脈でこれを考えた場合，移動支援は積極的投票権

保障に連なる取り組みであるのは間違いないが，前者と後者どちらの側面が色濃いかで，その評価は変わってくることになる。前者が色濃いのであれば，高齢化という現状を見据えた積極的な投票権保障として取り組まれているとなる。しかし，後者が色濃いのであれば，不利益変更に伴う保障措置として行われているという評価になる。

多くの選管事務局がコストを気にして実施に消極的になっていることと併せて考えると，現在行われている移動支援は「積極的に投票弱者を救済するレベルで実施されているとは言い難い」とするのが妥当である。

4.2　移動支援の将来

政策波及研究の文脈から考えれば，現時点の移動支援が「高齢者を中心とする交通弱者対策」と「投票所減少に伴う代替措置」の二面性を有しているとしても，高齢化の進展というトレンドの中で，非合併自治体の中にも移動支援を実施する自治体が増えてくることが予想される。先行実施自治体でノウハウの蓄積が進み，必要となるコストがどの程度になるか予測できるようになることに加え，国からの財源手当が手厚くなれば，移動支援は普及する可能性がある。

ただし，移動支援は市区町村選管の裁量に任されている以上，その広がりには限界があることは間違いない。現行では，選挙機材は賄えたとしても，それを実施するための人員確保等，自治体の持ち出し分が必ず生じる。自治体の持ち出し分の存在が，移動支援の実施をしない要因になり得る。また前述したように，人的担保も課題になる（秦 2018）。ミスが生じる可能性を危惧することを優先し，移動支援のような取り組みを行わないと判断する自治体は残り続けるだろう。

また選挙管理委員会の政治からの独立性も移動支援の実施の広がりに影響があると考えられる。日本の選管は独立行政委員会であるが，財源は首長部局に依存しており，実質的な人事権も首長にある（大西 2013, 2018）。言い換えれば，首長部局との関係性の中で移動支援といった投票環境の改善策の実施が決まる余地がある。そのため，交通弱者が増えても移動支援が行われないというところも出てくる。選管事務局は，移動支援などの投票環境の改善策を実施するにあたっては，人事権や予算提案権を持つ首長（部局）を説得する必要がある。そこに首長の意向が入り込む余地がある。

首長が選挙に有利と判断すれば移動支援が実施されるかもしれないが，首長に対抗する勢力の地盤が中山間地にあれば移動支援は実施されない可能性が高い。

そもそも移動支援を行うことに否定的な選管事務局もある。選管事務局が公平性に疑問があると考えている自治体では，移動支援は実施されないだろう。

電子投票・インターネット投票の環境が整うことでも，移動支援の将来は変わってくることは間違いない。2017年衆院選以降，インターネット投票をめぐる議論が活発化しており[22]，議論の行方次第では交通弱者に対する投票権保障の未来は大きく変わるかもしれない。

既に述べたように，移動支援は「投票者が投票箱に近づく」取り組みである(表2中，②及び③に該当する取り組み)。しかし，投票箱に票を投じるのではなくタブレット端末に投票先を入力できる電子投票の環境が整えば，「投票者に投票箱が近づく」巡回型の期日前投票が容易になる(表2中④に該当する取り組み)。そうなれば，投票者が投票箱に近づく方策を採っている自治体の中から，投票者に投票箱が近づく方策に乗り換えるところも出てこよう[23]。実現には乗り越えなければならない壁は高いが[24]，もし個人の端末から投票できるインターネット投票(remote i-voting)の環境が整えば(表2中①に該当する)，移動支援を実施する意義は失われるかもしれないのである。

すなわち，ICT（Information and Communication Technology）の進展とその利活用によって，積極的投票権保障の手段が将来的に変更する可能性もあり得る。移動支援とインターネット投票実施に向けての論点整理の間にはそれほど関連がないように見えるが，実はそうではないのである。

4.3　選挙のインテグリティ

比較政治学の文脈で語られる「選挙のインテグリティ（electoral integrity）」は，選挙の民主化や選挙ガバナンスの視点から論じられるものであり，これに関する研究は「選挙法のあり方から選挙管理機関の独立性にまで至る一連の選挙のサイクル全体が適正に運用されている(湯淺 2015, 78)」かどうか，国際的に比較することを強く意識している[25]。

しかしながら，アメリカの選挙争訟の文脈で用いられている選挙のイン

テグリティは，これとは異なる。湯淺によれば，アメリカにおける選挙のインテグリティは，「投票権の内容が，単に選挙に参加して投票し，それが正確に計票されて選挙の結果に平等に影響与える」だけにとどまらず，「多様な権利内容を内包している」という（湯淺 2015: 97）。そのため，インテグリティの解釈の違いから，たとえば，有権者登録の場などで本人確認の厳格化を求めるがあまり，本来投票できるはずの有権者の投票機会が奪われている事態も起きているという。

　選挙の公正・公平を目指した結果，マイノリティなどの投票弱者が投票できなくなる可能性があるのはアメリカばかりの話ではない。本稿の移動支援の実態に関する考察の過程で，「移動支援は公平性の観点から疑問」ととらえている選管事務局が存在することを明らかにした。彼らが公正・公平な選挙を志向していることは間違いない。しかし，結果的に「彼らは交通弱者の投票する機会を奪っている」とみなすことができなくはない。

　積極的投票権保障の観点から考えれば，交通弱者の投票機会を提供する移動支援を実施する方が望ましい。それにも拘わらず，なぜ，彼らは移動支援の公平性に疑問を持っているのか。「彼らが1人1票という形式的な平等を墨守しているから」と理由ではおそらくないであろう。これまでの選挙に関する判例等の積み重ねから，形式的な平等だけではなく，有権者の選挙結果に対する影響力の平等も大事とされていることを彼らは理解していると思われるからである。

　彼らが，移動支援の公平性に疑問があると考える原因は，おそらく彼らが現場を見えているからではないか。現実問題として，日本の市区町村議員選挙，とりわけ中山間地や離島などを有する市町村では「地区割り選挙」傾向が強い（河村 2010）。公平性に疑問があると考えている選管事務局は，移動支援の実施が「中山間地選出の議員の当選を後押しした」と一部有権者から批判されることを恐れているのではないか。ただ，これらは筆者の仮説にすぎない。これについては今後の検討課題としたい。

　ところで，近年，投票環境の改善を志向する総務省の意向に選管が抵抗する場面が増えている。投票環境の改善のために投票時間の延長を決めたのに，多くの選管が投票所の繰り上げ閉鎖を行っているのはその例である。投票に誰も訪れないのに投票所を開けておくのはムダである，という選管側の主張はもっともである。ただ，そこには権利侵害という側面があ

ることに我々は留意する必要があろう。

　これに関連して，大西(2018)は，投票環境の改善を志向する総務省の意向に従わない選管が，地方分権一括法施行以降，徐々に出始めている理由を地方分権に求めている。大西によると，地方分権によって総務省選挙部が各選挙管理委員会に対して指示が出せなくなった結果，Huber（2007）が言うところの「地方政治」が発生するようになり，「選挙管理機関の非政治性神話を崩している（大西 2018: 204）」という。

　選挙のインテグリティの議論では，「選挙管理はある程度中央集権的に行われることが望ましい（湯淺 2015: 99）」とされる。地方分権が進む中，総務省と選管の関係性はどう変化することになるか，注目される。

[付記]　本稿は，科学研究費補助金基盤研究A「積極的投票権保障の展開と効果に関する研究(15H01931)，同基盤研究B「被災地目線で検討するeデモクラシーに関する基礎的研究(15H02790)」及び2017年度電気通信普及財団研究助成「自治体セキュリティ環境はインターネット投票のハードルとなっているのか？－共通投票所導入から紐解く選挙管理におけるICT活用の課題」の研究成果の一部である。

（1）　厚生労働省HP http://www.mhlw.go.jp/toukei/saikin/hw/life/life15/index.html（2017年6月25日訪問）
（2）　行政も高齢ドライバーの事故を回避する観点から，彼らに対し安全運転を呼びかける一方で免許証の自主返納も勧めている。関連して，次のURL参照。全日本指定自動車教習所協会連合会HP http://www.zensiren.or.jp/kourei/（2017年6月25日訪問）
（3）　また，都市部のように公共交通機関が整備されていれば，運転免許証を返納しても公共交通機関を利用することで代替できる。
（4）　選挙公報のWEB掲載は全有権者に効果が及ぶ制度改正ではあるが，改正の端緒が東日本大震災の被災者対応であり，その改正の経緯も考慮し投票弱者対策に分類している。なお，改正当初，選挙公報のWEB掲載は東日本大震災の被災自治体限定であった（河村・湯淺・高 2013; 岡本 2014）。
（5）　期日前投票の効果については，たとえば松林(2017)を参照。
（6）　共通投票所についての論考としては，たとえば河村・伊藤(2017)を参照。

（ 7 ）　インターネット投票解禁の効果については，たとえば清原・前嶋（2013)や岡本(2017)を参照。

（ 8 ）　また障害者や要介護者，在外邦人の投票権保障については，裁判所の判決による影響が大きい。関連して河村・金(2011)や井上ほか(2011)，西山(2018)を参照。

（ 9 ）　ここでいう代替不在者投票は，「投票日当日に指定された投票所で投票できない者，もしくはしない者のために準備された投票方法」のことである。なお，イギリスの選挙制度改革の文脈のalternative voteは「選好投票を認める選択投票制(ないしは択一投票制)」を指すので区別する必要がある(甲斐2012)。

（10）　これについては，たとえばAlvarez, Hall, and Trechsel（2009)や湯淺(2009)，中井(2016)を参照。

（11）　たとえば，伊藤(2002)などを参照。

（12）　選管調査2013も郵送法で行われており，回収率は79.3％である。選管調査2013を用いた考察は，たとえば大西(2018)を参照。

（13）　論理的には，投票用紙を郵送する「郵便投票(投票者と投票箱の距離はかわらない)」という選択肢も考えられるが，日本の制度では郵便投票は市区町村選管の判断で郵便投票の対象者範囲を広げることはできないため，ここでは割愛する。

（14）　表中の2つの斜線は，「将来的には可能かもしれないが，現状では実施が不可能」であることを示している。ファックスやインターネットを利用して投票当日に投票することは技術的に不可能ではない。しかし，現行では制度化されていない。また投票当日に投票箱が投票者に近づく環境づくりも技術的には不可能ではない。しかし，こちらは二重投票を回避するためのシステムの構築などが前提となり，整備や維持にかかる費用やセキュリティポリシーの観点から現実に実施できる環境にはない(河村2018b)。

（15）　この方式は，移動期日前投票所に比べ，設営にかかる時間的コストを抑えることが可能である。ただし，選管事務局の職員によれば，中山間地は通信環境が悪く，二重投票回避のための名簿対照には苦労したという(岩田2016; 総務省2017)。

（16）　措置額は経費の半分であるが，財政力補正がなされる。

（17）　たとえば，総務省ホームページを参照。総務省HP http://www.soumu.go.jp/senkyo/senkyo_s/news/sonota/nendaibetu/index.html（2018年4月22日訪問)

（18）　総務省の調査で移動支援を行った自治体数215を，2016年10月時点で

の自治体（市区町村）数1,741で割った値は12.3％である。選管調査2017が現実と大きく乖離していないことをこの数値は示していると言える。

（19）　国土交通省HP http://www.mlit.go.jp/pri/kouenkai/syousai/pdf/b-141105_2.pdf（2018年4月22日訪問）

（20）　関連して，山下（2015），中澤・宮下（2016）を参照。

（21）　日本における選挙管理のミスについての考察として，たとえば河村（2018a）を参照。

（22）　河野太郎外務大臣や野田聖子総務大臣による問題提起によって，インターネット投票の論点整理を行う総務省投票環境の向上方策等に関する研究会（第3期）が2017年12月からスタートした（2018年8月まで）。両大臣の問題提起は『日本経済新聞』2017年10月26日や同2017年12月4日等を参照。総務省投票環境の向上方策等に関する研究会については，下記URLを参照。総務省HP http://www.soumu.go.jp/main_sosiki/kenkyu/touhyoukankyou_koujyou/index.html（2018年4月26日訪問）

（23）　地方選挙レベルでは，既に電子端末による投票（狭義の電子投票）は制度化されている。地方選挙でしか実施できないことが電子投票の普及が進まない1つの理由になっていることを考えると，国政選挙での電子投票解禁が鍵になる

（24）　二重投票を防止するシステムの開発はもちろんのこと，スマートIDカードとしてマイナンバーカードを選挙に使えるようにするための法改正や，地方自治体のセキュリティポリシーの見直しなどが必要となる（市ノ澤2017, 湯淺2018; 河村2018b）。

（25）　たとえば，Norris（2014）などを参照。

参考文献

Alvarez, R. Michael, Thad E. Hall and Susan D. Hyde（eds.）. 2008. *Election Fraud: Detecting and Deterring Electoral Manipulation*. Washington: Brookings Institution Press.

Alvarez, R. Michael, Thad E. Hall, and Alexander H. Trechsel. 2009. "Internet Voting in Comparative Perspective: The Case of Estonia," *Political Science and Politics* 42（3）: 497-505.

Hanmer, Michael J. 2009. *Discount Voting: Voter Registration Reforms and their Effects*. New York: Cambridge University Press.

秦正樹. 2018.「選管職員の中の「積極的投票権保障」とその困難－全国選管職員調査のテキスト・計量分析より」大西裕［編著］『選挙ガバナンスの実態　日本編―「公正・公平」を目指す制度運用とその課題』ミネルヴァ書

房，101-127頁。

Huber, Gregory A. 2007. *The Craft of Bureaucratic Neutrality: Interests and Influence in Governmental Regulation of Occupational Safety*. Cambridge University Press.

茨木瞬・河村和徳. 2016. 「「平成の大合併」は投票環境に影響を与えたのか—投票所数の現象に注目して」『横浜市立大学論叢 社会科学系列』第67巻3号，79-94頁。

市ノ澤充. 2017. 「マイナンバーの選挙事務利用，三菱総研が検討会を立ち上げ：カードで投票所受付−新潟県三条市に学ぶ」『月刊選挙』2017年9月号，1-5頁。

井上英夫・川﨑和代・藤本文朗・山本忠［編著］. 2011. 『障害をもつ人々の社会参加と参政権』法律文化社。

International IDEA. 2002. "International Electoral Standards: *Guidelines for reviewing the legal framework of elections*," https://www.idea.int/sites/default/files/publications/international-electoral-standards-guidelines-for-reviewing-the-legal-framework-of-elections.pdf（Last accessed 2 February 2018）.

伊藤修一郎. 2002. 『自治体政策過程の動態—政策イノベーションと波及』慶應義塾大学出版会。

岩田比呂継. 2016. 「移動期日前投票所（車）の導入について—山間地域における投票機会の確保及び交通弱者対策」『自治体法務研究』No.47, 47-53頁。

甲斐祥子. 2012. 「選挙制度改革の夢は潰えたか—2011年イギリス国民投票を巡って」『帝京法学』第28巻第1号，39-65頁。

清原聖子・前嶋和弘［編著］. 2013. 『ネット選挙が変える政治と社会−日米韓に見る新たな「公共圏」の姿』慶應義塾大学出版会。

河村和徳. 2010. 『市町村合併をめぐる政治意識と地方選挙』木鐸社。

河村和徳. 2017. 「高齢社会に伴う交通弱者の増加と投票環境の維持」『住民行政の窓』第440号，4-12頁。

河村和徳. 2018a. 「選挙ミスが生じる背景とその防止策−再発防止委員会の経験をふまえて」大西裕［編著］『選挙ガバナンスの実態　日本編—「公正・公平」を目指す制度運用とその課題』ミネルヴァ書房，131-150頁。

河村和徳. 2018b. 「第48回衆院選における選挙管理と投票環境向上の取り組み−全国市区選管調査2018結果報告（3）」『月刊選挙』2018年6月号。

河村和徳・伊藤裕顕. 2017. 「代替不在者投票から考えるインターネット投票への道」糠塚康江［編著］『代表制民主主義を再考する—選挙をめぐる三つの問い』ナカニシヤ出版，163-182頁。

河村和徳・金銀姫. 2011. 「日本における在外選挙制度が抱える課題と韓国の

制度設計への提言」『九州国際大学法学論集』第17巻第3号，175-191頁。

河村和徳・湯淺墾道・高選圭［編著］. 2013.『被災地から考える日本の選挙—情報技術活用の可能性を中心に』東北大学出版会。

松林哲也. 2017.『期日前投票制度と投票率』『選挙研究』第33巻第2号，58-72頁。

中井遼. 2016.「エストニアの選挙戦とインターネット投票」『アジ研ワールド・トレンド』2016年9月号，34-35頁。

中澤克佳・宮下量久. 2016.『「平成の大合併」の政治経済学』勁草書房。

西山千絵. 2018.「障害をもつ人・寝たきり等の人の選挙権行使の現状と判例」『選挙研究』第34巻第1号，94-105頁。

Norris, Pippa. 2014. *Why Electoral Integrity Matter*. New York: Cambridge University Press.

岡本哲和. 2014.「もう一つの"ネット選挙"—2012年衆院選および2013年参院選における選挙公報のインターネット掲載」『法学論集』第64巻第2号，349-369頁。

岡本哲和. 2017.『日本のネット選挙－黎明期から18歳選挙権時代まで』法律文化社。

大西裕［編］. 2013.『選挙管理の政治学—日本の選挙管理と「韓国モデル」の比較研究』有斐閣。

大西裕［編著］. 2017.『選挙ガバナンスの実態　世界編—その多様性と「民主主義の質」への影響』ミネルヴァ書房。

大西裕［編著］. 2018.『選挙ガバナンスの実態　日本編—「公正・公平」を目指す制度運用とその課題』ミネルヴァ書房。

総務省. 2017.『投票環境向上に向けた取組事例集』。

総務省投票環境の向上方策等に関する研究会. 2016.『投票環境の向上方策等に関する研究会中間報告』http://www.soumu.go.jp/main_content/000350075.pdf（2018年4月23日訪問）。

Weill, Rivka. 2017. "Election Integrity: The Constitutionality of Transitioning to Electronic Voting in Comparative Terms," in *Digital Democracy in a Globalized World*. Corien Prins, Colette Cuijpers, Peter L. Lindseth, and Mônica Rosina (eds.). Cheltenham: Edward Elgar Publishing, 142-159.

湯淺墾道. 2009.「エストニアの電子投票」『九州国際大学社会文化研究所紀要』第65号，39-71頁。

湯淺墾道. 2015.「アメリカにおける選挙権の観念の一断面—integrityを手がかりに」『青山法学論集』第56巻第4号，71-99頁。

湯淺墾道. 2018.「選挙とサイバーセキュリティ（2・完）」『月刊選挙』2018

年2月号，9-18頁。

山下耕治．2015．「市町村合併の歳出効果：合併方式，合併規模，合併時期の影響」『公共選択』第63号，122-135頁。

山下祐介．2012．『限界集落の真実—過疎の村は消えるか？』ちくま新書。

選挙管理機関による情報発信行動とその規定要因

選挙公報のネット掲載を中心に

岡本哲和*

要旨：2011年の東日本大震災をきっかけとして，インターネットによる選挙公報の掲載が可能となった。だが，実際にはすべての地方自治体が選挙公報のネット掲載を実施しているわけではない。また，ネット掲載を実施していたとしても，それを掲載している期間の長さについても様々である。このような自治体ごとの違いをもたらしている要因を，2017年2月に実施された全国市区町村選挙管理委員会・事務局調査から明らかにすることが本稿の目的である。結果として，選挙管理委員会による情報発信行動に対しては，政治的要因よりもむしろ選挙管理委員会事務局の選好が影響を及ぼしていたことが示された。

キーワード：選挙公報，ネット選挙，選挙管理，地方政治，地方行政

1．本稿の目的と意義

　政治学と行政学の分野において，研究対象としての選挙管理機関への注目は近年高まっている（大西 2017）。それを扱った研究の多くは選挙管理機関を従属変数として捉えた上で，その組織編成や制度的な位置づけの多様性に対してどのような要因が影響を及ぼしているかを明らかにしようとするものであった。その一方で，選挙管理機関の多様性が，その執行活動に対してどのような違いをもたらしているかについては，十分な分析はなされていない（深谷 2016）。

　そこで本稿では，選挙管理機関を独立変数として捉える。その上で，選挙管理機関の性質の違いが，その活動に対してどのような影響をもたらし

---

* 関西大学　政策創造学部

ているかを明らかにすることが目的である。もちろん，選挙管理機関の活動といっても，選挙人資格の認定や立候補の受付，開票事務や選挙人の政治意識の向上を目的とする啓発活動等，その範囲は幅広い（大西 2018: 3）。ここで特に焦点を合わせるのは，選挙管理機関による情報通信技術（ICT）を用いた情報発信行動である。具体的には，地方自治体による選挙公報のインターネットでの掲載を分析対象の中心に据える。

　かつては，インターネットを用いて選挙公報を閲覧可能な状態に置くことは，公職選挙法違反の恐れがあると解釈されてきた。だが，2011年の東日本大震災をきっかけとして，インターネットによる選挙公報の掲載が可能となっている[1]。地方選挙においては，候補者についての情報が不足していると感じている有権者の割合は増加している（ヒジノ 2015）。この点で，インターネットでの選挙公報の掲載は，選挙情報を有権者に届けるための有効な方法の１つとなり得るだろう。

　だが，後述するように，実際にはすべての地方自治体が選挙公報のネット掲載を実施しているわけではない。また，ネット掲載を実施していたとしても，それを掲載している期間の長さについても様々である。このような自治体ごとの違いをもたらしている要因は何なのか。ここでは選挙ガバナンス研究会によって2017年２月に実施された全国市区町村選挙管理委員会・事務局調査（以後，「2017年選管調査」と略記）の結果をデータとして用いて，特に政治的要因及び選挙管理委員会事務局の選好の２つの要因に焦点を合わせて検証を試みる。

　情報技術と選挙管理に関わる先行研究としては，情報通信技術とelectoral integrityとの関係を扱ったCallen et al.（2016）や，各国におけるインターネット利用の程度がelectoral integrityに及ぼす影響について分析を行ったStockemer（2018）などがある。その一方で，本稿のように選挙管理機関による情報発信行動を規定する要因を取り扱った研究はほとんどない。選挙情報の提供や選挙啓発活動において，有権者に対する情報の発信は選挙管理に関わる重要な活動の１つである。選挙管理機関によるインターネットをつうじた情報提供を分析対象に据えているという点で，本稿は一定の貢献をなし得る。

2．地方自治体における選挙公報のインターネット掲載

インターネットでの選挙公報の掲載状況

　2012年の衆議院選挙以来，国政選挙の選挙公報については，全国統一的に都道府県選挙管理委員会のウェブサイトで掲載されるようになっている[2]。それに対して，地方選挙では選挙公報がインターネットで掲載されている場合もあるし，そうでない場合もある。その判断は，各地方自治体の選挙管理委員会に委ねられているからである(総務省自治行政局選挙部選挙課長通知2012)[3]。本稿では，その選択にどのような要因が影響を及ぼしているかを検証する。

　まず，インターネットで選挙公報を掲載している自治体の割合を概観しておきたい。これに関して注意すべきは，選挙公報自体がすべての地方選挙において発行されるわけではないことである。公職選挙法第172条の2では，都道府県議会と市町村議会の議員選挙，そして市町村長の選挙では，「条例で定めるところにより，選挙公報を発行することができる」とされている。すなわち，選挙公報発行に係る条例を制定するかどうかは各自治体に委ねられている。

　2017年選管調査には「貴自治体の選挙に際し，選挙公報の発行をなさっていますか」との質問が含まれている。それに対して，首長選挙か議員選挙，あるいは両方で発行していると回答した自治体の割合は69.9％（有効回答数1399のうち979）であった。そのほとんどが，首長選挙・議員選挙の両方で選挙公報の発行を行っている(選挙公報を発行していると回答した979自治体の98.7％にあたる967自治体)。自治体の種類ごとに見れば，市区における発行割合は89.8％（688中618），町村では49.6％（694中344），政令市では100％（17中17）となっている[4]。市区と比較して町村の割合が低いという傾向が見られる。総務省が実施した調査では，市区長選挙について選挙公報発行条例を制定済みの自治体は89.7％，市区議会議員選挙では89.5％，町村長選挙では44.9％，町村議会議員選挙では44.7％との結果が示されている（2016年12月31日現在）[5]。ここで用いる2017年選管調査データは，選挙公報の発行についての地方自治体の状況をよく反映しているといえる。

　選挙公報そのものが発行されない自治体では，当然ながらインターネッ

トでも選挙公報は掲載されない。そこで，選挙公報の発行を行っていると
回答した自治体に対象を限定した上で，「選挙公報は住民にどのように届
けられていますか」との質問に対して「ウェブサイトでの掲示」と回答し
た自治体の割合を確認した。その結果，市区では39.8％（616中245），町
村では15.8％（342中54），政令市では64.7％（17中11）がインターネット
による選挙公報の掲載を行っていた。選挙公報の発行自体の有無について
見られたように，市区と比較して町村の割合が低いとの傾向をここでも見
いだすことができる。

　それでは，地方自治体によるインターネットでの選挙公報掲載は，どの
ような要因と関連しているのか。ここでは，(1) 政治的要因および(2)選挙
管理委員会事務局の選好の2つに注目する。

政治的要因からの影響

　行政機関による情報通信技術の利用を規定する要因に関して，政治的要
因との関連に注目した研究は少ない(Wang and Feeney 2016)。その数少な
い研究の中に，アメリカの地方政府を対象としたAhn（2011）がある。そ
こでは，政府構造の集権度や選挙の競争性などの政治的要因が，地方政府
による情報通信技術，とりわけ住民とのコミュニケーションに関わる技術
の導入と関連を持つことを示した。

　日本の地方自治体によるインターネットでの選挙公報掲載についても同
様に，政治的要因が影響を与えていると予想できる。なぜなら，インター
ネット上での選挙情報との接触は，有権者の投票行動に一定の影響を及ぼ
して選挙結果に影響を与える可能性があるからである(Strandberg 2014)。
インターネットでの選挙公報との接触についても，その可能性があるだろ
う。McElwain（2008）は，現職政治家は自らが有利になるように選挙ルー
ルの形成を行うと指摘した。選挙公報のインターネットネット掲載に対し
ても同様に，政治家は選挙結果が自分にとって有利となるように影響力を
行使しようとする誘因を持つと予想できる。

　これに関し岡本（2018 b）は，2016年参院選時に実施した調査結果に基
づいて，インターネットでの選挙公報との接触が有権者の投票行動に及ぼ
す影響についての検証を試みた。示されたのは，インターネットで選挙公
報と接触したことによって投票する気になったと回答した人の割合は，実

際にはさほど高くなかったとの結果であった。政治的要因の影響を主張するにあたっては，不利な結果と言える。

　だが，選挙公報との接触が有権者に対して実際に影響を及ぼすかどうかとは関わりなく，それが有権者に対して何らかの影響を及ぼす可能性があると政治家が認知した場合には，政治家による影響力の行使が行われる確率は高くなると予想される（岡本 2018 a）。それゆえに，選挙公報のインターネット掲載を行うか否かについての判断は，さらにどのような形で掲載を行うかについての判断は，政治家が関与する場合には高い政治性を帯びると考えられる（岡本 2018 a）。

　特に注目するのは，首長の選好である。地方自治体において，首長が政治的代表として重要な存在であることはいうまでもない。それだけでなく，行政の長として選挙管理委員会事務局職員を指揮監督する立場にあり，その人事にも影響力を持つ。つまり，制度的には，首長は選挙公報の発行を担当する部署に影響を及ぼしやすい位置にあるといえる。

　選挙管理に関する首長の予想される行動については，首長の選挙管理における選好を扱った藤村（2018）が示唆を与えてくれる。そこでは，政治家としての首長は自らの再選のために次回選挙で投票率が低くなることを望むため，常時啓発活動等に消極的となる傾向が示されている。この見方に沿って予想するならば，首長は有権者に対して積極的に選挙関連の情報提供を行おうとはしないであろう。そこで，政治的要因の影響に関して検証すべき仮説は次のようになる。

H1：政治的要因仮説(1)：首長が選挙管理委員の人選を行っている場合には，選挙公報のインターネット掲載が行われる確率はより低くなる。

　同様の分析を行っている先行研究に，岡本（2018 a）がある。そこでは，2014年から2015年にかけて投票が実施された地方選挙を対象として，選挙公報のネット掲載の有無に影響を及ぼす要因が明らかにされようとした。示されたのは，首長が選挙管理委員の人選を行っている自治体ではネット掲載が実施される確率が低いという，上の政治的要因仮説を支持する結果であった[6]。データとして用いられたのは，2013年に全国市区町村の選挙管理委員会・事務局に対して実施されたアンケート調査の結果である。それに対して，ここでは2017選管調査を用いて検証を行う。

表1には，2017選管調査を用いた選挙管理委員の人選主体と選挙公報のインターネット掲載の有無との関連を示した。市町村議会および選挙管理委員会事務局が人選を行っている自治体と比較して，市町村長ら役所幹部が人選を行っている自治体の掲載率が最も低くなっている。統計的に有意な差は見られないものの，2変数間の関係からは，政治的要因仮説を支持する結果が示されている。

選挙管理委員会事務局の選好

制度的には，選挙管理委員会は選挙管理委員会事務局を指導する立場にある。だが実際には，選挙管理の実施に関しては事務局の方が実質的な決定権を持っている場合がある（曽我 2018:66）。その理由としては，自治体職員が事務局職員を務めているために，その人選面において非常勤職である選挙管理委員によるコントロールがむずかしいこと，そして選挙管理業務についての高い専門知識を有していること等が挙げられる。選挙管理委員の人選についても，実際は選挙管理委員会事務局が行っている自治体は比較的多い。2017年選管調査では，その割合は31.5%（有効回答数1491のうち469）となっていた。地方自治法第182条第2項の規定のとおりに地方議会が人選を行っていると回答した割合（51.0%。1491中761）に次ぐ高さであり，市町村長ら役所幹部が行うと回答した割合（14.8%。1491中220）よりも高いことになる。

上記のように，選挙管理委員会事務局が決定に力を有しているならば，

表1　選挙管理委員の人選主体と選挙公報のウェブサイト掲載との関係

		選挙管理委員の人選主体			
		市町村長ら役所幹部	市町村議会	選挙管理委員会事務局	その他
選挙公報のウェブサイト提供	あり	34	171	95	8
		25.0%	33.7%	32.0%	32.0%
	なし	102	336	202	17
		75.0%	66.3%	68.0%	68.0%
	計	136	507	297	25
		100%	100%	100%	100%

$\chi^2 = 3.76$, p = 0.289

選挙公報のネット掲載が行われるかどうかについても事務局の意向が反映されている可能性は高い。これに関して2017年選管調査には，「地方選挙では選挙公報は不要だ」との意見について，どのような考えを持つかを問う質問が含まれている。この質問に対する回答を，選挙公報発行についての事務局の選好を示す指標として扱うことにする。表2にはその回答結果の状況を示した。

「賛成」との回答が選挙公報の必要性について否定的な姿勢を表すもの，「反対」が肯定的な姿勢を示すものであることに留意されたい。全体的には，選挙公報の発行に肯定的な考えが多い。選挙公報が「不要である」との意見に対して，「反対」および「どちらかというと反対」が全体では66.8％を占めている。自治体の種類ごとに見れば，市区および政令市において肯定的な回答の割合が相対的に高い。町村では「賛成」および「どちらかというと賛成」という否定的な回答の割合が20％を超えている。加えて，「わからない」という回答が約20％と多いのが町村の特徴である。

選挙管理委員会事務局の選挙公報についての考えと選挙公報のインターネット掲載との関連について，一般的には次のような予想が成り立つ。

H2：選挙管理委員会事務局主導仮説(1)：選挙管理委員会事務局が選挙公報の必要性を高く認識しているほど，紙媒体だけではなくインターネット上で選挙公報は提供される

図1では，事務局による選挙公報の必要性についての考えを5つのグループに分けて，グループごとのネット掲載率を示した。ここでも，「反

表2 「地方選挙では選挙公報は不要」についての事務局の意見

	市区	町村	政令市	全体
賛成	36 （5.5%）	67 （9.8%）	1 （6.7%）	104 （7.7%）
どちらかというと賛成	56 （8.6%）	106 （15.5%）	0 （0.0%）	162 （12.0%）
どちらかというと反対	230 （35.2%）	208 （30.4%）	7 （46.7%）	445 （32.9%）
反対	287 （43.9%）	165 （24.1%）	6 （40.0%）	458 （33.9%）
わからない	45 （6.9%）	138 （20.2%）	1 （6.7%）	184 （13.6%）
計	654 （100%）	684 （100%）	15 （100%）	1353 （100%）

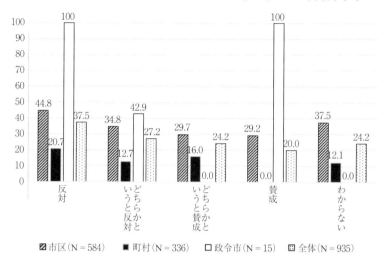

図1 選挙公報に対する考え方別に見た選挙公報ネット掲載率(%)

対」が肯定的な、そして「賛成」が否定的な姿勢を表している。全体的には、選挙公報の必要性について事務局が肯定的な態度を示しているほど、選挙公報をネットで掲載している割合が高くなっている。自治体の種類別に見ると、市区についても同様の傾向が見られる。町村についてはそれほど明確な傾向が見られないが、選挙公報の必要性を最も高く認識しているグループ(「反対」のグループ)で最も掲載率が高い。政令市では、選挙公報の必要性を最も低く認識しているグループ(「賛成」のグループ)で掲載率が100%となっているが、サンプル数が少ないので数字は参考程度である。以上のように、2変数で見るならば、選挙管理委員会事務局主導仮説を概ね支持するような関係が示されている。

多変量解析による分析

　上記2つの仮説について、多変量解析を用いて、他の様々な要因からの影響を考慮した検証をあらためて行う。対象は選挙公報を発行している市区町村とす[7]る。従属変数は、選挙公報をインターネットで掲載している場合には「1」、していない場合には「0」となるダミー変数である。分析方法として、ロジスティック回帰分析を用いる。

最も重要な独立変数は，選挙管理委員の人選および選挙管理委員会事務局の選挙公報に対する選好の2つとなる。

　前者については，首長が人選を行っている場合，そして選挙管理委員会事務局が人選を行っている場合のそれぞれについて，該当する場合を「1」，該当しない場合を「0」とするダミー変数を使用する。地方自治法第182条第2項の規定に従って地方議会による人選が行われているケースが参照基準となり，そこからの「逸脱」が及ぼす影響を検証することになる。これまでの議論から，首長による人選は負の影響を及ぼしていると予想される。選挙管理委員会事務局による人選からの影響については一概に予想できない。

　後者については，2017年選管調査での「地方選挙では選挙公報は不要だ」との意見に対する回答結果を用いて，「賛成」に1，「どちらかというと賛成」に2，「どちらかというと反対」に3，「反対」に4をそれぞれ割り当てる。値が大きいほど，選挙公報が必要であると強く考えていることを意味する。この変数の予想される影響は正である。

　これに関して，上述したように，首長は選挙管理委員会事務局に影響力を及ぼしやすい立場にある。そこで，首長が選挙管理委員の人選をも行っている自治体では，選挙管理委員会事務局の選好に首長の影響がより強く及ぶ可能性があると予想して，両者の関連について確かめてみた。結果として，カイ二乗検定では10%水準でも両者間に有意な関係があるとは認められなかった。さらに，選挙管理委員の人選についての首長人選ダミー変数と選挙公報についての選挙管理委員会事務局の選好との交互作用項を加えた分析も行ってみたが，同変数は有意な影響を及ぼしておらず，分析結果の全体も下に示すものとほとんど違いはなかったために詳細は省略する。

　コントロール変数としては，町村ダミー変数（町村の場合は「1」，それ以外は「0」），政令市ダミー変数（政令市の場合は「1」，それ以外は「0」），各自治体における65歳以上人口の割合（2015年のデータ）を用いる。加えて，都道府県が選挙公報発行条例を制定した時期の早さを示す指標を，都道府県から市区町村への影響についての変数として分析に加える。早い時期に選挙公報発行条例を制定している都道府県の市区町村は，選挙公報についての取り組みも積極的と考えられる。同変数は値が大きいほど制定時期が早いことを示しているため，予想される係数の符号は正となる[8]。た

だし，2017年選管調査実施時点で，選挙公報発行条例が未制定である県が存在した[9]。条例制定時期の変数を用いた分析からは，これらの条例未制定自治体は排除されることになる。そこで，都道府県が選挙公報発行条例を発効している場合には「1」，未制定の場合は「0」となるダミー変数を制定時期変数の代わりに用いた分析も行う。この変数の符号は正と予想される。

　分析結果は表3に示した。都道府県の選挙公報発行条例に関して制定時期変数を用いた分析と制定の有無を用いた分析との間にはほとんど違いは見られないため，併せて検討を行う。まず，コントロール変数の結果について概観しておく。政令市ダミー変数と町村ダミー変数の2つは，それぞれ10％水準及び1％水準で有意な影響を及ぼしていた。市区と比較して政令市は選挙公報をインターネットで掲載する確率は高く，逆に町村は低い。これは予想できた結果といえる。また，65歳以上の人口割合が高くなるほど，ネット掲載が行われる確率は低くなっている。自治体が住民の特性を考慮した判断を行っている可能性がある。選挙公報発行条例時期を通じた都道府県から市区町村への影響は，存在するとはいえなかった。

　それでは，最も重要な変数の結果はどうだったのか。選挙管理委員の人

**表3　選挙公報のウェブ掲載を従属変数とする
ロジスティック回帰分析の結果**

独立変数	係数	係数
選挙管理委員の人選(参照基準：地方議会が人選)		
首長が人選	− .13 (.25)	− .21 (.24)
事務局が人選	.12 (.18)	.07 (− 0.17)
事務局による選挙公報の必要性	.36 (.11***)	.33 (.10***)
政令市ダミー	1.05 (.62*)	1.14 (.60*)
町村ダミー	− 1.02 (.19***)	− 1.10 (.19***)
65歳以上人口割合	− .06 (.01***)	− .06 (.014***)
都道府県選挙公報発行条例の早さ	.36 (.25)	
都道府県選挙公報発行条例の有無		.19 (.31)
定数	.04 (.58)	.07 (.66)
Nagelkerke R^2	.16	.16
LR χ^2 (7)	96.83***	100.87***
N	776	836

* $p < .10$, ** $p < .05$, *** $p < .01$. カッコ内は標準誤差。

選について，首長選出ダミー変数の係数の符号は負であった。地方議会が選挙管理委員の人選を行っている自治体と比べて，首長が人選を行っている自治体は選挙公報をインターネットで掲載している確率が低いことになる。首長が行政の長としてではなく，政治家として影響力を行使した可能性を示唆している。上記の予想どおりの結果といえるが，10％水準においても有意な結果とはならなかった。政治的要因仮説は十分に支持されなかったといえる。

それに対し，ここでの結果は選挙管理委員会事務局主導仮説を支持するものとなった。選挙管理委員会事務局の選好についての変数は，1％水準で有意な正の影響を及ぼしている。すなわち，選挙公報の必要性を事務局が強く認識するほど，選挙公報がインターネットで掲載される確率は高まる。

3．選挙公報ウェブサイト掲載期間の規定要因

前節では，選挙公報のインターネット掲載の有無を従属変数として，政治的要因仮説及び選挙管理委員会事務局主導仮説についての検証を試みた。結果は，選挙管理委員会事務局主導仮説を支持するものとなった。本節ではネット掲載の有無ではなく，「どれだけの期間」掲載されているかに焦点を合わせた上で，これら2つの仮説についてさらに検証を進める。

選挙公報のネット掲載期間を扱った数少ない研究として，岡本(2014)がある。そこでは，2012年衆議院選挙および2013年参議院選挙での都道府県選挙管理委員会による選挙公報のインターネット掲載に注目した上で，選挙公報がウェブサイトへ掲載される「までの期間」についての検証が行なわれている。だが，「どれぐらいの期間」掲載されるかを扱った分析は，データ収集の困難さもあって，これまでは行われていない。この点について，2017年選管調査におけるインターネット上での掲載期間についての質問は，貴重なデータを提供してくれている。

選挙公報のウェブサイト掲載期間についての状況

2012年3月29日付けの自治行政局選挙部選挙課長通知において，総務省は選挙公報の選挙管理委員会ホームページへの掲載期間を「投票日当日までとすることが適当」との解釈を示していた(総務省自治行政局選挙部

選挙課長通知 2012）。主な理由は，選挙公報を選挙ポスターに準じる存在と見なしていたからである。この見方に従う形でほとんどの選挙管理委員会は投票日以降に削除を行っていたが，有権者による公約の点検が行いにくくなるとの理由で，民間では独自のサイトで選挙公報の掲載を行う動きも出てきた（『朝日新聞』2015 年 7 月 26 日朝刊）。

　このような流れの中，初鹿明博衆議院議員は第 189 回国会で，選挙公報の継続的なネット掲載を求める旨の削除要請の見直しを求める質問主意書（質問第 230 号）を 2015 年 5 月 14 日付で提出した。これに対して総務省は，「次回以降の選挙に係る選挙公報と混同されたり，選挙の公正を害する（ママ）おそれのない形式でおこなわれるものである限り，差支えない」との答弁書を 5 月 22 日に提出した。同日にはこの見解を，都道府県の選挙管理委員会に向けても通知した。これにより，投票日以降においても選挙公報をインターネットで掲載することは問題ないと見なされるようになっている[10]。

　ただし，実際に投票日以降にもインターネット掲載を行うかどうかについては，地方自治体によって決定が行われる。また，掲載の決定が行われた場合でも，どれくらいの期間それを行うかについては各自治体に委ねられる。

　現状がどうなっているかを見てみよう。2017 年選管調査では，「選挙公報をウェブサイトに掲示されている場合，掲示期間はいつまででしょうか」との質問を行っている。上記質問に対する回答結果を示したのが表 4である[11]。全体として，総務省による当初の方針どおりの「選挙終了時までの掲載」と回答した自治体の割合が高いものの，次回選挙時まで，あるいはそれ以上の期間とした自治体も約 20％となっている。自治体の種類で見ると，町村と比較して市区の方が掲載期間は長くなる傾向が見られる。

表 4　選挙公報のウェブサイトでの掲示期間

	市区	町村	政令市	全体
選挙終了時まで	331（78.6）	93（87.7）	12（75.0）	436（80.3）
次回選挙時まで	52（12.4）	7（ 6.6）	2（12.5）	61（11.2）
それ以上	38（ 9.0）	6（ 5.7）	2（12.5）	46（ 8.5）
計	421	106	16	543

＊カッコ内は％。

選挙公報のウェブサイト掲載期間に影響を及ぼす要因

　それでは，このような掲載期間の違いはなぜ生じるのか。前節と同様に，政治的要因および選挙管理委員会事務局の選好の2つの要因に注目する。

　まず，政治的要因の影響から検討していく。上に示した藤村(2018)の指摘に従うならば，首長は選挙情報を有権者に対して提供することに消極的となりやすい。特に選挙公報のインターネット掲載の場合には，掲載期間を長くすればするほど，選挙時の公約の達成度合いを点検する機会を有権者により多く与えることになる。すなわち，投票日以降の選挙公報のネット掲載は，次回選挙での現職候補にはマイナスの影響を及ぼす可能性がある一方で，相手候補にはそのような影響を及ぼす可能性はほとんどない。

　以上のことから，政治的要因と選挙公報のインターネット掲載期間との関連については次の仮説が導出される。

H3：政治的要因仮説(2)：首長が選挙管理委員の人選を行っている場合には，インターネットでの選挙公報掲載期間はより短くなる。

　両者の関連を示した表5には，上記の仮説を部分的に支持する結果が示されている。すなわち，選挙終了時までの掲載に留めていると回答した割合について見れば，市町村長ら役所幹部が人選している自治体では相対的に高い。選挙管理委員会事務局が人選を行っている自治体と比べればやや低くなっているものの，市町村議会が行っている自治体と比較すれば約

表5　選挙管理委員の人選主体と選挙公報サイト掲載期間

	選挙管理委員の人選主体			
	市町村長ら役所幹部	市町村議会	選挙管理委員会事務局	その他
次回選挙以降も	4（ 6.7）	30（10.4）	10（ 5.7）	2（14.3）
次回選挙時まで	7（11.7）	32（11.1）	19（10.9）	2（14.3）
選挙終了時まで	49（81.7）	227（78.5）	146（83.4）	10（71.4）
計	60	289	175	14

＊カッコ内は%。

3.2ポイント高くなっている。

　選挙管理委員会事務局の選好とインターネット掲載期間との関係についても見ていこう。両者の関係については，一般的に考えて次の仮説が成り立つ。

H4：選挙管理委員会事務局主導仮説(2)：選挙管理委員会事務局が選挙公報の必要性を高く認識しているほど，インターネット上での選挙公報掲載期間は長くなる。

　選挙公報のインターネットでの掲載期間が「次回選挙以降も」である場合には3ポイント，「次回選挙時まで」には2ポイント，「選挙終了時まで」には1ポイントをそれぞれ付与した上で，その平均値を選挙公報についての考えごとに示したのが表6である。ポイントが高い(低い)ほど，掲載期間が長い(短い)ことを表す。また，「反対」が肯定的な，そして「賛成」が否定的な姿勢を表していることをあらためて確認しておきたい。「わからない」と回答した自治体で掲載期間が長くなっていることについては説明がむずかしいが，事務局が選挙公報を重要であると認識しているほどインターネットでの掲載期間が長くなる傾向は見いだせる。地方自治体全体のみではなく，市区のみ，そして町村のみに注目しても，選挙公報が不要との意見に「反対」との見方を示す自治体で掲載期間が長い。逆に政令市では「賛成」とする自治体で掲載期間が長くなっているが，元々のサンプル数(N =14)が少ないことにも注意すべきである。

選挙公報のウェブサイト掲載期間を従属変数とする分析

　インターネットでの掲載期間を従属変数とする分析を行って，政治的要

表6　選挙公報についての考えごとに見たサイト掲示期間の長さ

	反対	どちらかというと反対	どちらかというと賛成	賛成	わからない
市区(N = 397)	1.35	1.26	1.12	1.14	1.39
町村(N = 105)	1.21	1.11	1.00	1.00	1.44
政令市(N = 14)	1.33	1.33	×	2.00	1.00
全体(N = 516)	1.32	1.23	1.10	1.19	1.39

＊掲載期間を「次回選挙以降も」=3「次回選挙時まで」=2「選挙終了時まで」=1とした場合の平均値。

因仮説および選挙管理委員会事務局主導仮説の2つを検証することとしたい。対象は，選挙公報をウェブサイトで発行している市区町村である。選挙公報をウェブサイトで掲載している自治体が「選挙終了時まで掲載」している場合には1を，「次回選挙時まで掲載」している場合には2を，「次回選挙を超える期間まで掲載」している場合には3をそれぞれ割り当てて，従属変数として用いる。値が大きくなるほど長期間にわたってインターネットでの情報掲載が行われていることとなる。分析方法として順序ロジスティックを用いる。独立変数としては，前節でのロジスティック回帰分析で用いたものと同じ7変数（「選挙管理委員を首長が人選」「選挙管理委員を事務局が人選」「事務局による選挙公報の必要性」「政令市ダミー」「町村ダミー」「65歳以上人口割合」「都道府県選挙公報発行条例の早さ（あるいは有無）」）を分析に投入した[12]。

　分析結果は表7に示した。ここでも，全体的に見れば2つの分析モデルの間に結果の違いはほとんどない。コントロール変数に関して，ウェブサイト掲載の有無を従属変数とする分析では有意となった政令市ダミー変数及び町村ダミー変数は，掲載期間には有意な影響を及ぼしていなかった。サイト掲載期間については，市区と政令市・町村との間には違いがあると

表7　選挙公報のウェブ掲載期間を従属変数とする順序ロジスティックの結果

独立変数	係数	係数
選挙管理委員の人選（参照基準：地方議会が人選）		
首長が人選	.37 (.54)	.26 (.53)
事務局が人選	- .29 (.40)	- .43 (.38)
事務局による選挙公報の必要性	.46 (.27*)	.54 (.27**)
政令市ダミー	.81 (.75)	.57 (.73)
町村ダミー	- .64 (.52)	- .67 (.53)
65歳以上人口割合	- .06 (.03**)	- .07 (.03**)
都道府県選挙公報発行条例の早さ	.53 (.55)	
都道府県選挙公報発行条例の有無		.18 (.84)
切片（1）	1.49 (1.33)	1.51 (1.59)
切片（2）	2.33 (1.34*)	2.40 (1.60)
Nagelkerke R^2	.08	.08
LR χ^2 (7)	14.24**	15.36**
N	236	252

* p＜.10, ** p＜.05. カッコ内は標準誤差。

はいえないことになる。65歳以上の人口割合は，有意な負の影響を及ぼしていることがここでも示された。

政治的要因仮説および選挙管理委員会事務局主導仮説の検証のために用いた変数については，ネット掲載の有無についての分析とやや異なる結果が得られた。すなわち，選挙管理委員の首長選出ダミー変数の係数は，政治的要因仮説からの予想とは逆に正の符号となった。首長が政治家としてではなく，行政の長として影響力を行使した可能性を示唆しているが，いずれにせよ10％水準においても有意な影響を及ぼしてはいなかった。

その一方で，選挙管理委員会事務局の選好についての変数は，都道府県選挙公報発行条例の有無を用いた分析では5％水準で，そして選挙公報発行条例の制定時期を用いた分析では10％水準で，それぞれ有意な正の影響を及ぼしていた。選挙公報の必要性を事務局が強く認識するほど，選挙公報がインターネットで掲載される期間は長くなる。選挙管理委員会事務局主導仮説を支持する結果といえる。

4．発見と含意

本稿では，選挙管理委員会によるインターネットをつうじた情報発信行動として，地方選挙における選挙公報のウェブサイト掲載の有無およびその掲載期間の長さに焦点を合わせて，2017年選管調査のデータを用いてそれらを規定する要因を明らかにしようと試みた。示されたのは，次のことである。第1に，選挙公報のウェブサイト掲載の有無およびその掲載期間の長さのいずれに対しても，首長が選挙管理委員の人選を行っていることとの関連は見いだせなかった。ここでの分析からは，政治的要因仮説を十分に支持するような結果は得られなかったことになる。第2に，その一方で，選挙公報のウェブサイト掲載の有無とその掲載期間の長さの双方について，選挙管理委員会事務局による選挙公報の必要性の認識が正の影響を及ぼしていた。選挙公報のウェブサイト掲載に関しては，首長よりもむしろ選挙管理委員会事務局の意向が重要であったといえる。

選挙管理は政治的な利害が交錯する業務であるがゆえに，公平性が強く求められる。そのため，選挙管理委員会事務局が政治アクターから，どの程度の自律性を有しているかが重要となる（曽我 2018：60）。本稿の結果は，選挙管理委員会事務局がその自律性を一定程度有していることを示唆

している。政治的な動機に基づいて，有権者への情報提供が抑制されているとの結果が明確に示されなかったことは，規範的に見て望ましいともいえる。

　もっとも，この規範的な評価には，一定の留保が付されねばならない。

　第1に，選挙公報のインターネット掲載において首長の影響が見いだせなかったのは，選挙管理委員会事務局の自律性によるものではなく，有権者の投票に影響を与えるという点で，地方選挙におけるインターネットの有効性が高く評価されていなかったからであるかもしれない。今後，インターネットが一層普及したり，あるいは18歳選挙権の影響が明確に現れてきたりした場合には，このような評価も変わり得る。すでに指摘したように，制度的に首長は事務局に対して影響力を行使しやすい位置にあるため，その時には選挙管理委員会による情報発信行動にも政治的な影響が及ぶ可能性がある。政治的要因の影響については，今後も継続的に検証を続けていく必要がある。

　第2に，政治アクターに対して選挙管理委員会事務局の自律性が高いことは，必ずしも有権者にとって望ましい結果を生み出すとは限らない。住民の代表である首長(あるいは地方議会)が有権者に対する積極的な選挙情報の提供を望んでいる場合でも，事務局が(何らかの理由で)それに消極的な考えを持っていた場合には，情報発信行動が抑制されてしまうこともあり得る。プリンシパルである政治アクターが，エージェントである事務局を適切にコントロールできるようにすることは必要である。

　選挙管理委員会による情報発信行動に関しては，選挙管理委員会事務局の組織特性についての検証を行った曽我(2018)のように，事務局自体の内部についての詳細な分析を進めていく必要がある。それとともに，政治アクターと事務局との関係についても，ミクロ・レベルでの検証を行わねばならない。

(1)　選挙公報のインターネット掲載が可能となった経緯については，東京都選挙管理委員会事務局(2012)を参照のこと。

(2)　2012年3月29日付けの自治行政局選挙部選挙課長通知「選挙公報の選挙管理委員会ホームページへの掲載に関する質疑応答集について」で，総務省は選挙公報をウェブサイトに掲載する際のガイドラインを質疑応答

の形で明らかにした。そこにおいては、国政選挙については「全国統一的に、選挙公報の発行主体である都道府県選挙管理委員会のホームページに掲載することとする」とされている(総務省自治行政局選挙部選挙課長通知2012)。

(3)　選挙公報の住民に対する提供については、新聞折り込みや業者による委託配布、郵送による配布など様々な方法が用いられる。この選択もまた自治体に委ねられている。

(4)　行政区については、98.3%（116中114)が選挙公報の発行を行っているとの調査結果が得られている。

(5)　第193回国会「政治倫理の確立及び公職選挙法改正に関する特別委員会会議録」第7号(2017年6月7日)における宮地毅政府参考人の発言。<http://www.shugiin.go.jp/internet/itdb_kaigiroku.nsf/html/kaigiroku/007119320170607007.htm>2018年5月27日にアクセス。

(6)　分析対象は、2014年6月1日から2015年2月1日までの期間に投票が実施された地方選挙である。選挙公報のネット掲載の状況については、著者の調査による。選挙管理委員の人選状況については、2013年に全国市区町村の選挙管理委員会・事務局に対して実施されたアンケート調査の結果が使用されている。

(7)　首長選挙あるいは議員選挙のどちらかのみで発行している自治体も分析対象に加えた。すでに指摘したように、このようなケースは数が少ないため、それらを分析に含めた場合と含めなかった場合とで結果に違いはなかった。

(8)　都道府県が選挙公報発行条例を制定した時期の早さを示す指標は次のように作成した。まず、神奈川県が都道府県として最初に同条例を制定した1952年9月5日を起点として、そこから各自治体が条例を制定するまでに経過した日数を求める。さらにその日数を神奈川県の制定年月日と、調査時点で最も遅い時期に条例を制定した福井県の制定年月日(2017年7月14日)との間の経過日数で割った上で、さらに1からその値を差し引いた。値の取り得る範囲は0から1までとなり、値が大きいほど制定時期が早いことを示すことになる。

(9)　2017年選管調査実施時点で選挙公報発行条例が未制定であったのは、山梨、新潟、岐阜、山口の4県である。その後、山梨は2018年3月8日、岐阜は2018年3月22日、新潟は2018年3月30日に条例を制定したが、ここでの分析では未制定として扱った。

(10)　「選挙公報をネット保存」(共同通信)2015年6月1日。<http://www.senkyok.com/news_20150601.html>2018年8月13日にアクセス。

(11) 掲載期間について「その他」と回答したケースは除いた。「その他」
の具体的な内容として、「特に定めていない」「選挙終了後1か月」「検討中」
などの自由回答があった。

(12) 選挙管理委員の人選についての首長人選ダミー変数と選挙公報につい
ての選挙管理委員会事務局の選好との交互作用項を加えた分析も試みた。
ネット掲載の有無を従属変数とした分析と同様に、同変数は有意な影響を
及ぼしておらず、分析結果の全体も本文で示すものとほとんど異なるとこ
ろはなかった。

参考文献

大西裕(2017)「選挙ガバナンスの論点」大西裕編著『選挙ガバナンスの実
態：世界編——その多様性と「民主主義の質」への影響』所収、ミネル
ヴァ書房、3-13頁。

大西裕(2018)「日本の選挙ガバナンス——世界の中でどう位置づけるか——」
大西裕編著『選挙ガバナンスの実態：日本編——「公正・公平」を目指す
制度運用とその課題』所収、ミネルヴァ書房、1-25頁。

岡本哲和(2014)「もう一つの『ネット選挙』——2012年衆院選および2013年
参院選における選挙公報のインターネット掲載——」関西大学『法学論
集』第64巻、第2号、25-45頁。

岡本哲和(2018 a)「選挙公報とインターネット——地方選挙における選挙公
報のネット掲載——」大西編(2018)所収、151-168頁。

岡本哲和(2018 b)「インターネット上での選挙公報との接触とその効果——
2016年参院選データを用いた分析——」『政策創造研究』12号、1-24頁。

品田裕(2018)「選挙管理委員とは誰か——選挙管理委員のなり手と委員会の
型——」大西編(2018)所収、29-56頁。

総務省自治行政局選挙部選挙課長通知(2012)「選挙公報の選挙管理委員会
ホームページへの掲載に関する質疑応答集について」『選挙時報』第61巻、
第5号、47-52頁。

曽我謙悟(2018)「選挙管理委員会事務局の能力・専門性・自律性——選管ア
ンケート調査に見るその実態——」大西編(2018)所収、57-76頁。

東京都選挙管理委員会事務局(2012)「選挙公報の選管ホームページへの掲載
の次にくるもの」『選挙』第65巻、第5号、9頁。

ヒジノ ケン・ビクター・レオナード(石見豊訳)(2015)『日本のローカルデ
モクラシー』芦書房。

深谷健(2016)「執行機関における多様な組織実態の検討：選挙管理委員会の
執行活動とその効果の分析に向けて—」『武蔵野大学政治経済研究所年報』

13号，55-79頁。

藤村直史（2018）「首長は選挙管理に影響を与えるか——市長の選挙戦略と選挙管理委員会事務局の意識——」大西編（2018）所収，77-99頁。

Ahn, M. J.（2011）"Adoption of E-Communication Applications in U.S. Municipalities: The Role of Political Environment, Bureaucratic Structure, and the Nature of Applications," *The American Review of Public Administration,* 41（4）: 428-452.

Burden, B. C., et al.（2013）. "Selection Method, Partisanship, and the Administration of Elections," *American Politics Research*, 41（6）: 903-936.

Callen, M., C. C. Gibson, D. F. Jung, and D. Long（2016）"Improving Electoral Integrity with Information and Communications Technology," *Journal of Experimental Political Science*, 3（1）: 4-17.

McElwain, K. M.（2008）"Manipulating Electoral Rules to Manufacture Single - Party Dominance," *American Journal of Political Science*, 52（1）: 32-47.

Stockemer, D.（2018）"The internet: An Important Tool to Strengthening Electoral Integrity," *Government Information Quarterly*, 35（1）: 43-49.

Strandberg, K.（2014）"Mapping the Online Campaign Audience: An Analysis of Online Participation and Its Mobilizing Potential in the 2011 Finnish Parliamentary Campaign," *Journal of Information Technology & Politics*, 11（3）: 276-290.

Wang, S. and M. K. Feeney（2016）"Determinants of Information and Communication Technology Adoption in Municipalities," *The American Review of Public Administration,* 46（3）: 292-313.

政党の争点立場認知と投票後悔

2016年参院選における護憲派による改憲勢力への投票

飯田　健*

要旨：2016年参院選では自民党，公明党，おおさか維新の会などが議席を伸ばし，何らかの意味で憲法改正を支持する政党の議員が衆議院だけでなく参議院でも議席の３分の２を占めることとなった。しかし選挙前の世論調査によると，有権者は必ずしも圧倒的に憲法改正を支持していたわけではなかった。本研究では，それにもかかわらずなぜ改憲勢力が大勝したのか，なぜ護憲派の有権者が改憲勢力に投票したのか，参院選前後に実施したインターネット調査データを分析することを通じて検証した。その結果，改憲争点における自民党の立場について「わからない」と答えた護憲派ほど改憲勢力に投票する傾向があること，また改憲勢力に投票した護憲派は選挙後その投票について後悔していること，さらにその傾向は期日前投票を行った有権者の間で強く見られたことがわかった。これは，重要な争点における政党の立場を正しく知らないことで，有権者による実質的な投票権の行使が困難になる可能性を示唆する。

キーワード：Correct voting, Post - election regret, Japanese election, Constitutional amendment, Substantive voting rights

1．はじめに

2016年７月10に実施された参議院議員選挙は連立与党にとってだけでなく，野党も含むいわゆる改憲勢力にとっても大勝と言える選挙であった。選挙前の世論調査では，有権者は概して憲法改正に反対の態度を示していたにもかかわらず，結果的には非改選分の議席も含め，衆議院のみならず参議院でも３分の２以上の議席を改憲勢力の政党の議員が占めること

---

*　同志社大学法学部

となり，国民投票に向けての憲法改正の発議が可能となった。なぜ有権者は概して憲法改正に消極的であるにもかかわらず，改憲勢力を勝たせたのであろうか。より一般的に，なぜ一見有権者の政策選好と異なるような投票行動が見られるのであろうか。

　後に見るように，この問いに対する先行研究の知見にもとづく答えは主として3つある。第一に，その争点が相対的に有権者にとって重要でないから，というものである。すなわち，有権者はある争点についての政党間の立場の違いを知っているにもかかわらず，その争点は他の争点よりも重要でないと判断し，自分とは立場が異なる政党に投票した可能性がある。さらに先行研究の答えとして第二に，そもそも有権者はある争点についての政党間の立場の違いを知らないから，というものがある。つまり，有権者は政党がどのような立場をとっているのか知らなかったため，自分とは立場の異なる政党に投票したということである。最後に，先行研究では政党リーダーの評価が投票行動に影響を与えることが示されており，政党のリーダーを高く評価する場合，必ずしも政策選好に合致しなくても有権者はその政党に投票すると考えられる。

　本研究ではこれらの先行研究の知見を2016年参院選の状況に適用し，それぞれに対応する3つの仮説を提示する。そして参院選前後に実施したインターネット調査データの分析を通じてそれらを検証する。とりわけ本研究の関心は，憲法改正を目指す政権第一党・自民党の改憲争点における立場を認知していない護憲派の有権者がどのような投票行動を取ったのか，彼らは選挙後に後悔しているのかということである。

　先取りしてデータ分析の結果を述べると，改憲争点における自民党の立場について「わからない」と答えた護憲派ほど改憲勢力に投票する傾向があること，また改憲勢力に投票した護憲派は選挙後その投票行動について後悔していることが示された。これは，完全情報下での「正確な投票（correct voting）」（Lau and Redlawsk 1997）ができないことで，有権者による実質的な投票権の行使が困難になる可能性を示唆する。

2．リサーチクエスチョン

　2016年7月11日に実施された参議院議員選挙において，与党・自民党と公明党はそれぞれ56議席[1]と14議席を獲得し，改選121議席の過半数，

また今回非改選も含めた参院全体でも242議席中146議席を占め，硬い政権基盤を維持した。ただしこの選挙の意義は，連立政権の勝利というだけにとどまらない。自民党と公明党に，今回7議席を獲得し非改選も含め12議席を占めたおおさか維新の会などを加え，何らかの意味で憲法改正を支持するいわゆる改憲勢力が165議席を獲得し，全議席の3分の2である162議席を上回ったのである。これによりすでに改憲勢力が3分の2を占める衆議院とともに，参議院でも憲法改正の発議が行えることとなり，憲法改正の現実味がいよいよ増すこととなった。

　ところが，選挙前の世論調査を見ると，有権者は必ずしも憲法改正を望んでいたわけではなかった。例えば2016年3〜4月に実施された朝日新聞の世論調査[2]によると，憲法について「変える必要がない」が55％と，「変える必要がある」37％を大きく上回った。また憲法9条については，「変えないほうがよい」68％，「変えるほうがよい」27％と有権者のより強い拒否感が読み取れる。さらに，2016年1〜2月実施に実施された読売新聞世論調査[3]によると，憲法については「改正しないほうがよい」50％，「改正する方がよい」49％と意見が拮抗しているものの，憲法9条については「これまで通り，解釈や運用で対応する」38％，「解釈や運用で対応するのは限界なので，第9条を改正する」35％，「第9条を厳密に守り，解釈や運用では対応しない」23％と，概して改正に否定的な態度が見られる。

　それにもかかわらず今回の参院選において，なぜ改憲勢力が大勝を収めたのであろうか。また，このような世論調査結果と実際の選挙結果との乖離は，憲法改正に反対する護憲派有権者の中にも改憲勢力に投票した者がいることを示唆しているが，なぜこうした護憲派有権者による改憲勢力への投票が行われたのであろうか。より一般的に，なぜ一見有権者の政策選好と異なるような投票行動が見られるのであろうか。

　世論調査結果と実際の選挙結果との乖離について，まず考えられるのが選挙制度の効果である。すなわち，比例性が低い選挙制度の場合，政党の得票率と議席率との乖離が生じ，多数派の有権者の意見が議会に過剰に代表されてしまう（e.g., Taagepera and Shugart1989; Lijphart 1994; Sartori 1994）。ところが，今回の参院選の選挙結果を見ると，基本的に有権者の正直な選好表明である誠実投票が行われると考えられる比例代表での政党別得票率は，自民35.9％，公明13.5％，お維9.2％，民進21.0％，共産10.7％，社民

2.7％と，合計して改憲勢力58.6％対護憲勢力34.4％となっており，必ずし
も改選議席における改憲勢力の議席率62.81％と護憲勢力の議席率32.24％
と大きく乖離しているとは言えない。すなわち選挙区部分が大政党に有利
に働いたとはいえ，今回の選挙結果は選挙制度による民意の歪みという制
度的な要因というよりも，むしろ主として有権者の投票行動によって引き
起こされたものである可能性が高いと言える。

3．理論的検討

　そこで有権者の争点態度と投票行動との関係についての先行研究に目を
向けると，争点態度が選挙結果に結びつかない場合があることについて，
2つの可能性が指摘されている。第一に，有権者は投票選択を行う際，争
点によって重視する度合いが異なるため，ある争点については自らの政策
選好に反する政党／候補者に投票しうるというものである(e.g., Enelow and
Hinich 1984; Ravinowitz and Macdonald 1989; Merrill and Grofman 1999)。ま
た第二の可能性として，そもそも有権者は政党の争点立場を正確に理解
しておらず，自らの政策選好に合致する政党に正しく投票することができ
ない，ということも考えられる(e.g., Campbell et al. 1960; Lau and Redlawsk
1997; Lewis - Beck et al. 2008)。

　さらに政党の争点立場の認知の問題以外に，政党リーダーの評価も
有権者の政策選好と投票選択との乖離を説明しうる(e.g.,Pierson 1975;
Abramowitz 1985)。すなわち，自分と政策意見が合わなくとも愛着のある
政党だから，あるいはその政党のリーダーを評価するからといった理由
で，争点態度の観点からでは説明できない政党や候補者に投票すると考え
られる。これらの先行研究における理論的主張から，2016年参院選におけ
る護憲派有権者による改憲勢力への投票を説明する仮説として次の3つを
導くことができる。

　　　仮説1：防衛力を強化すべきとの意見をもつ護憲派ほど改憲勢力に投
　　　　　　　票した。
　　　仮説2：憲法改正争点における自民党の立場がわからない護憲派ほど
　　　　　　　改憲勢力に投票した。
　　　仮説3：安倍首相を高く評価する護憲派ほど改憲勢力に投票した。

第一の仮説においては，護憲派でありながら，国際情勢の悪化を懸念し防衛力強化という観点から自民党をはじめとする改憲勢力を支持する有権者が想定されている。2014年の集団的自衛権限定的行使容認の閣議決定や2015年の安保法制の際，世論調査では立憲主義の観点からそれらに否定的な声が強かったのにもかかわらず，安倍内閣の支持率にはほとんど影響なかったが，その背景には中国の台頭など国際安全保障環境の悪化による防衛力強化を望む有権者の声の高まり（飯田他 2015，図1.1）があると考えられる。2016年参院選でもこれらのときと同様，原理的に憲法改正には反対であるものの，防衛力を強化すべきとの考えから，改憲争点には目をつぶり，自民党をはじめとする改憲勢力に投票した有権者がいたのではないだろうか。

第二の仮説においては，護憲派であるものの，改憲勢力の中心である自民党の憲法改正争点における立場を理解しないため，最も認知度が高く頭に浮かびやすい自民党をはじめとする改憲勢力を支持する有権者が想定されている。2016年参院選を前に，自民党・安倍晋三総裁は世論が過熱する可能性のある憲法改正問題を争点とすることを避け，この選挙の争点を自らの経済政策である「アベノミクスをもっと加速するのか，それとも後戻りするのか」国民の判断を仰ぐことであると述べたが[4]，これに対して民進党をはじめとする野党は「争点隠し」と批判していた[5]。このような自民党の姿勢もあってか，選挙戦はあまり盛り上がらず，NHKを含む在京地上波テレビ6局の2016年参院選関連の放送時間は，前回2013年参院選時より3割近く減っている[6]。こうした選挙戦における情報の少なさは，改憲争点における自民党の立場をわかりにくくさせ，一部の護憲派有権者による自民党をはじめとする改憲勢力への投票をもたらしたのではないだろうか。

第三の仮説においては，護憲派であるものの，安倍首相を高く評価するため，自民党をはじめとする改憲勢力に投票した有権者が想定されている。参院選前の2016年6月末時点で，日経平均株価は1万5千円代と安定的に推移しているうえ，内閣支持率も48%[7]と高い値を示すなど，多くの有権者は安倍政権のこれまでの業績について満足していた様子がうかがえる。こうした安倍首相への高い評価が，護憲派による自民党をはじめと

する改憲勢力への投票を促す要因となったのではないだろうか。

　以上の仮説のうち本研究が最も関心をもつのが，第二の仮説である。憲法改正に反対でありながら，自民党の憲法改正争点における立場がわからないことが原因で改憲勢力に投票した有権者は「正確な投票(correct voting)」(Lau and Redlawsk 1997)が行えなかったと言える。ここで言う「正確な投票」とは，「完全情報下で行われたであろう選択と同じ投票」(Lau and Redlawsk 1997, p.586)のことを指す。護憲派であるにもかかわらず自民党の憲法改正争点における立場を知らずに改憲勢力に投票した有権者は，おそらく自民党が改憲を主張していたと知っていたなら改憲勢力には投票しなかった可能性が高いであろう。ただしそれを言うには改憲勢力に投票した護憲派は自らの投票について選挙後に後悔していることを示さなければならない。

　さらに「正確な投票」を行えず，そのことを後悔しているのであれば，2016年参院選においてこれらの有権者は実質的に投票する権利を十全に行使できなかったことを意味する。すなわち，代表民主制下の選挙においては重要な争点において政党／候補者がどのような主張を行っているのか理解した上で，有権者は自分の意見を政治に反映させるべくそれに最も合致した政党／候補者に投票することで主権者としての権利を行使することが前提されているが，もし自らの意見と正反対の主張を行っている政党／候補者に誤って投票し，選挙後それを後悔しているのであれば投票権の行使のための前提が満たされていないということになる。もちろんその責任は一義的には無知な有権者に帰せられるが，一方で積極的投票権保障の点からそのような有権者の存在自体一つの課題であることは確かであろう。

4．護憲派による改憲勢力投票の要因

　これらの仮説を検証するために，2016年7月10日の参院選前後に実施されたインターネット調査のデータ分析を行う[8]。この調査は参院選前後の期間，(株)楽天リサーチのパネルに登録した18歳以上の男女からなる，年齢，性別，居住地域にもとづく割り当て標本に対してインターネット上で実施されたものである。2016年7月6日から7月9日にかけて実施された選挙前調査のデータは3496名のデータを含み，7月11日から13日にかけて実施された選挙後調査はそのうち再び調査に協力した2517名のデー

タを含む。以下の分析においては，この2517名のデータを用いる。

まず選挙後調査のデータを用いて，改憲勢力(自民党，公明党，おおさか維新の会)と護憲勢力(民進党，共産党，社民党)とに分けた比例区投票先の分布を示したものが図1である[9]。これによると，投票先として占める割合は，改憲勢力が45.2%，護憲勢力が29.9%，棄権が24.9%となっており，投票者に占める改憲勢力投票と護憲勢力投票の割合はそれぞれ60.2%と39.8%と，実際の比例区投票に比べて差は小さくなっているものの，やはり改憲勢力の得票が護憲勢力のそれと比べて大幅に多くなっていることがわかる。

次に，選挙前調査の回答者全体における憲法改正争点についての回答者自身の意見分布を示したものが図2である。これによると，憲法改正について賛成が35.6%，中間が24.4%，反対が30.7%，わからないが9.3%と，積極的に憲法改正に賛成しているのは全体の3分の1強であり，それにもかかわらず投票先としては先に見たとおり5割弱が改憲勢力となっていることから，やはり必ずしも憲法改正に賛成しない回答者が，改憲勢力に投票していることがうかがえる。

実際，それを裏付けるのが，改憲勢力投票者に占める各憲法改正争点態度の分布を示した図3である。これによると，改憲勢力投票者のうち改憲に賛成しているのは56.1%と過半数であるものの，改憲に反対している回

図1　改憲勢力に投票

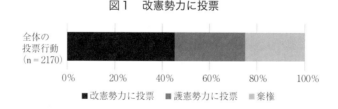

図2　憲法改正争点態度の分布(標本全体)

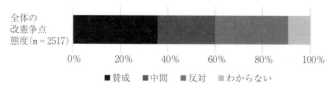

答者も12.3%いることがわかる。これらは，自分自身が憲法改正に反対しているにもかかわらず，国民投票の発議に必要な"3分の2"が問われた参院選において改憲勢力に投票した人々である。このような有権者の存在を説明することがここでの分析の目的となる。

従属変数は，護憲派有権者の投票行動である。ここでは護憲派有権者の投票行動を，改憲派へ投票，護憲派へ投票，棄権の3つに分ける。その分布を示したものが図4である。これによると，護憲派有権者のうち，改憲勢力に投票した割合が18.6%，護憲勢力に投票した割合が63.1%，棄権した割合が18.3%と，護憲派であるにもかかわらず改憲勢力に投票した回答者が約2割にも上る。

こうした投票行動を説明するものとして第一の仮説に示された変数が，防衛力強化の賛否をめぐる争点態度である。図5はその分布を見たもので

図3 改憲勢力投票者の憲法改正争点態度の分布

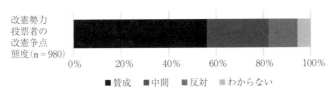

図4 投票行動の分布（護憲派のみ）

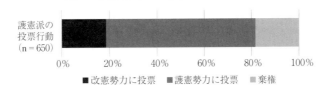

図5 防衛力強化争点の分布（護憲派のみ）

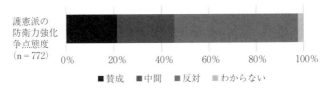

あるが，護憲派回答者の間で防衛力強化について，賛成の割合が21.2%，中間の割合が24.1%，反対の割合が52.3%，わからないの割合が2.3%と，防衛力強化反対が最も多くなっているものの，賛成の意見も2割を超えている。

また，護憲派有権者による改憲勢力への投票を説明する第二の仮説の変数として示されたのが，護憲派による憲法改正争点における自民党の立場の認知である。図6は，自民党の憲法改正争点における立場について，護憲派の回答者の主観的認知をたずねた際の回答分布を示している。これによると，自民党の立場について，憲法改正に賛成であると認知する割合は80.1%，中間と認知する割合が2.7%，反対と認知する割合が9.3%，わからないと回答する割合が7.9%となっており，やはり大多数の護憲派有権者は自民党が憲法改正に賛成していると認知しているものの，それでも反対と認知している割合や，わかならいと回答する割合もそれぞれ1割近いことがわかる。すなわち，護憲派の有権者でも必ずしも自民党の憲法改正争点上の立場について正しく認識しているとは限らないのである。

最後に，護憲派有権者による改憲勢力への投票を説明する第三の仮説の変数が，安倍晋三首相に対する評価である。図7は「安倍晋三」についての感情を最も冷たい0度から，最も温かい100度までの間の数値で表すことを，護憲派の回答者に求めた際の回答分布である[10]。これによると，やはり護憲派の有権者のうち27.1%という最も大きな割合が安倍首相に対して最も冷たい0度の感情を抱いているが，それでも次に多いのが中立的な50度の13.5%であり，60度以上の温かい感情を安倍首相に抱いている護憲派回答者も，14.5%存在している。つまり，憲法改正に反対であったとしても，安倍首相を高く評価している有権者はそれなりに存在していると言

図6　憲法改正争点における自民党の立場の認知（護憲派のみ）

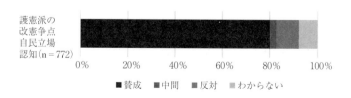

政党の争点立場認知と投票後悔(2018 - Ⅱ) 69

図7 安倍晋三感情温度(護憲派のみ)

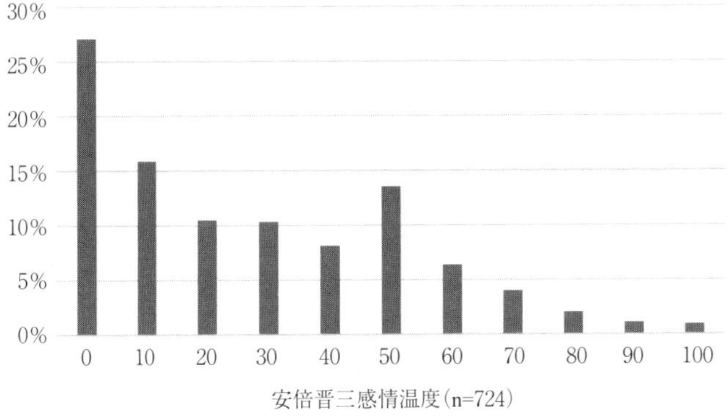

安倍晋三感情温度(n=724)

える。

　以上をふまえてここでは，護憲派の回答者のみを対象に，改憲勢力への投票，護憲勢力への投票，棄権の3つのカテゴリからなる投票選択を従属変数とする多項ロジットによる分析を行う(参照カテゴリは「護憲勢力投票」)。独立変数のコーディングは次のとおりである。第一の仮説に対応して，「防衛力強化：賛成」ダミー（1：防衛力強化に賛成，0：それ以外)，「防衛力強化：反対」ダミー（1：防衛力強化に反対，0：それ以外)の2つのダミー変数を含める(ベースカテゴリは中間／わからない)。次に第二の仮説に対応して，「改憲自民立場認知：中間」ダミー（1：改憲争点上の自民立場の主観的認知が中間，0：それ以外)，「改憲自民立場認知：反対」ダミー（1：改憲争点上の自民立場の主観的認知が反対，0：それ以外)，「改憲自民立場認知：わからない」ダミー（1：改憲争点上の自民立場の主観的認知がわからない，0：それ以外)の3つのダミー変数を含める(ベースカテゴリは賛成)。最後に第三の仮説に対応して，安倍晋三感情温度のそのままの値を投入する。

　統制変数としてモデルに含める変数は，個人属性として男性ダミー（1：男，0：女)，年齢(年齢をそのまま)，教育程度(1：中学校～5：大学院)，世帯収入(1：200万円未満～5：1000万円以上)である。また政党支持変数として，自民支持ダミー（1：自民党支持，0：それ以外)，民進支持ダミー（1：民進党支持，0：それ以外)，維新支持ダミー（1：

おおさか維新の会支持，０：それ以外)，公明支持ダミー（１：公明党支持，０：それ以外)，共産支持ダミー（１：共産党支持，０：それ以外)，社民支持ダミー（１：社民党支持，０：それ以外)の６つのダミー変数を含める(参照カテゴリは「支持政党なし」)。

　ここでとりわけ重要なのが，政党支持変数である。というのも党派性は，政治的に無知で情報をもたない有権者がそれにもかかわらず自らの選好に沿った投票をするための重要なヒューリスティクスと考えられてきたからである(Sniderman et al. 1991; Rahn 1993)。分析においては，無知であるにもかかわらずこうした党派性をヒューリスティクスとして用いて，自らの選好に沿った投票を行う有権者の存在を考慮する必要がある。また本研究では，自民，公明，おおさか維新の会をまとめて改憲勢力としているが，護憲派で改憲勢力に投票した有権者の中には公明党支持者が含まれる可能性がある。このような，護憲派でありながら党派性により改憲勢力に投票した有権者の存在を考慮するためにも，政党支持変数を分析に含めることは重要である。各変数の記述統計は表1のとおりである。

表1　分析に用いた変数の記述統計：改憲反対と改憲勢力投票

	ケース数	平均値	標準偏差	最小値	最大値
投票選択	650	1.55	0.78	1	3
男性	791	0.53	0.50	0	1
年齢	772	52.93	15.70	18	80
教育程度	767	3.36	0.97	1	5
世帯収入	672	3.21	1.45	1	6
自民支持	717	0.10	0.30	0	1
民進支持	717	0.22	0.42	0	1
維新支持	717	0.04	0.19	0	1
公明支持	717	0.03	0.16	0	1
共産支持	717	0.11	0.32	0	1
社民支持	717	0.04	0.19	0	1
その他支持	717	0.02	0.15	0	1
防衛力強化：賛成	791	0.03	0.16	0	1
防衛力強化：反対	791	0.09	0.29	0	1
改憲自民立場認知：中間	791	0.08	0.27	0	1
改憲自民立場認知：反対	791	0.22	0.41	0	1
改憲自民立場認知：わからない	791	0.52	0.50	0	1
安倍感情温度	742	27.09	25.06	0	100

※　憲法改正について「反対」／「どちらかといえば反対」の意見をもつ回答者のみ含む。

表2はモデルの推定結果を示したものである。まずこの表の左側の列にある，護憲勢力投票と改憲勢力投票の違いを特徴づける要因について見ると，他の変数の影響を考慮してもなお，「改憲自民立場認知：わからない」および，安倍感情温度の係数の推定値がそれぞれ統計的に有意な正の値を示している。これは，個人属性や政党支持の影響を考慮してもなお，改憲争点における自民党の立場について「わからない」と答えた護憲派回答者ほど，改憲争点における自民党の立場について「賛成」と認知する護憲派回答者よりも，護憲勢力ではなく改憲勢力に投票する傾向があること，さらに安倍首相に対する評価が高くなるほど護憲勢力ではなく改憲勢力に投票する傾向があることを意味する。一方，防衛力強化への賛否は，護憲派有権者が護憲勢力に投票するのかそれとも改憲勢力に投票するかを決定する上で決め手となっているわけではないようである。

その他の変数について見ると，世帯収入，自民支持，維新支持，公明支

表2　多項ロジットの推定結果：改憲反対と改憲勢力投票

	改憲勢力投票		棄権	
定数項	− 0.38	(1.00)	1.85*	(0.89)
男性	− 0.50	(0.33)	− 0.28	(0.30)
年齢	− 0.04**	(0.01)	− 0.04**	(0.01)
教育程度	− 0.18	(0.18)	− 0.10	(0.16)
世帯収入	0.20 †	(0.11)	− 0.07	(0.11)
自民支持	1.77**	(0.44)	1.10*	(0.49)
民進支持	− 0.80	(0.47)	− 0.93*	(0.41)
維新支持	2.82**	(0.65)	0.98	(0.84)
公明支持	2.76**	(0.76)	0.33	(1.22)
共産支持	− 17.95	(2713.20)	− 2.01**	(0.76)
社民支持	− 18.23	(3935.50)	− 0.39	(0.69)
その他支持	− 16.39	(9855.70)	1.61	(1.39)
防衛力強化：賛成	0.18	(0.44)	− 1.11*	(0.45)
防衛力強化：反対	0.40	(0.40)	− 0.39	(0.33)
改憲自民立場認知：中間	0.52	(0.87)	0.40	(1.03)
改憲自民立場認知：反対	− 0.40	(0.61)	0.57	(0.48)
改憲自民立場認知：わからない	1.32*	(0.64)	1.54*	(0.62)
安倍感情温度	0.02**	(0.01)	0.01	(0.01)
ケース数	515			
対数尤度	− 317.97			

従属変数の参照カテゴリは「護憲勢力投票」，カッコ内は係数の推定値の標準誤差。
有意水準：** $p < 0.01$, * $p < 0.05$, † $p < 0.10$

持がそれぞれ統計的に有意な正の値を示している一方，男性，年齢，民進支持がそれぞれ統計的に有意な負の値を示している。つまり，護憲派有権者の間で，世帯収入が多いほど，自民党支持ほど，維新支持ほど，公明支持ほど(無党派と比べて)，護憲勢力ではなく改憲勢力に投票する傾向がある一方，男性ほど，年齢が高いほど，民進党支持ほど，改憲勢力にではなく護憲勢力に投票する傾向があるということである。

　次に，表2右側の列にある，護憲勢力投票と棄権の違いを特徴づける要因についての推定結果を見ると，他の変数の影響を考慮してもなお，「改憲自民立場認知：わからない」が統計的に有意な正の値を示している一方，「防衛力強化：賛成」の係数の推定値が統計的に有意な負の値を示している。これは，個人属性や政党支持の影響を考慮してもなお，改憲争点における自民党の立場について「わからない」護憲派回答者ほど，改憲争点における自民党の立場について「賛成」と認知する護憲派回答者と比べて，護憲勢力に投票するのではなく棄権する傾向があるということ，そして安倍首相に対する評価が高くなるほど護憲勢力に投票するのではなく棄権する傾向があるということと解釈できる。一方，防衛力強化に賛成する護憲派有権者ほど，防衛力強化について中間的な意見をもっている護憲派有権者に比べて，棄権するのではなく護憲勢力に投票する傾向があるということがわかる[11]。

　その他の変数について見ると，自民支持が統計的に有意な正の値を示している一方，年齢，民進支持，共産支持がそれぞれ統計的に有意な負の値を示している。つまり，護憲派有権者の間で，自民党支持ほど無党派と比べて，護憲勢力ではなく棄権する傾向がある一方，年齢が高いほど，民進党支持ほど，共産党支持ほど無党派と比べて，棄権するのではなく護憲勢力に投票する傾向があるということである。

　以上まとめると，改憲争点における自民党の立場を知らない護憲派ほど，また安倍首相を評価する護憲派ほど，護憲勢力に投票するのではなく，改憲勢力に投票することが確認できた。このことから，第二の仮説および第三の仮説については検証されたと言える。そこで，これら2つの変数のより具体的な影響を示すために以下では一種のシミュレーションを行う。まず護憲派回答者の中央値である，男性，54歳，大卒，年収400～600万円という値をもち，無党派で防衛力強化については中間的意見，安

倍感情温度20度の護憲派有権者を想定しよう。図8は，その有権者が改憲争点における自民党の立場について，「賛成」と認知した場合，「中間」と認知した場合，「反対」と認知した場合，「わからない」と答えた場合のそれぞれで，改憲勢力に投票する予測確率，護憲勢力に投票する予測確率，棄権の予測確率を図示したものである。

この図によると，改憲争点における自民党の立場について「賛成」と認知した場合，この護憲派有権者が護憲勢力に投票する予測確率は約74%と高い値を示している一方，改憲勢力投票の予測確率は約6%，棄権の予測確率は20%に留まっている。また自民党の立場について「中間」，「反対」と誤って認知した場合でもこれらはそれほど大きく変わらない。しかし，自民党の立場について「わからない」と答えた場合，護憲勢力投票の予測確率が約39%にまでに低下し，代わりに改憲勢力に投票する予測確率が約12%となり，さらに棄権の予測確率は約50%にまでに高まる。やはり改憲争点における自民党の立場について「わからない」と答えることは改憲勢

図8　護憲派有権者における憲法改正争点自民党立場認知の投票行動への影響

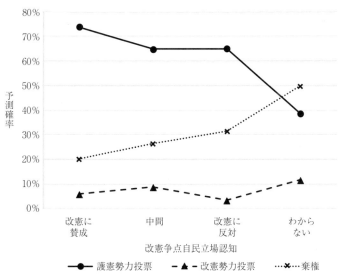

※　男性，54歳，大卒，年収400〜600万円，無党派，防衛力強化：
　　中間，安倍感情温度：20度の護憲派を想定

力への投票確率と棄権確率を高めるということが確認できる。

さらに図9は上と同じく，護憲派有権者の中央値である，男性，54歳，大卒，年収400〜600万円という値をもち，無党派で防衛力強化については中間的意見，改憲争点における自民党の立場については「賛成」との認知をもつ護憲派有権者を想定した上で，その有権者が安倍晋三への感情温度を高めるにつれ，改憲勢力に投票する予測確率，護憲勢力に投票する予測確率，棄権の予測確率のそれぞれがどのように変化するのか示したものである。

この図によると，この有権者が安倍首相について最も冷たい0度の感情を持つ場合，護憲勢力投票予測確率，改憲勢力投票予測確率，棄権予測確率はそれぞれ69.8%，5.9%，24.4%となっているが，感情温度が上昇するにつれ護憲勢力投票予測確率は低下する一方，後二者は上昇し，この有権者が安倍首相について最も温かい100度の感情を持つ場合，それぞれ37.6%，34.3%，28.1%となる。以上のことから，護憲派が安倍首相に対し

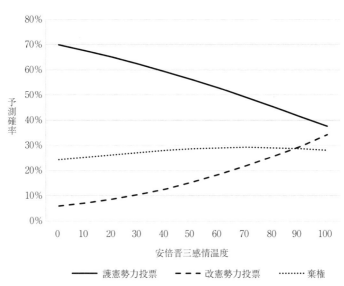

図9　護憲派有権者における安倍感情温度の投票行動への影響

※　男性，54歳，大卒，年収400〜600万円，無党派，防衛力強化：中間，改憲自民立場認知：賛成の護憲派を想定

て温かい感情をもつことは，改憲勢力への投票確率を高めるということが確認できる。

5．護憲派による改憲勢力投票と投票後悔

こうした護憲派でありながら改憲勢力に投票した有権者は，改憲勢力が衆参両院で3分の2を占め憲法改正の現実味がいよいよ増した選挙後，自らの投票行動について後悔を感じたことが予測できる。選挙後の投票後悔に関する先行研究よると，情報不足による投票(Connolly and Zeelenberg 2002; Pieters and Zeelenberg 2005)および政策選好と投票選択の不一致(Blais and Kilibarda 2016)が投票後悔の原因であるが，護憲派による改憲勢力への投票はこれらの条件に合致するからである。

ここでは実際に改憲勢力に投票した護憲派は選挙後，自らの投票について後悔をしていたのか検証するために，2016年参院選で投票したと答えた回答者を対象に投票後悔を従属変数とする回帰分析を行う。投票後悔については選挙後調査において「選挙区・比例区にかかわらず，その政党(候補者)に投票したことを後悔していますか，それとも後悔していませんか」という質問文によってたずねられており，この質問に対して後悔の度合いに対応して「全く後悔していない」を1，「あまり後悔していない」を2，「わからない」あるいは「言いたくない・答えない」を3，「やや後悔している」を4，「とても後悔している」を5とコーディングした。

また，独立変数としては投票後悔を引き起こしうる，政策選好と矛盾する投票選択として，改憲勢力に投票した護憲派(1：該当，0：非該当)および護憲派勢力に投票した改憲派(1：該当，0：非該当)の2つのダミー変数を用いる(参照カテゴリは，自らの政策選好と矛盾しない投票選択)。さらに投票後悔に影響を与えうる変数として，期日前投票を行ったかどうかを示すダミー変数を加える(1：期日前投票，0：当日投票)。期日前投票を行う有権者は一般的に支持する政党や候補者をもつ有権者であると考えられるため(岡田 2018)，この変数は投票後悔に対して負の影響をもつと考えられる。しかし自民党の憲法改正についての立場について知らずに改憲勢力に期日前投票した護憲派有権者は，選挙運動期間半ばの情報不足の中で投票したと考えられるため，選挙後より強く自らの投票について後悔するであろう。この仮説を検証するために，改憲勢力に投票した

護憲派ダミーと期日前投票ダミーの交差項を加えたモデルも推定する。その他，統制変数として先の分析と同様，男性ダミー，年齢，教育程度，世帯収入，自民支持ダミー，民進支持ダミー，維新支持ダミー，公明支持ダミー，共産支持ダミー，社民支持ダミーを含める（以上，コーディングも先の分析と同じ）。各変数の記述統計は表3のとおりである。

表4はモデルの推定結果を示したものである。モデル1の結果によると独立変数について，改憲勢力に投票した護憲派ダミーの係数の推定値が統計的に有意に正の値を示している。すなわち，改憲勢力に投票した護憲派は，憲法改正争点において自らの政策選好と矛盾しない投票選択を行った有権者と比べて選挙後により後悔を感じている。一方で，護憲勢力に投票した改憲派ダミーの係数は統計的に有意にはなっておらず，憲法改正争点において自らの政策選好と矛盾する投票選択を行ったからといってそれが必ずしも投票後悔に結び付くとは限らないようである。このことから，憲法改正争点はとりわけ護憲派にとって重要な争点であり，誤って護憲派に投票することでとりわけ後悔を引き起こすものであると言える。また期日前投票ダミーの係数の推定値は統計的に有意な負の影響を示していることから，予測どおり期日前投票を行った有権者は当日投票を行った有権者と比べて後悔していないことがわかる。

表3　分析に用いた変数の記述統計：護憲派による改憲勢力投票と投票後悔

	ケース数	平均値	標準偏差	最小値	最大値
投票後悔	1977	1.47	0.77	1	5
改憲勢力に投票した護憲派	1837	0.07	0.25	0	1
護憲勢力に投票した改憲派	1837	0.05	0.22	0	1
男性	1977	0.57	0.50	0	1
年齢	1977	51.98	15.99	18	85
教育程度	1964	3.28	0.98	1	5
世帯収入	1716	3.28	1.48	1	6
自民支持	1777	0.33	0.47	0	1
民進支持	1777	0.13	0.33	0	1
維新支持	1777	0.08	0.28	0	1
公明支持	1777	0.03	0.18	0	1
共産支持	1777	0.06	0.24	0	1
社民支持	1777	0.02	0.15	0	1
その他支持	1777	0.01	0.11	0	1

※　2016年参院選で投票したと答えた回答者のみ含む。

政党の争点立場認知と投票後悔(2018 - Ⅱ) 77

表4 OLSの推定結果：護憲派による改憲勢力投票と投票後悔

	モデル1	モデル2
定数項	2.29** (0.10)	2.29** (0.10)
改憲勢力に投票した護憲派	0.31** (0.07)	0.21* (0.09)
護憲勢力に投票した改憲派	− 0.04 (0.08)	− 0.04 (0.08)
期日前投票	− 0.09* (0.04)	− 0.11** (0.04)
改憲勢力に投票した護憲派 ×期日前投票		0.34* (0.15)
男性	− 0.15** (0.04)	− 0.15** (0.04)
年齢	− 0.01** (0.00)	− 0.01** (0.00)
教育程度	− 0.03 (0.02)	− 0.03 (0.02)
世帯収入	− 0.01 (0.01)	− 0.01 (0.01)
自民支持	− 0.28** (0.04)	− 0.28** (0.04)
民進支持	− 0.32** (0.06)	− 0.32** (0.06)
維新支持	− 0.30** (0.07)	− 0.31** (0.07)
公明支持	− 0.52** (0.10)	− 0.50** (0.10)
共産支持	− 0.45** (0.08)	− 0.46** (0.08)
社民支持	− 0.27 † (0.14)	− 0.27 † (0.14)
その他支持	− 0.27 (0.18)	− .26 (0.18)
ケース数	1500	1500
調整済み決定係数	0.125	0.128

有意水準：** $p < 0.01$, * $p < 0.05$, † $p < 0.10$

　さらにその他の変数についてみると，男性，年齢，自民支持，民進支持，維新支持，公明支持，共産支持，社民支持の係数が統計的に有意な負の値を示している。これは，男性ほど(女性に比べて)，年齢が高いほど，また政党支持をもつ者ほど(無党派と比べて)，選挙後投票後悔を感じないということである。

　最後に，交差項を加えた表4のモデル2の結果によると，改憲勢力に投票した護憲派ダミーと期日前投票ダミーの交差項の係数は統計的に有意な正の推定値を示している。これは，改憲勢力に投票した護憲派のうち，期日前投票した有権者は当日投票した有権者と比べてさらに強く投票について後悔していることを示唆する。やはり，選挙期間中で情報が不足する中，結果として自らの選好に反する政党／候補者に投票することは，より強い後悔を引き起こすようである。

6．おわりに

本研究では，選挙前有権者は必ずしも憲法改正を支持していたわけではないにもかかわらず，なぜ改憲勢力が大勝したのか，なぜ護憲派有権者による改憲勢力投票が行われたのか，参院選後に実施したインターネット調査データの分析を通じて検証した。その結果，次のことが示された。

● 改憲争点における自民党の立場について認知しない護憲派有権者ほど，自民党をはじめとする改憲勢力に投票した。

● 改憲争点における自民党の立場について認知しない護憲派有権者ほど，棄権した。

● 安倍首相を高く評価する護憲派有権者ほど，自民党をはじめとする改憲勢力に投票した。

● 改憲勢力に投票した護憲派有権者は，憲法改正争点において自らの政策選好と矛盾しない投票選択を行った有権者と比べて選挙後により強い後悔を感じた。

● その傾向は，期日前投票を行った有権者の間でとりわけ強く見られた。

こうした結果が示唆するのは，2016年参院選で改憲勢力が躍進した背景には，護憲派でありながら安倍首相を評価する有権者による改憲勢力への投票のみならず，そもそも憲法改正を進める自民党の立場について理解していない護憲派有権者による改憲勢力への投票があったということである。すなわち，自分自身は憲法改正に反対しているにもかかわらず改憲勢力に投票した有権者は，そもそも自民党が憲法改正に賛成していることを知らずに誤って改憲勢力に投票した可能性がある。

ただし，こうした政治的無知が有権者の選好とは異なる投票を導くメカニズムの解明は今後の課題である。2016年参院選においては，たまたま憲法改正争点における自民党の立場を「わからない」有権者が改憲勢力に投票するということが起こったのか，それとも何らかの要因が作用してシステマティックにそれが発生したのか，さらなる検討が必要であろう。また，なぜ改憲争点における自民党の立場がわからない護憲派有権者が，他ならぬ自民党をはじめとする改憲勢力に投票するのかについても詳しく検討する必要がある。本研究では，単純に自民党が最も認知度が高く，頭に

浮かびやすいことがその理由であろうと推測したが，その経験的証拠は今のところ無い。

　ただもしこうした情報不足，とりわけ今回の参院選の場合いわゆる「争点隠し」により誤った投票が行われ，それが投票後悔を引き起こしているとするならば，今後，積極的投票権保障の点からも政党の政策立場について有権者がより認識を深めることのできる何らかの仕組みを考える必要があるだろう。

　※　本研究はJSPS科研費15H03317，15H0193の助成を受けた。

（1）　無所属候補として当選し，参院選直後に自民党に入党した議員も含む。

（2）　朝日新聞ウェブサイト2016年5月2日付「改憲不要55%，必要37%　朝日新聞世論調査」（http://www.asahi.com/articles/ASJ4L3W9ZJ4LUZPS001.html，2016年9月2日閲覧）。

（3）　読売新聞ウェブサイト2016年3月16日付「参院選「憲法への姿勢で判断」67%…読売調査」（http://www.yomiuri.co.jp/feature/TO000302/20160316-OYT1T50132.html，2016年9月2日閲覧）。

（4）　首相官邸ウェブサイト「平成28年6月1日安倍内閣総理大臣記者会見」（http://www.kantei.go.jp/jp/97abe/statement/2016/0601kaiken.html，2017年4月10日閲覧）。

（5）　毎日新聞ウェブサイト2016年6月10日付「安倍首相遊説で改憲語らず「争点隠しだ」野党批判」（https://mainichi.jp/articles/20160611/k00/00m/010/096000c，2017年4月10日閲覧）。

（6）　放送時間は，調査会社エム・データが東京エリアについて集計したもの。出典は，毎日新聞ウェブサイト2016年7月12日付「参院選　放送時間3割減　争点隠し影響か」（http://mainichi.jp/senkyo/articles/20160713/k00/00m/040/061000c，2017年4月19日閲覧）。

（7）　NHK放送文化研究所「政治意識月例調査2016年」（http://www.nhk.or.jp/bunken/research/yoron/political/2016.html，2017年4月10日閲覧）。

（8）　このインターネット調査は，文部科学省科学研究費補助金・基盤研究（A）（課題番号：15H01931）「積極的投票権保障の展開と効果に関する研究」（研究代表：大西裕）によって実施された。実施に当たっては，神戸大学大学院法学研究科研究倫理審査委員会に審査を申請し承認を得た。

（9）　この調査の質問では，投票先として自民党，民進党，おおさか維新の会，公明党，共産党，社民党しか固有名詞が与えられておらず，それ以外の投票先選択肢は「その他の政党」としてまとめられており，改憲勢力かどうか判別が困難なため分析からは除外した。また投票先の政党について回答を拒否した回答者も分析から排除した。そのため投票先に関するこの質問を用いた分析でのサンプルサイズは，全体のサンプルサイズよりも小さくなっている。

（10）　調査においてこの質問の回答はスライドバーで行うようになっており，数値としては0度から10度ごとに100度までの11段階で記録されている。

（11）　この結果については解釈が困難である。

参考文献

Abramowitz, Alan I.（1985）"Presidential Popularity, and Voting Behavior in Midterm Congressional Elections," *Journal of Politics*, Vol. 47, pp. 31-43.

Blais, André and Anja Kilibarda（2016）"Correct Voting and Post - Election Regret," *PS: Political Science & Politics*, Vol. 49, pp. 761-765.

Campbell, Angus, Phillip E. Converse, Warren E. Miller, and Donald E. Stokes（1960）*The American Voter*, New York: John Wiley.

Connolly, Terry and Marcel Zeelenberg（2002）"Regret in Decision Making," *Current Directions in Psychological Science*, Vol. 11, pp. 212-216.

Enelow, James and Melvin Hinich（1984）*The Spatial Theory of Voting: An Introduction*, New York, NY: Cambridge University Press.

飯田健・松林哲也・大村華子（2015）『政治行動論：有権者は政治を変えられるのか』，有斐閣。

Lau, Richard R. and David P. Redlawsk（1997）"Voting Correctly," *American Political Science Review*, Vol. 91, pp. 585-598.

Lewis - Beck, Michael S., William G. Jacoby, Helmut Norpoth, and Herbert E. Weisberg（2008）*American Voter Revisited*, Ann Arbor, MI: The University of Michigan Press.

Lijphart, Arend（1994）*Electoral Systems and Party Systems: A Study of Twenty - Seven Democracies*, 1945 - 1990, Oxford, UK: Oxford University Press.

Merrill, Samuell and Bernard Grofman（1999）*A Unified Theory of Voting: Directional and Proximity Spatial Models*, New York, NY: Cambridge University Press.

岡田陽介（2018）「期日前投票制度の定着と促進要因：福島県民に対する政治意識調査より」『政治行政研究』第9巻，pp. 81-94.

Pierson, James E. (1975) "Presidential Popularity and Midterm Voting at Different Electoral Levels," *American Journal of Political Science*, Vol. 19, pp. 683-694.

Pieters, Rik and Marcel Zeelenberg (2005) "On Bad Decisions and Deciding Badly: When Intention - Behaviour Inconsistency is Regrettable," *Organizational Behavior and Human Decision Processes*, Vol. 97, pp. 18-30.

Rahn, Wendy M. (1993) "The Role of Stereotypes in Information Processing about Political Candidates," *American Journal of Political Science*, Vol. 37, pp. 472-496.

Ravinowitz, George and Stuart Elaine Macdonald (1989) "A Directional Theory of Issue Voting," *American Political Science Review*, Vol. 83, pp. 93-121.

Sartori, Giovanni (1994) *Comparative Constitutional Engineering: An Inquiry into Structures, Incentives and Outcomes*, New York: New York University Press.

Sniderman, Paul M., Richard A. Brody, and Philip E. Tetlock (1991) *Reasoning and Choice: Explanations in Political Psychology*, New York, NY: Cambridge University Press.

Taagepera, Rein and Matthew Soberg Shugart (1989) *Seats and Votes: The Effects and Determinants of Electoral Systems*, New Haven, CT: Yale University Press.

アメリカ50州における選挙管理組織

何がトップの選出方法を説明するのか

松本俊太*

要旨：選挙管理組織（Electoral Management Body: EMB）の形態とその影響に関する多国間比較の研究は進んでいるが，その知見を先進民主主義国の代表であるアメリカ合衆国に応用することは難しい。そこで本稿は，州レヴェルに着目し，州政府のEMBについて，トップの選出方法の多様性と共通点を記述し，それを説明することを目的とする。

まず多様性については，EMBの組織形態は，単独のトップが選挙で選ばれる形態・単独のトップが政治的に任命される形態・超党派のメンバーで構成される委員会がトップとなる形態の3つに大別される。計量分析により，民主党への支持が強い州ほど選挙管理委員会の制度を採っているという仮説が緩やかに支持されるが，こうした短期的な政治的要因以上に，それぞれの州が選挙管理委員会制度を採用した際の経緯と，その後の制度の継続性の方が重要である。他方，50州に共通する点は，EMBのトップが何らかの党派性をもっていることである。とくに最近では無党派のEMBを求める声の高まりにも拘わらずそれが実現されていない。その理由は，選挙ガヴァナンスへの注目が高まったことで，かえってEMBの組織形態が党派的な争点となったことである。党派的に独立した選挙管理委員会を一度は設立しながらも廃止するに至ったウィスコンシン州の事例によって，このことを確認する。

キーワード：アメリカ州政府，選挙管理，選挙ガヴァナンス，選挙管理組織(Electoral Management Body: EMB)，積極的投票権保障

第1節：はじめに

本稿は，アメリカ合衆国(以下，「アメリカ」と略記)の連邦レヴェルの

＊　名城大学法学部

選挙(具体的には大統領選挙と連邦議員選挙)[1]における，州政府を主体とした選挙ガヴァナンス(選挙管理を行う行政機関を中心的な担い手とした，選挙政策立案から選挙の実施，監視など選挙を行うための一連のプロセス)を論じる。とくに，アメリカ50州の選挙管理組織(Electoral Management Body：以下，EMBと略記)を，その共通点と多様性を中心に記述し，そのような組織が採用されている理由を説明する。

　言うまでもなく選挙は民主主義の根幹であり，選挙が公正に行われることは，選挙，さらには政治体制の正統性を維持する上で不可欠である。ところが，事前に定められたルールに従って選挙を行うことは当然のことであるにせよ，実質的な意味において公平で公正な選挙を実現することは，先進民主主義国においても簡単なことではない。選挙管理の制度，言い換えれば，選挙という候補者同士で行われる「ゲームのルール」をどのように設計・運用するかによって，開票結果，さらには，そのルールによって恩恵を被る候補者が変わりうるからである。開票結果に影響を及ぼしうる各種の制度の中でも，本稿がとくに注目するのが，EMBの組織形態である。EMBを中心とした選挙ガヴァナンスに関する政治学的な研究は，この10～20年の間に長足の進歩を遂げ，世界各国の選挙ガヴァナンスの比較研究を扱った大きな研究が生まれており(e.g., López - Pintor 2000; Massicotte et al. 2004; 大西編 2013; 2017)，政治学における新たな研究分野となりつつある。

　ところで，民主化間もない途上国のみならず先進国においても，民主主義の維持に選挙ガヴァナンスが重要であることを喚起したのが，他ならぬアメリカにおける一連の経験である。アメリカは，現行の成文憲法の中では世界最古の憲法を有する，民主主義の母国の1つであり，現在でも，人口規模や国際政治に占める地位といった点からみて最大の民主主義国である。そのアメリカにおいて，2000年の大統領選挙の結果をめぐって生じた一連の混乱こそが，民主化間もない新興国だけでなく先進国においても，選挙ガヴァナンスのあり方が民主主義にとって重要であることを浮き彫りにしたのである。したがって，アメリカの選挙ガヴァナンスを学ぶことは，世界の選挙ガヴァナンスの比較研究を行う，あるいは選挙ガヴァナンスに関する一般的な知見を得る上では必須である。アメリカの選挙ガヴァナンスに関する諸問題のうち選挙資金，選挙区割り(redistricting)，大統領

選挙における選挙人制度(Electoral College)，投票技術と選挙不正等については既に多くの研究が為されているが，EMB自体を扱った研究は少ない。選挙ガヴァナンスの国際比較の研究がEMBを中心に行われていることを考慮すれば，アメリカのEMBを研究することには大きな意義があろう。

　ところが，アメリカのEMBを国際比較の俎上に載せることは著しく困難である。その理由は，1つは，アメリカにおける「法」と「政治」の関係の特殊性，あるいはそれに関連する規範に起因する。López - Pintor (2000) による世界のEMBの分類に従えば，アメリカの大半の州や地方政府で採用されているEMBは，選挙管理の政策・監視部門も実施部門も執政の長(知事)の指揮下に属する「政府モデル」に分類される[2]。しかしその実情は，EMBの長が職業的な公務員として執政の指揮下に置かれるような，他国の政府モデルとは大きく異なる。選挙管理に関わる公職者は，有権者から選挙によって選ばれたり，選挙で選ばれた公職者から政治的に任命されたりするのである。さらにEMBのトップは，ほとんどの場合民主・共和いずれかの党に所属している。ただし第2に，EMBの政治性・党派性の強さの程度や，それを反映した各種の選挙管理の制度については，州ごとに大きな多様性がみられる。この多様性は，アメリカが連邦制を採用している(一部の州では連邦よりも先に州が成立している)ことが生み出しているものである。それぞれの州における選挙は，連邦の法に抵触しない限りにおいて，州の憲法や法律に従って行われる。これは連邦レヴェルの公職者を選ぶ選挙においても例外ではない。こういったアメリカのEMBに共通する特殊性，さらにはEMBごとの多様性はなぜ存在し，そしてそれらはどういった意味をもつのか。

　この問いを解くために，本稿は，アメリカの選挙ガヴァナンスをダイレクトに他国の選挙ガヴァナンスと比較することではなく，既存の比較研究から生まれた知見を用いて，アメリカ50州のEMBの共通点と多様性を説明することを目指す。すなわち本稿で解くことを目指す問いは，第1に，アメリカ50州のEMBはどういった点において共通し，どのような多様性がみられるのか，第2に，その共通点と多様性は何によって説明されるのか，である。

　本稿の構成は以下のとおりである。第2節では，アメリカの州レヴェルの選挙管理制度の基礎知識を，州のEMBの共通点と多様性を中心に紹介

する。そして，州レヴェルの選挙管理の組織形態は，「選挙管理のトップが選挙で選ばれる形態」・「選挙管理のトップが政治的に任命される形態」・「超党派のメンバーで構成される委員会がトップとなる形態」の３つに大別されることを確認する。第３節では，ではなぜそれぞれの州のEMBは，現在のような形態を採用しているのかを説明する。１つは，州ごとの比較として，各州が３つのタイプのEMBのいずれを採用しているのか説明を試みる。先に結論を述べれば，50州を分析単位とした計量分析の結果は，民主党が強い地域ほど選挙管理委員会の制度を採用していることを緩やかに示してはいるが，それよりも，現在の制度が成立した際の政治的要因と，一度作られた制度は政治的要因の短期的な変動に対して強いという制度の継続性の２点が重要である。つづく第４節では，州のEMBの多様性ではなく，多国間比較の観点から，50州すべてに共通する特徴について説明を試みる。その特徴とは，アメリカには政党から独立した（すなわち，EMBのトップが政党に所属しない）EMBがつくられないことであり，それはなぜなのか，いくつかの解答を示す。最近の変化として，複数の党を代表するメンバーによって構成されるような「超党派の」（bipartisan）EMBではなく，「無党派の」（nonpartisan）EMBを求める世論や専門家の声が高まっている。それにも拘わらず，選挙ガヴァナンスへの注目が高まったことで，皮肉にも選挙ガヴァナンスの党派性が高まり，党派的に独立したEMBへの移行が難しくなっているのである。党派的に独立したEMBを一度は設立しながらも廃止するに至ったウィスコンシン州の事例によって，このことを確認する。結論となる第５節では，本稿の要約を行い，それを踏まえて，EMBの多様性が，州ごとの選挙ガヴァナンス，とくに積極的な投票権を保障する制度設計やその帰結を説明するであろうことや，このことについて実証的な研究を行うことの重要性を指摘し，後続の研究につなげる。

第２節　州レヴェルの選挙管理制度の基礎知識

　本節では，州レヴェルの選挙管理制度の基礎知識を，すべて（あるいは大半）の州に共通する点と，州ごとに多様性がみられる点に分けて述べる。主には，アメリカの初学者向けに書かれた概説書（たとえば，Fife 2010; Shea 2013）に基づく他，筆者が６つの州のEMBにて聞き取り調査を行った

86

内容も交えて紹介する[3]。

2.1 州ごとの共通点

アメリカを論じる上での出発点は，アメリカは連邦制の国家であるということを正しく認識することである。もちろん，選挙管理制度についても他の法規範と同様，州の法（憲法を含む）が連邦の法に抵触した場合は連邦の法が優先するし，歴史的にみれば，とくに20世紀中盤以降は連邦の法や行政機構の整備によって，アメリカの選挙は共通の基準によって運営される方向へと変化している[4]。とはいえ，連邦の公職者（連邦議員および大統領）を選ぶ選挙を含めて，連邦の法が定めていない事柄について選挙管理のルールを規定するのは，州憲法を頂点とする州の法律であり，さらに州法によってあたえられる行政の裁量である。その根拠は，合衆国憲法第1条第4節第1項が議会選挙を行う日時・場所・方法について，第2条第1節第2項が大統領を選ぶ選挙人の選出方法について，それぞれ州議会がこれを定めることを規定していることである。

その，州憲法や州法によって定められる州レヴェルの選挙管理に関する基礎的なルールは，連邦レヴェル／州レヴェルにおける他の法と同様，厳格な権力分立制の下で決定される。つまり，州議会が立法という形で，ルールの根幹を決定する権限を有しているのである。行政の長である知事も，法案に対する拒否権を有するだけでなく，州議会に対する非公式な接触や世論への喚起を通じて，選挙法の形成にリーダーシップを発揮することが少なくない[5]。本稿の主な関心であるEMBの組織形態も，州憲法や州法によって定められる。

州法の執行や，法によって定められない選挙管理のルールの決定や運用は，行政部の仕事である。そのトップは，州務長官（Secretary of State）や選挙管理委員会（Board of Elections）を長とする，州のEMBである。その主な役割は，州法の立法過程において議会に助言を行うことや，各種の選挙政策（選挙法の運用等の決定）の他，連邦政府との窓口となること[6]や，選挙管理の実務を担う地方[7]の業務を指導・監視することである。州のEMBは，連邦の法や連邦の選挙支援委員会（EAC: Election Assistance Commission）が提示するガイドラインに抵触しない限りにおいて独自の選挙管理を行い，さらに，州が設定した選挙管理の実施の基準に地方EMB

が極力従うよう，指導・情報提供・誘導といった様々な手段を用いる。州のEMBは，政治的に選ばれるトップと，その下で事務的な事柄に従事する事務組織に分かれる。EMBのトップの下位に位置して日常的な選挙管理事務に携わるのが，常勤の事務方の職員であり，その組織である。そうした組織は，大半の州においては州務省(Department of State)の選挙部(Election Division)に設けられており，事務方のトップの役職の名称は，多くの場合，部長(Director)である。部長以下のスタッフは，他の部署の公務員(あるいは日本の選挙管理委員会の事務局)と同様，政治性・党派性はきわめてうすい。スタッフの人事についても，事務方のトップである部長は知事や州務長官によって任命され，それ以下のスタッフも知事・州務長官・部長等によって任命されている。その任命の基準は，これも他の公務員と同様，主に専門性(法律家や技術者)や経歴(他のEMBでの経験)に基づいている。

2.2　州のEMBの多様性

　州ごとのEMBの多様性の原因を論じることは次節の課題であるが，それに先立って，ここで州レヴェルのEMBの組織形態とその多様性を簡単に記述しておく[8]。州のEMBの多様性として最も目立つ点は，EMBのトップの選ばれ方の違いである。EMBのトップの選ばれ方は，選ばれ方が公選であるか政治任用であるかという基準，および，単独の行政官であるか合議制の委員会であるかという基準によって，論理的には4種類に分類できる(表1)。公選による選出／委員会という形態をとる州は存在しないため，実際には3種類である。

　最も多いのは，単独の行政官が公選によって選ばれる形態であり，50州中33州を占める。そのうち31州では，独立した選挙を経て選ばれる州

表1　EMBの4類型と政党所属

		EMBのトップ	
		単独の行政官	委員会
選ばれ方	公選	タイプ1	タイプ3
	政治的任用	タイプ2	タイプ4

出典：Kimball and Kropf 2006; Alvarez et al. 2008 を元に筆者作成

務長官[9]が，2州(アラスカ州・ユタ州)では，知事と共に選ばれる副知事(Lieutenant Governor)が，それぞれ責任者を務める[10]。2つ目のタイプは，単独の行政官が政治的に任命される仕組み(7州)であり，任命責任者は知事が4州，議会が3州である。3つ目のタイプは，複数の選挙管理委員が主に知事によって[11]任命される形態(10州)である[12]。その名称は州によって異なるが，本稿では便宜上，「選挙管理委員会」と表記する。選出の基準として，委員の所属政党のバランスに配慮することが州法に定められているケースが大半である。表2a・2bはこの基準によって州を分類したものである。

　州ごとに大きな多様性がみられるもう1つの点は，地方レヴェルのEMBや，州と地方との関係である。地方のEMBの仕事は投票場の運営であり，それに付随した，投票機械の購入や管理・有権者登録・投票用紙の調達・作業員(poll worker)の雇用・投票場の選定などといった業務

表2a　アメリカ50州のEMB・4類型

		EMBのトップ	
		単独の行政官	委員会
選ばれ方	公選	タイプ1：33州	タイプ3：0州
	政治的任用	タイプ2：7州	タイプ4：10州

表2b　アメリカ50州のEMB・下位類型

タイプ	選ばれ方とトップ	該当する州(アルファベット順)	備考
タイプ1a：31州	単独の行政官が選挙で選出される	下記以外すべての州	
タイプ1b：2州	単独の行政官が知事とともに選出される	アラスカ・ユタ	名称はLieutenant Governor(副知事)
タイプ2a：4州	単独の行政官が知事に任命される	フロリダ・テキサス・ペンシルヴェニア・ニュージャージー	任命されるのは，ニュージャージーは司法長官；その他は州務長官
タイプ2b：3州	単独の行政官が議会に任命される	メーン・ニューハンプシャー・テネシー	
タイプ4：10州	複数の選挙管理委員が主に知事に任命される	デラウェア・ハワイ・イリノイ・メリーランド・ニューヨーク・ノースキャロライナ・オクラホマ・サウスキャロライナ・ヴァージニア・ウィスコンシン	

出典：Benson (2010), x. を基に筆者作成

(Kimball and Kropf 2006, 1257)，さらには有権者教育の業務などである[13]。2002年のアメリカ選挙支援法(Help America Vote Act: 以下HAVAと略記)の成立・施行以降，連邦の選挙について州政府が最低限満たさねばならない事柄(有権者の本人確認・有権者登録・有権者名簿の管理等)が定められたため，州のEMBが地方のEMBに対して監督を行うことで影響力が強くなった(Benson 2010, 11)。それでも，州の業務と郡の業務との境界は多様であるし，州が郡に対してどの程度まで影響力を行使できるかもまた，州によって異なる。たとえば，州務長官主導で，地方レヴェルのEMBをオンラインで管理するシステムを構築している州もあれば，州のEMBが選挙実施のマニュアルを作成・配付するものの，その運用の実態が郡ごとに大きく異なっていたり，郡のEMBが独自にマニュアルを作成したりしている州もある。有権者教育についても，州が主導で行っている州もあれば，地方政府の仕事とみなされ州からの補助金も乏しい州もある。

　さらに，一連の業務を行うための組織形態が郡によって異なる。地方のEMBの組織形態は，自治体や，憲章をもつ郡 (charter county) が選挙管理を行う場合は，例外として地方の意思で定める場合もあるが，その他の場合は州がこれを定める。表3は，Kimball and Kropf (2006)による，郡のEMBの組織形態の調査の結果であり，表1の4分類ごとにEMBの数を示したものである。こちらも州同様，「選挙」による「単独の行政官」の方式が最も多い。Kimball and Kropf (2006)は，選挙によって単独の行政官を選ぶ方式は人口の少ない過疎地に多いこと，政治的任用による委員会方式は南部に多いこと，政治的任用によって単独の行政官を選ぶ方式は北東部に多いことを明らかにしている。つまり，現在の州政府が何らかの政治的意図をもって地方のEMBを設計したというよりも，地方政府の規模や人

表3　地方政府のEMB

		EMBのトップ	
		単独の行政官	委員会
選ばれ方	公選	タイプ1：61%/45%	タイプ3：2%/1%
	政治的任用	タイプ2：15%/22%	タイプ4：22%/31%

注：各セルに示されているパーセンテージは，左が地方政府の割合・右が有権者の割合
出典：Kimball and Kropf (2006, Table 1) を基に筆者作成

図1　50州のEMBの分類
(無地：単独の行政官が選挙で選出される形態；
薄い灰色：単独の行政官が知事または議会に任命される形態；
濃い灰色：複数の選挙管理委員が主に知事に任命される形態)

出典：表3より筆者作成。白地図は，http://www.freemap.jp より提供されているフリーの素材を使用した。

口などといった実務的な事情や，歴史的な経路依存によって，現在の形態が採用されているというのが最も自然な推測であるように思われる。

第3節　EMBの組織形態の決定要因1：計量分析

それでは州ごとのEMBの多様性は，どのような要因によって説明できるであろうか。この点について理論的・実証的に検証することが本節の課題である。まず第1項で簡単な理論的検討を行い，それに基づいて仮説を導出し，仮説を実証するための変数を紹介する。つづく第2項では計量分析の結果を提示し，それを解釈する。

3.1　州ごとのEMBの決定要因：理論と仮説

まず，なぜ各州が現行のEMBの組織形態を採用しているのかを検討する。EMBの形態を独立変数とした研究に比べて，EMBの形態が如何なる要因によって決まるのか，すなわちEMBの形態を従属変数とする研究は，アメリカの研究はもとより，国際比較の研究においても，現状では少ない。EMBの形態の決定要因という問いに対して，曽我（2013）は，制度設計を担う政治家たちの利害によってEMBのあり方が決まるという理論的主張に基づき，執政制度が分散的な場合や，中立的で能力の高い行政機関が存在しない場合には，独立性の高い選挙管理機関が好まれることを，世界各国のデータを用いた計量分析によって明らかにしている。

この知見を本稿のアメリカ50州の分析にそのまま適用することは，州の統治機構にほとんど多様性が存在しないため，できない。とはいえ，もしそれぞれの州が何らかの政治的な意図をもって州のEMBの制度を設計していると仮定するならば，その意図はEMBの組織形態に反映されると考えられる。

第1に，選挙管理の目的は，一方で，厳格な選挙（本稿では，不正やエラーの少ない選挙と定義しておく）を行うことであり，他方で，有権者の投票権を積極的に保障すること（さらには投票率の向上）である。たしかに，どちらも「良い選挙」を構成する要因として規範的に望ましいとされる事柄であろう。ところが，他の条件が一定の場合，両者はトレード・オフの関係にある。そしてどちらを優先するかという問題に直面した場合は党利党略が顔を出す。後者は，マイノリティや低所得層の多くが帰属意識

を有する民主党がより好む目的であり，逆に前者は共和党にとって望ましい目的である（Schaffer 2008）。国際比較の文脈では，EMBの執政部からの制度的な独立性が高い場合（e.g., López - Pintor 2000）や，選挙管理委員会のメンバーが複数の政党の代表によって構成されていたり，法律家や専門家が加わったりする場合は，より中立的な選挙管理が行われることを論じている（Pastor 1999）。さらにOnishi（2012）は，EMBの独立性やEMBのメンバー構成が積極的な投票権保障の程度についても関連がある可能性を論じている。つまり，選挙管理委員会を採用している州の方が，単独の行政官がEMBの長を務める州よりも，積極的な投票権保障の水準が高くなるため，「民主党が強い州ほど選挙管理委員会を好む」という仮説を立てることができる。次項で行う計量分析にあたっては，2016年大統領選挙における共和党候補の得票率（単位：パーセント）を，各州の政党の相対的な強さを占める独立変数として投入した。

　他方，第2に，アメリカのイデオロギーは，歴史的にみれば，現在のような，「民主党－リベラル」対「共和党－保守」という単純な対立軸では論じつくされない。現代的な意味における保守－リベラルとは独立した対立軸がアメリカには存在し，それはしばしば「政治文化」と表現される。アメリカの州の政治文化を論じた古典であるElazar（1984［初版1966］, Chapter 5）は，州の政治文化を「道徳主義（moralistic）」「個人主義（individualistic）」「伝統主義（traditionalistic）」という3つに分類している。道徳主義の文化の下では，政治は肯定的にとらえられ，州民は積極的に政治参加することが期待され，政治家や公務員もまた仕事に高いモラルが求められる。そういった文化の下では積極的な投票権保障に対する州民の要求もEMBの意欲も高いであろう。これとは逆に，伝統主義の文化は，奴隷制時代の南部をその起源とし，政治はごく限られたエリートの仕事であるという認識が強い。もちろんそういった地域においても，法的には女性の参政権や公民権など，投票権を拡大する方向へと変化してきた。しかし，それが積極的な投票権保障までを推進する制度の導入や運用にまで浸透しているかどうかは，また別の問題である。アメリカの政官関係における主要な対立軸になぞらえれば，伝統主義はジャクソニアン民主主義（Jacksonian Democracy）に，道徳主義は革新主義（Progressivism）に，それぞれなぞらえることができる。以上をEMBの組織形態に関する仮説につな

げると，選挙管理委員会の制度は，道徳主義の州ではより積極的に採用
される一方，伝統主義の州ではそれが少ないであろう。計量分析では，道
徳主義の州・伝統主義の州を示すダミー変数をそれぞれ投入した(ただし，
2つの政治文化に分類されている州については，それぞれの変数に0.5の
値を付与した)。変数の傾きの解釈は，道徳主義・伝統主義の州と個人主
義の州との比較となる。

　ただ，この3種類は大雑把であるし，この研究が著されたのも1966年
と，古いものになっている。そこで，もう1つ政治文化の指標として，
Putnam（2000)がいう社会関係資本(social capital)の水準を州ごとに測定し
た指標をモデルに加えた。社会関係資本の水準が高いほど，有権者の政治
参加に対する意識，ひいては，積極的な投票権保障を求める意識も高く，
それが制度にも反映されていることが考えられる。

　第3に，以上のような党派や文化といった政治学的要因以外の要因も考
えられる。とくにアメリカの州政治の研究においては，「政策波及」(policy
diffusion)というものが重要視されている[14]。つまり，地理的に近接してい
る州同士は，互いの州の政策を参照することが多いとするならば，EMBの
分布には地理的な偏りが見られるはずである。そこで，隣接している州の
1つ以上が同じ制度を採用しているか否かを示すダミー変数を投入した。

3.2　計量分析の結果

　計量分析に用いた変数の記述統計と，委員会制かそれ以外の制度かを
示すダミー変数を従属変数としたロジット・モデルによる分析[15]の結果
は，それぞれ表4と表5のとおりである。モデル1は，すべての変数を投
入したものである。モデル2は，モデル1では分析から除外された2つ
の州(アラスカ・ハワイ)も考慮すべく，これらの州が欠損値になっている
独立変数2つ(「社会関係資本」と「隣接」)を除いたものである。結果，5
パーセントの有意水準を満たしている独立変数は，モデル2における「党
派性」のみである。つまり，民主党が強い州ほど独立した委員会制を採
用している，ということぐらいは言えるかもしれないが，それも頑健な
(robust)分析結果とは言い難い。また，政策波及に関しても，そのような
傾向はみられない。この分析結果は，選挙管理委員会を採用している州同
士が隣接しているケースもあれば，そうでないケースも等しくあることを

示している[16]。

分析結果を一言で要約すると，それぞれの州がどのようなEMBを採用しているかという，問いに対しては，多国間比較を含む先行研究が示すよ

表4　記述統計

	変数名	N	平均値	標準偏差	最小値	最大値	変数の説明
従属変数	委員会*1	50	0.200	0.404	0.000	1.000	委員会制を採用しているか。Yes=1; No=0
独立変数	党派性*2	50	49.241	10.220	30.030	68.500	2016年大統領選挙における共和党候補の得票率(単位：%)
	道徳主義*3	50	0.360	0.392	0.000	1.000	道徳主義の州。Yes=1; No=0
	伝統主義*3	50	0.260	0.394	0.000	1.000	伝統主義の州。Yes=1; No=0
	社会関係資本*4	48	0.020	0.781	− 1.430	1.710	社会関係資本の程度*6
	隣接*5	48	0.896	0.309	0.000	1.000	同じ制度を採用している州と隣接しているか*6。Yes=1；o=0

各変数の出典
*1: 筆者作成
*2: https://edition.cnn.com/election/2016/results/president を基に筆者作成
*3: Elazar 1984, 135 を基に筆者作成。2つの政治文化にまたがって分類されている州については、それぞれの変数に0.5の値を付与した。
*4: http://bowlingalone.com/?page_id=7 からダウンロードできる State Data 内の変数 "Comprehensive social capital index II"
*5: 筆者作成
*6: アラスカとハワイは欠損値扱い

出典：筆者作成

表5　分析結果

	モデル1：全独立変数			モデル2：全50州		
	係数	標準誤差	p値	係数	標準誤差	p値
党派性	− 0.110 +	0.059	0.064	− 0.124 *	0.055	0.025
道徳主義	− 0.656	1.656	0.692	− 0.837	1.254	0.505
伝統主義	1.650	1.508	0.274	2.055	1.361	0.131
社会関係資本	− 0.210	0.974	0.830			
隣接	− 1.087	1.075	0.312			
定数項	4.357	2.835	0.124	4.090 +	2.356	0.083
Log likelihood	− 19.7171			− 21.1583		
Number of obs	48			50		
Prob > chi2	0.2287			0.0521		
Pseudo R^2	0.1488			0.1543		

**: P<0.01: *: P<0.05; +: P<0.1

出典：筆者作成

うな政治的な要因によっては，民主党支持と選挙管理委員会制度の関連を除き，説明されないのである。

3.3 個別事例の検討

ならばEMBの形態は何によって説明されるのであろうか。それは，大半の州がEMBのトップを選挙や政治的任用で選ぶ形態を採っているのであるし，後述するようにアメリカではEMBのトップにかぎらずあらゆる公職を民主的に選出することが常態であるのだから，選挙管理委員会を設けている州の方に何らかの事情があったと考えるほうが自然である。

そこで，2018年8月末時点で選挙管理委員会の制度を採用している10州について，現行の委員会制が採用された年（および，それ以前の制度も委員会制であった州については，委員会制が成立した年も）およびその経緯を，表6にまとめた。ここから何点か指摘することができる。まず，委員会制を採用した経緯について，10州すべてに共通するものはない。だが，複数の州にみられる特徴としては，まず時期として，連邦レヴェルで公民権法と選挙権法が成立し，ウォーターゲート事件など政治倫理が問題となった，1960年代後半～1970年代前半に採用した州が5州と多い。その理由としても，この時期の連邦レヴェルでの改革の実効性を担保するために委員会制を設けたケース（民主党が強かった南部のメリーランド州・サウスキャロライナ州や，大都市を有するリベラルなイリノイ州・ニューヨーク州）が多い[17]。

つまり，この時期に委員会制に移行した州は，積極的な投票権保障に前向きな民主党または（かつ）リベラルな州である，という，当時の政治的・党派的事情が制度の変更に影響した，という傾向を見出すことはできる。同時に，20世紀後半のアメリカ政党政治の最大の変化の1つは，それまで民主党の強力な地盤だった南部で，1960年代後半ごろから，保守的な有権者がリベラル化した民主党から離れて共和党に移り，今では南部が共和党の強力な地盤になっていることである。この政治的・党派的な変化にもかかわらず，南部のいくつかの州では委員会制が存続していることは，短期的な政治的要因に左右されないだけの継続性という，政治制度一般（とりわけ憲法や法律を根拠とする政治制度）の特徴をみてとれる。前項の計量分析で，現在の党派性の強さを示す「党派性」変数が，有意だがあまり頑

表6　委員会制を採用している州とその経緯

州(アルファベット順)	名称	委員会制の成立年／現制度の成立年	成立の経緯
デラウェア	Board of Elections	2015	2014年州議会にて，選挙法の改正により成立。郡の選挙管理委員会を廃止するかわりに州の選挙管理委員会を設置し，州の委員長(Commissioner：知事から任命される)を議長役にしてCommissioner's Officeと統合することで，コストカットを図ることが目的。
ハワイ	Elections Commission	1995/2004	1995年に副知事の下から独立させて設立したElections Appointment and Review Panel (EARP)を2004年に改組。1995年に前身の委員会が設立された趣旨は，選挙管理から党派性を除くこと。
イリノイ	State Board of Elections	1973	1970年州憲法制定会議で，「選挙法の解釈や選挙管理の中心的な権威の必要性」により設置。
メリーランド	Board of Elections	1969	「選挙に関わる全ての人々が州と連邦の選挙法を確実に遵守するために」，州の選挙法改正により"State Administrative Board of Election Laws"が設置。30年後に現在の名称に改名。
ニューヨーク	State Board of Elections	1936/1974	超党派の選挙管理委員会を設置する規定は，1936年の憲法修正から。
ノースキャロライナ	State Board of Elections & Ethics Enforcement	????/1969/2017	2017年に，選挙管理委員会と，州務長官事務所の政治倫理を扱う部署を統合。その前身の選挙管理委員会は選挙法改正により1969年に発足したが，それ以前も選挙管理委員会の形態であった*1。
オクラホマ	State Election Board	1907	1907年州昇格時に制定された憲法によって設置。
サウスキャロライナ	Election Commission	1969	有権者登録や選挙管理から党派的に選ばれた公職者の影響力を除外することが望ましいという議会の判断により，州務長官(Office of the Secretary of State)から独立し，超党派の委員会制に。
ヴァージニア	State Board of Elections	1946	州議会が設置し，制定法(Code of Virginia)に定められる。それ以前に，地方政府および自治体に選挙管理委員会を設けることは州憲法に定められている。
ウィスコンシン	Elections Commission	1974/2008/2016	1974年に州務長官事務所から，State Elections Boardとして独立。州議会が，選挙資金法(campaign finance law)改正の一部として，選挙資金と選挙管理の業務を行うために設置(その背景にウォーターゲート事件)。2008年と2016年の組織改変については本文参照。

出典：各州の議会および選挙管理委員会のウェブサイトを基に筆者作成。その他重要な引用元は上記のとおり。

デラウェア州：https://publicmeetings.delaware.gov/Meeting/21766
イリノイ州：http://www.ilga.gov/commission/lru/ilconstitution.pdf
ニューヨーク州：https://www.dos.ny.gov/info/constitution.htm
ノースキャロライナ州：https://www.newsobserver.com/news/politics-government/article213683029.html
サウスキャロライナ州：https://dc.statelibrary.sc.gov/handle/10827/21908
ウィスコンシン州：https://elections.wi.gov/sites/default/files/publication/65/election_administration_in_the_state_of_wisconsin__20248.pdf

*1　最初に委員会制が成立した時期については，確たる資料を得られなかった。調査の不備をお詫び申し上げる。

健ではない傾きしか示さなかった理由は，この点に求められると考えられる。この「制度の継続性」という点は，別の意味で次節の重要なポイントとなる。

第4節　党派的に独立したEMBを求めるうごき

　前節では州ごとの多様性を検証したが，一方で，50州すべてに共通する特徴として最も重要な点は（現存する超党派の委員会制のようなものではなく，）党派的に独立したEMBを設けていないことである。なぜアメリカでは，党派的に独立したEMBがつくられないのか。

　通説的な説明は，アメリカの特殊性を強調する，歴史的・文化的な説明である。これは，アメリカ全土に共通するジャクソニアン・デモクラシーの伝統，あるいはそれ以前の建国以来の政治参加の伝統を論拠とする説明である。アメリカにおいては，他の国では独立した専門家が法的に裁くような事柄であっても，党派的なアクターがジャッジを行うものであり，それは政治参加の一種として捉えられているのである。典型的には連邦の最高裁判事は大統領が任命し上院が承認することによって選ばれるし，多くの州では裁判官は有権者による選挙で選ばれている。こうした歴史や文化に基づく説明は，外国との比較においては今でも誤りではない。

　しかしこの説明は，一方で重要な変化を見落としている。それは，党派的に独立したEMBを志向するうごきが，アメリカにおいてもはじまっていることである。その最大の契機は，いうまでもなく2000年大統領選挙をめぐる混乱である。これをうけて，たとえば，ジェラルド・フォード（Gerald Ford）とジミー・カーター（Jimmy Carter）の2名の元大統領らを座長とした超党派の委員会でも，2001年に大統領に提出した答申において，連邦レヴェルの選挙ガヴァナンスの役割の拡大（これが2002年のEAC設置につながる）と共に，州政府に対しても超党派的な委員会制に移行することを推奨している（The National Commission on Federal Election Reform 2001; 71）。専門家，とくに法律家の間でも，党派性をもたない選挙管理委員会への移行が提唱されており（e.g., Elmendorf 2006），改革アイデアは専門家の間で浸透しつつある。有権者もこの形態を最も支持していることが世論調査によって明らかになっている（Alvarez et al. 2008）。

　このように，制度改革がアジェンダにのぼっているにも拘わらず現行の

制度はなかなか変更されない。いくつか考えられる理由の1つは，大半の州でEMBのトップの役職となっている州務長官の位置づけである。州務長官は，連邦政府における国務長官と同様，元々は州の内政全般を司る役職であり，今でも，州の外交の長としての業務など，選挙管理以外の様々な業務を担う（ただしその範囲は州ごとに多様である）。したがって，州務長官は多くの州で知事・副知事に次ぐ重要な公職でありキャリア・パスである。つまり，どちらの党にとっても，州務長官のポストを存続させることが，党としての利益に適うのである。2000年大統領選挙において渦中となったフロリダ州のキャスリン・ハリス（Katherine Harris）州務長官（共和党）や，つづく2004年大統領選挙で様々な疑惑が取りざたされたオハイオ州のケネス・ブラックウェル（Kenneth Blackwell）州務長官（共和党）は，同州における共和党候補の選挙対策の責任者を兼ねていた（Benson 2010, 20-21）。その動機は党内での威信の獲得であり，ひいては連邦の議員や州知事といった，より高い公職への鞍替えであった。

　もう1つは，現行の制度を政治的要因によって説明できないのとは逆に，現行の制度の改革が進まないことには政治的な思惑があることは十分に考えられる。専門家，とくに法律家は，積極的な投票権保障の拡大を概して志向するものであり，それは共和党の党利党略に反する。党派を問わず積極的な投票権保障を訴える専門家の立場からみれば，それが進まないのは，とくに「（今の）共和党が悪い」ということになるのである。

　以上の議論を体現している重要な事例が1つある。州議会が党派的に独立したEMBを実際に設けたものの，それが同じ州議会によって解体された，ウィスコンシン州の事例である。ウィスコンシン州は歴史的にも革新主義の拠点であり，公務員への信頼や政治参加に対する意識がとりわけ高い州である。そのウィスコンシン州では，2008年から2016年までの間，党派的に独立した独自の委員会である，政府監査委員会（Government Accountability Board：以下，GABと略記）を，州のEMBとして設けていた。この委員会は，選挙管理の部門と政治倫理に関する事柄を扱う部門からなる。委員（6人）は州の上訴裁判所で裁判官をつとめた経験のある法律家の中から，知事が選んで上院が3分の2の特別多数で承認するしくみである。すなわち，この委員会は，他の州の選挙管理委員会のように，二大政党から同数あるいはそれに近い委員を選出する形の「超党派」ではなく，

すべての委員が政党に所属しないことが要件となる「無党派」の委員会である。

　その設立と廃止の経緯は以下のとおりである[18]。この委員会を設置する州法の改正は，2007年に，共和党が多数派を占めていた議会の主導で，ほぼ全会一致の賛成で成立した。その内容は，元々存在していた選挙管理委員会（他州と同じような超党派の委員会）と，政治資金・政治倫理・ロビー活動に関する法の執行を司る倫理委員会とを合併させるものである。設立の趣旨は，本稿の主たる関心である選挙ガヴァナンスの党派性に関わるものではなく，合併相手である倫理委員会の強化であった（Tokaji 2013, 577-578）。

　もちろんウィスコンシン州でも，全米のあらゆる地域と同じく，政党間の対立は深まっていた。だが，同州の政党政治が劇的に党派的なものに変化した契機は，2010年に当選した保守派のスコット・ウォーカー（Scott Walker）知事（共和党）の登場であり，これが政府監査委員会の解体にまでつながった。ウォーカー知事が推進する労働組合の団体交渉権を制限する法案をめぐり，反知事派からのリコール請求が成立したことを受けて，2012年6月に知事選が行われた。その選挙における共和党側の不正について，選挙後にGABが調査に加わった[19]。これに対して再選されたウォーカー知事と議会共和党が強い反発を示したのである。批判の主な点は，GABの権限と民主主義との関係であった。GABのメンバーを選ぶのは知事ではあるが，それ以前に裁判官の経験者という専門性と非党派性が要件となっているし，GABには議会の承認を経ない予算と議会から独立した調査権限があたえられていた。つまり，選挙で選ばれた公職者がメンバーを選んでおらず，議会の統制も受けていない委員会に強い権限を与えるのは民主的でない，というのである。共和党多数の州議会は，2015年に，GABを2つに分割し，選挙管理の方は超党派の委員会制に移行する州法を可決し，ウォーカー知事の署名によって同法は成立した。その州法の規定どおり，2016年6月29にGABは廃止され，元の選挙管理委員会と倫理委員会に分けられ，現在に至っている。

　このように，党派的に独立したウィスコンシン州のEMBの成立と解体いずれについても，EMBの選挙管理に関する部分の党派性は，主たる論点ではなかった。しかし，「新制度論」一般の議論（とくに歴史的制度論）

に従えば，制度の成立や変更は，それを推進したアクターの選好あるいは理念によって推進されるものであり，一度成立した制度はそれ自体持続力をもつものである。制度が持続できなかった理由は，第1には，GABを導入した動機がEMBの党派性を問題にするものでもなければ，その後も制度の根拠となる規範が浸透していないからであろう。加えて，2000年の大統領選挙は，選挙ガヴァナンスの質の向上を喚起すると同時に，皮肉にも選挙ガヴァナンスと党派的な対立が結びつく契機にもなってしまった（松本2017b）。現に，GABが成立してからも，ウィスコンシン州では，有権者登録・期日前投票・有権者登録証（Voter ID Card）の導入などの制度をめぐって，どちらの党からもGABの決定や業務に対する不満が噴出していた（Tokaji 2013）。

　無党派のGABに対する不満の声が強かったのもそれを廃止させたのも共和党の方ではあるが，民主党の政治家たちも党派的に独立したEMBを批判しているという事実も見逃せない。いくら世論や専門家が党派的に独立したEMBを求めても，選挙に関する法を定める権限をもつ議員が，そういった改革を行う動機をもたないかぎり（たとえば世論がつよく支持をする・選挙の根幹を揺るがすような事件が起こるなど），現状は変わらないであろう。また，EMBの党派性という問題は，突き詰めればアメリカにおける政党の位置づけという，アメリカ政治の根幹に関わる。アメリカの政党は，綱領も全国的な組織も一般党員に課される義務も存在しない緩やかな集団であるが，それだけに，政治に関わる人がどちらかの政党と関わりをもつ。先述したように，公職者はどちらかの党を代表して選挙で選ばれるのはもちろん，そもそも公職者が政治参加をはじめる一歩目である一般有権者としての有権者登録からして，どちらかの党員として登録するのが通常である。したがって，アメリカにおいては，党派性を現在および過去にわたってもたない公職者を選ぶということは，現実味に乏しい話なのである（Benson 2010, 28-30）。

第5節　おわりに

　以上本稿は，アメリカの州レヴェルのEMBのトップの選ばれ方について，その多様性と共通点を記述し，それぞれについて説明を試みた。いずれについても指摘できることは，制度およびそれを支える理念の歴史的な

継続性である。とくに，党派的に独立したEMBという他国では当たり前である制度がどこの州でも採用されていないことや，ウィスコンシン州での党派的に独立したEMBの試みが頓挫したことは，政治参加や政党の位置づけ，さらにはその基になっている政治文化といった，アメリカ建国以来の特殊性に起因するものである。したがって，アメリカのEMBやそのパフォーマンスを多国間比較の枠組みで論じることも難しければ，党派的に独立したEMBを志向する改革を求める声はあるにせよ，それは簡単なことではないのである。

　以上を踏まえて，今後の研究課題やその意義を指摘して本稿を閉じる。まず，次に解かれるべき問いは，州のEMBの多様性がもたらす帰結，つまり，積極的な投票権を保障する制度設計やそのパフォーマンスである[20]。本稿の計量分析では，EMBのトップに関する制度選択については，共和党が強い州では選挙管理委員会が相対的に好まれない，という知見が緩やかにみられる以外には，党派的な意図はみられなかった。しかし，既に度々指摘したように，アメリカのEMBの党派性に対しては，トップの選ばれかたや党派性といった制度設計それ自体よりも，トップの裁量により党派的に選挙管理が行われることが主な問題とされてきた(e.g., Schaffer 2008)。であれば，EMBの組織形態は，積極的な投票権保障に直接影響するのではなく，トップの党派性との交互作用として捉えられるべきものであろう。つまり，より党派的な選挙管理を行える条件が整っている州，つまり選挙で選ばれた州務長官をトップに定めている州ほど，EMBが党派的な選挙管理を行うと考えられるのである。

　EMBの組織形態やトップの所属政党と，州の選挙管理政策やそのパフォーマンスとの関連を分析することの意義は，1つは，アメリカの選挙ガヴァナンスの党派性の程度を，できるだけ的確に判断することにある。2000年大統領選挙以来度々いわれている，州務長官と選挙管理をめぐる陰謀めいた話は本当に支持されるのか。それとも，制度や州務長官の所属政党によってパフォーマンスが異なるとしても，それは単に与えられた裁量の範囲で職責を全うしているだけなのか，あるいはそれぞれの州の民意の現われなのか。体系的・定量的な分析を行うことは，これらの疑問に1つの答えをあたえる。

　もう1つの意義は，実践的な事柄に関するものである。もちろん，「厳

格な選挙」と「積極的な投票権の保障」のどちらを重視するかは価値判断の問題であり，どのような選挙ガヴァナンスを望むのかは，研究者ではなく州民が決めることである。とはいえ，実証的な政治学が為しうる貢献には，政治という現象について学術的な知見を重ねてゆくことの他にも，一般有権者が物事を考えて判断するための素材を提供することも含まれる場合がある。実証分析から得られた知見が，アメリカのみならず，日本を含む先進民主主義国一般の選挙ガヴァナンスのあり方を考える1つの手掛かりとなれば，筆者としては幸いである。

（1）　州や地方レヴェルの公職者を選ぶ選挙に関しては本稿の対象としないが，本稿の議論の多くは，連邦政府と州政府の関係に関する議論以外は，そういったレヴェルの選挙にも該当するものである。

（2）　後述するように，一部の州や地方政府は，政策・監視部門については執政から独立した委員会制を採用する，「混合モデル」にあてはまる。

（3）　聞き取り調査は，2012年2月から2016年6月にかけて，計6州のEMBにて行った。6州の選定の基準は，最優先の基準として，本稿の主たる関心であるEMBの組織形態にばらつきをもたせること，第2に，どちらかの党の勢力が強い州と拮抗している州（Swing State）の両方を調査すること，第3に，地理的にばらつきをもたせることである。調査に応じてくださったのは，大半の州では部長（Director）や広報担当の責任者であり，州務長官が対応してくださった州もあった。記して感謝申し上げたい。また，3州については，筆者がメリーランド大学カレッジパーク校にて在外研究を行っていた期間中に調査を行った。在外研究の機会を与えて下さった，名城大学およびメリーランド大学の関係者にも感謝申し上げる。聞き取り調査を行うに先立って，聞き取り調査に基づいて学術的な論文を執筆・公表することについては許可を得たが，本稿の具体的な内容やそれを公開することの許可を得ることまでは，既に役職を退いている方が少なくないため，できなかった。したがって，以下は，回答者が特定されない形での記述になることを御容赦願いたい。

（4）　連邦レヴェルの選挙ガヴァナンスについては筆者が既に紹介しているので（松本2017b），主にはそちらを参照していただきたい。

（5）　たとえば，2000年大統領選挙をめぐる混乱をうけて，フロリダ州は，当時のジェブ・ブッシュ（Jeb Bush）知事（共和党）の強いイニシアティヴによって，パンチ・カード式投票機械の廃止などを定める選挙法の改正を2001年5月に成立させている。

（6）　とくに近年は，選挙資金に関して1970年代に成立したアメリカ選挙運動法（Federal Election Campaign Act）や，投票方式に関する2002年のHAVAの成立と施行に伴い，連邦政府の監視や助言を受けたり，連邦政府からの補助金の受け入れを行ったりといった業務が拡大している。HAVAについては，松本（2017b）を参照。

（7）　大半の場合，州の選挙管理事務の執行は，州の出先機関である郡（county）が担い，州はそれを監督する。一部の大都市や州（主にニュー・イングランド地方と中西部北部の州）においては，郡ではなく法人格を有する自治体（municipality）が選挙管理事務を行うが，議論が煩雑になることを避けるため，本稿では「地方政府」といえば郡政府を念頭においている。

（8）　本稿で紹介する各種の制度は，全て2018年8月末現在のものである。州の憲法や選挙関連の法律は頻繁に変化するものであることに注意。

（9）　ケンタッキー・マサチューセッツ・ペンシルヴェニア・ヴァージニアの4州の正式名称はStateではなくCommonwealthである。そのうち，マサチューセッツとヴァージニアは，州務長官の名称もSecretary of Commonwealthとなっているが，ケンタッキーとペンシルヴァニアは，州務省はDepartment of State，州務長官はSecretary of Stateと，他の大半の州と同じ名称となっている。

（10）　「州務長官」という役職は，州務長官が選挙管理を担当しない州を含めれば，アラスカ・ハワイ・ユタを除く47州で設けられている。

（11）　任命権者は，知事の他には，議会内の政党組織などを定めている場合がある。ただ，形式的な任命権者とは別に，実態は各党が提示する候補者のリストに沿って任命を行うケースが大半である。

（12）　連邦政府における連邦選挙委員会（FEC: Federal Election Commission）のように，政治資金のみを監督する委員会を設けている州はあるが，ここでは選挙管理委員会の形態に分類しない。

（13）　郡レヴェルの選挙ガヴァナンスの実態を明らかにしている日本語文献は，松井（2001），三輪（2003），小西（2005）など。

（14）　そもそも政策波及という概念自体，アメリカ州政治の観察から生まれたものである（e.g., Walker 1969）。

（15）　ここで示した分析結果のほかに，3つの組織形態（委員会制・トップが選挙で選ばれる制度・トップが知事または議会に任命される制度）を示す質的変数を従属変数とした多項ロジット（multinomial logit）モデルによる分析も行った。結果は，表5のどちらのモデルについても，「トップが選挙で選ばれる形態」と「選挙管理委員会」の比較において，「党派性」の

変数が表 5 と同じ傾きで，5 パーセント水準で有意な結果が得られた。つまり，実質的な結論としては，ロジット・モデルと多項ロジット・モデルとでは大きな違いはなかった。

(16)　これは EMB の組織形態に限った話である。松本(2017a)は，オレゴン州で導入された郵便投票と投票場の廃止が，ワシントン・ハワイ・コロラドといった主に地理的に近い州に波及していることを指摘している。逆に，2002 年の HAVA 成立以降は，選挙管理は，連邦の EAC が，州務長官や州の部長の団体などと連携しつつ州とベスト・プラクティスを共有するしくみが整ってきている。であるならば，地理的な近接性は，今では州の選挙管理の政策を決定する主要な要因ではなくなっているのかもしれない。

(17)　その他のパターンとして，元々地方政府で採用されていた委員会制を州に転用したというパターン(デラウェア州・ヴァージニア州)も指摘できる。

(18)　経緯の事実関係については，州都マディソン(Madison)の地元紙 *The Capital Times* を参照した。記事は，http://host.madison.com より検索と入手が可能である。

(19)　この John Doe investigation と総称される一連の疑惑とそれに対する捜査の過程で，調査資料が報道機関に流出する事態が起こった。これを調査したブラッド・シーメル(Brad Schimel)州司法長官(共和党)は，GAB の杜撰な体制や党派的な偏向を非難した。これが GAB 解体の直接的な引き金になったともいわれている。

(20)　州の選挙ガヴァナンスの制度やパフォーマンスに関するデータは，Pew Charitable Trusts 2016。Gerken 2012 も参照。

引用文献

Alvarez, R. Michael, Thad E. Hall, and Morgan Llewellyn. 2008. "Who Should Run Elections in the United States?" *Election Law Journal* 36-3: 325-346.

Benson, Jocelyn F. 2010. *State Secretaries of State: Guardians of the Democratic Process*. Burlington: Ashgate.

Elazar, Daniel J. 1984. *American Federalism: A View from the States* (*Third Edition*). New York: Harper & Row.

Elmendorf, Christopher S. 2006. "Election Commissions and Electoral Reform: An Overview." *Election Law Journal* 5-4: 425-446.

Fife, Brian L. 2010. *Reforming the Electoral Process in America: Toward More Democracy in the 21st Century*. Santa Barbara: Praeger.

Gerken, Heather K. 2012. *The Democracy Index: Why Our Election System Is Failing and How to Fix It*. Princeton: Princeton University Press.

Kimball, David C. and Martha Kropf. 2006. "The Street - Level Bureaucrats of Elections: Selection Methods for Local Election Officials." *Review of Policy Research* 23-6: 1257-1268.

小西德應. 2005.「アメリカ「大統領選挙」の実際—この目で見た選挙管理事務—」. 明治大学政治経済学部創設百周年記念叢書刊行委員会編. 2005: 141-176.

López - Pintor, Rafael. 2000. *Electoral Management Bodies as Institutions of Governance*. UNDP.

Massicotte, Louis, Andre Blais and Antonie Yoshinaka. 2004. *Establishing the Rules of the Game: Election Laws in Democracies*. Toronto: University of Toronto Press.

Onishi, Yutaka. 2002. "Electoral Management Bodies and Electoral Governance." 『選挙研究』28-2: 62-77.

Pastor, Robert A. 1999. "A Brief History of Electoral Commissions." In Schedler et al. eds. 1999: 75-82.

Pew Charitable Trusts. 2016. "Measuring State Elections Performance."（URL: http://www. pewtrusts.org/en/projects/election - initiatives/about/measuring - election - performance）(2018年3月31日最終閲覧)

Putnam, Robert D. 2000. *Bowling Alone: The Collapse and Revival of American Community*. New York: Simon & Schuster.

Schaffer, Frederic Charles. 2008. *The Hidden Cost of Clean Election Reform*. Ithaca: Cornell University Press.

Schedler, Andrea, Larry Diamond and Marc F. Plattner eds. 1999. *The Self - Restraining State: Power and Accountability in New Democracies*. Boulder: Lynne Rienner.

Shea, Daniel M. 2013. *Let's Vote: The Essentials of the American Electoral Process*. Upper Side River: Pearson Education.

The National Commission on Federal Election Reform. 2001. *To Assure Pride and Confidence in the Electoral Process*.（URL: http://web1.millercenter.org/commissions/comm_2001.pdf#search =%27carter+ford+commission%27）(2018年3月15日最終閲覧).

Tokaji, Daniel P. 2013. "America's Top Model: The Wisconsin Government Accountability Board." *U.C. Irvine Law Review. 575-3: 575-608.*

Walker, Jack L. 1969. "The Diffusion of Innovations among the American States." *American Political Science Review* 63-3: 880-899.

大西裕編. 2013.『選挙管理の政治学——日本の選挙管理と「韓国モデル」の比較研究』. 有斐閣.

大西裕編. 2017.『選挙ガバナンスの実態　世界編—その多様性と「民主主義の質」への影響—』. ミネルヴァ書房.

曽我謙悟. 2013.「選挙管理機関の独立性—計量分析による各国比較」. 大西編. 2013: 83-100.

松井茂記. 2001.『ブッシュ対ゴア—2000年アメリカ大統領選挙と最高裁判所』. 日本評論社.

松本俊太. 2017a.「アメリカ合衆国・オレゴン州の選挙管理制度とその運用」.『選挙時報』66-1: 20-35.

松本俊太. 2017b.「アメリカ連邦レベルの選挙管理——アメリカ投票支援法（HAVA）から10年——」. 大西編. 2017: 147-169.

宮田智之. 2003.「2002年選挙改革法」.『外国の立法』215: 96-100.

三輪康典. 2003.「アメリカ合衆国（フロリダ州）における選挙管理事務の実際」.『選挙』56-4: 9-19.

明治大学政治経済学部創設百周年記念叢書刊行委員会編. 2005.『アメリカの光と闇—「国際社会の社会科学I」アメリカ研究班・論文集』. 御茶の水書房.

イタリアにおける選挙ガヴァナンス

〜民主化と分散的設計のパラドクス

伊藤　武*

要旨：本稿は，現代イタリアの選挙ガヴァナンスの特徴と課題を明らかにし，特に積極的投票権保障に向けた選挙制度改革の可能性を考察することを目的とする。政府主導モデルとして理解されてきた選挙ガヴァナンスとは異なる，より多元的な見方を提示する。

　第2次世界大戦後のイタリアでは，買収・利益誘導などの選挙不正がメディアを賑わせてきたにもかかわらず，選挙管理の基本的制度は変わっていない。本稿では改革の不在のパラドクスを追究する前提として，戦後イタリアの選挙ガヴァナンスを，数次に渡って実施した選管関係者などのインタビューと資料調査の成果を基に再検討する。その結果，政府主導モデルという比較選挙ガヴァナンス研究の位置づけとは異なり，市民・行政・政党・議会・司法も参加する多元的・民主的なモデルが存在すること，そのモデルが強い規範的支持と制度的政治的均衡に立脚しているために積極的投票権保障も含めて変更しにくいことが明らかになる。

キーワード：イタリア，選挙管理，多元性，民主主義，積極的投票権保障

はじめに　　イタリアにおける選挙ガヴァナンスの現状と課題

　本稿は，現代イタリアの選挙ガヴァナンスの特徴と課題を明らかにし，特に積極的投票権保障に向けた選挙制度改革の可能性を考察することを目的とする[1]。政府主導モデルとして理解されてきた選挙ガヴァナンスとは異なる，より多元的な見方を提示する。

　第2次世界大戦後のイタリアでは，買収・利益誘導などの選挙不正がメ

---

* 東京大学大学院総合文化研究科

ディアを賑わせ，研究上も重要な現象として繰り返し指摘されてきた。比較政治的にも，electoral integrityのランキングは，北西ヨーロッパ20カ国中17位と最下位クラスの評価を受けている(2017年)[2]。このような数々の問題点にもかかわらず，独立した選挙管理機関(EMB)の導入など一部の国で試みられた制度改革は実現していない。選挙ガヴァナンスの基本的制度は，第2次世界大戦終結後に成立した第1共和制，1990年代中盤に始動した第2共和制を通じ持続性が目立っており，1990年代以降幾度か大規模な改革を経験した選挙制度と比べて好対照をなしている[3]。

　なぜ改革は進まず，関心は高まらないのだろうか。選挙ガヴァナンスへの関心が選挙制度と比べて低調であること自体は比較政治的に共通した傾向であるとしても(大西 2017; 4)，不正自体の注目度や深刻な取り上げ方を考えれば，イタリアで大規模な改革が実現しないのは興味深いパラドクスである。

　この問いに直接答えるには，理論的かつ比較政治的な因果関係の分析が不可欠であり，イタリアの選挙ガヴァナンスの特徴と課題を分析する本稿の課題を超える[4]。そこで本稿では，イタリアの選挙ガヴァナンスに関する争点や改革案の推移を追うことによって，比較政治的観点も踏まえながら，イタリアの選挙ガヴァナンスの特徴とその変化を明らかにしたい。

　本稿では，選挙ガヴァナンスの制度や不正などに関するデータに加えて，数次にわたって実施したインタビュー調査を利用し，選挙ガヴァナンスの歴史的変化，改革に関する従来の検討状況，そして近年話題になっている積極的投票権保障(SVRs)への対応を検討する。分析からは，①比較研究上の政府モデルとは異なる多元的・民主的な選挙ガヴァナンスの制度構造，②electoral integrityの点で適切さと不適切さ(買収・不正)が併存する両義性，③選挙ガヴァナンスに関して(低調な関心というより)全体的に好意的評価の存在が特徴であると分かる。

　イタリアの選挙ガヴァナンス改革の停滞は，第2次世界大戦後に行われた選挙管理の民主化と，多元的な選挙ガヴァナンス・モデルの採用が，制度的に変更しにくいような構造と規範を生成していることが示唆される[5]。

1．選挙ガヴァナンスの基本構造

(1) 選挙管理と内務省の役割

　イタリアの選挙管理機関は内務省である。具体的には内務省の総局の１つである，中央選挙サービス局(Direzione Centrale dei Servizi Elettorali：DCSE)が選挙管理を統括する。DCSEは主に次のような業務を担う。まず，総選挙や地方選挙などが行われない平常時では，選挙法およびその改正に対応する各種規則の制定，選挙管理に関する規制集の作成と関連機関への周知・配布，選挙管理に当たるスタッフの教育などを行う[6]。

　通常２月～６月に行われる総選挙，５月～６月，10月～11月に行われる地方選挙，欧州議会選挙，国民投票など各種選挙が近づくと総選挙の準備が始まる。DCSEが管轄する選挙サイトの冒頭には当該選挙の特集ページが設けられ[7]，関連情報(投票方法・選挙制度の案内・各自治体からの情報提供用のアプリの配布・投票用の交通機関割引案内)などが集約・公開される[8]。選挙運動期間中は，内務省のテレビCMなどを通じて選挙の周知・投票呼びかけ・投票方法の説明などが行われる。また，投票用紙や関連掲示，選挙用備品の準備・配付が進められる。内務省内には選挙データを集約するモニタリング室が設置されて，全国の投票所と結んで投票率や投票結果を監視・集計する準備が進められる。投票日以降は，投票状況のモニタリング，選挙区ごとの詳細な投票率・選挙結果の集計・公表を行う。また，選挙管理上のさまざまなトラブルへの対応や，選挙不正などの情報収集も行っている。

　DCSEの重要な業務として，特に選挙実務能力が十分でない小規模自治体を軸とした地方行政の選挙部門に対して各種支援がある。後述のように，通常コムーネ(基礎自治体)では常勤職１人程度にとどまる小規模な選挙管理部門しか有さないイタリアの場合，自律的で公正・効率的な選挙運営できる地方自治体の能力に限界があることは自明であった[9]。この支援は，総選挙や州選挙など上位レベルの選挙だけでなく，地方政府の選挙に際しても行われている。日本では地方選管や自治体レベルで行う業務について，イタリアではDCSEが相当程度関与しているために，地方選挙管理部局はスタッフが少なくて済むのである[10]。

DCSEの専門性は高く評価されている。省内には体系的なカリキュラムを有する選挙管理教育機関が設置されている。同機関では実務知識の普及を図る他，大学や研究機関，選挙関係の学会と協力しながら選挙管理の質の向上を目指している。また，OSCEやヨーロッパの選挙管理機関との国際的連携にも積極的である。

イタリアの選挙管理モデルは，このような内務省のEMBとしての役割を踏まえて，選挙制度に関する国際的データベースにおける比較上も，政府の行政機関が選挙管理機関として機能する政府モデル（governmental model）に区分されてきた[11]。終戦直後を除いて選挙管理の公正さについて概ね信頼性は確保されて，内務省を中核とした選挙ガヴァナンスの枠組みも維持されてきた。政治的自律性の高い選挙管理機関を設置するべきという独立モデル（independent model）への移行，あるいは一部の選挙管理を独立性の高い機関に移管するべきとする混合モデル（mixed model）への移行を求める議論は目立っていない。

(2) 多元的・民主的モデルとしての理解

しかし，内務省を軸とした政府モデルという理解は，イタリアでは一般的ではない。内務省の重要性は広範に認められているものの，実際には行政の他に，政党・市民・司法・立法の関与が制度化された多元的モデルとも呼ぶべき理解が通例である。

第2次世界大戦終結後に成立した第1共和制では，政党代表・市民代表が投票運営・集計の中心的役割を果たす制度が導入され，議会が選挙結果の確定を行う役割が割り当てられた。また，選挙プロセスの妥当性の検証・確定に司法が関与する機会も制度化されている。行政機関である内務省以外にも多元的主体が関与する制度は，1990年代に政治腐敗批判が沸騰する中で第2共和制への移行が生じた後も維持されている[12]。

イタリアの選挙ガヴァナンスについてほぼ唯一のまとまった論文を著し，その後も参照されているのは，DCSEの局長を務めたアゴスタの論文である。彼は，イタリアの選挙管理モデルの特徴を，多元的・民主的・保障的性格の3つの概念で表している（Agosta 2006; 403）。第1に，多元的（pluralistico）とは，まず規定・手続の多元性を指摘する。選挙管理の法源は，基本的に1940年代後半に原型が形成されたものの，国法や州憲章な

どマルチレベルであり，分野ごとのばらつきが大きい。また，主体の多元性も特徴であると指摘する。三者モデル(政治・行政・司法)に加えて，市民の参加も重要であるとする。第2に，民主的(democratico)とは，まず選挙結果確定のために議会の議決を要件とする仕組みにある。たとえば，初の総選挙である1948年総選挙後には，議会での選挙結果承認をめぐって冷戦初期の左右対立の激化を反映して，混乱が生じた。また，選挙実務への政党代表や市民の参加も，投票所運営が行政的業務に止まらない民主主義の一環と考えられている証左である。第3に，保障的(garantistico)とは，レジスタンスに参加した左右の政党の利害が政治に反映するよう保障したイタリア共和国憲法の制定理念の保障主義(garantismo)(Floridia 2005)を反映して，左右の政治勢力の参加を保障する制度設計，この場合は選挙立会人・議会の議決などである。

　イタリアでは，選挙管理は，典型的な3類型のいずれでもない，多元的モデルとして認識されており，民主的性格が骨格として強調されている。多元的・民主的モデルに伴う複雑な性格については，たとえば欧州安全保障協力機構(OSCE)の報告において，司法・政党も含んだ選挙管理について指摘が存在することからも(OSCE 2006; Ibid. 2008)，比較上も考慮すべき留保として認識されている。このように戦後イタリアの選挙ガヴァナンスは，憲法など基幹的政治制度の特徴に即して，多元的・民主的制度として設計され，超党派的な政治的正統性を獲得したのである。

2. 選挙ガヴァナンスの動態と構造

(1) 運動期間中の準備

　本節では事例分析として，主にコムーネ・レベルでの投票所運営を扱う。事例のセスト・フィオレンティーノ市は，トスカーナ州の州都・フィレンツェ県の県都フィレンツェ市(人口約20万人)に隣接し，空港や工場・商業施設などが立地する中核都市である。人口規模(2017年で約4万9千人)は，全基礎自治体中で上位200位程度である[13]。

　選挙が近づくと，市の選管では，投票に向けた準備が始まる。有権者名簿の確定は，2週間前までとされる。このような短期間で済むのは，有権者登録証が事前に準備されていること，事前投票制度が原則存在しないた

めに早期に締め切る必要はないゆえである。

選管(選挙担当局Ufficio elettorale)の責任者は，通常極めて長い任期を務める。例えば，セスト・フィオレンティーノ市では，2016年の市選挙で，中道左派民主党PDから，急進左派へ政権交代が起きたが，選挙担当局の担当者(1名)は同一人物が数十年間務めている[14]。

同局長には，内務省から事前準備に関する様々な通達，選挙備品の配布が行われる[15]。局長の重要な任務は，各投票区に組織される投票区委員，特にその責任者である投票区長の任命である。責任者の任命はある程度党派的多様性を尊重するが，基本的に一度任命された人は再任されている。5人程度のメンバーは，投票区長が任命する。投票区長は積極的に立候補もあるため，人材調達は難しくないとされる。また特に問題がない場合，1度就任した投票区長は何期もそのポストを継続するのが慣行である。

投票区は市内に40設置されている。各投票区の有権者数は，概ね500人から800人程度である。投票所は，学校など公共施設に設置される。山間部の広範な投票区は1つで1つの公共施設を用いるが，4から9の複数の投票区が1つの公共施設に割り当てられていた。投票所では少人数授業に適正な規模の教室1室が，投票区ごとの投票所となる。その中に受け付けや投票を行う机，四方を覆われた投票ブースが設置される[16]。

(2) 投票当日の投票所運営

投票日当日の投票所には，各党代表の立会人(Rappresentante dei lista)が配置される。立会人は政党名・シンボルの入ったカードを身に付け，投票所内を巡回することが認められている。数多い投票所を回るのに十分な政党代表を投票所に配置するのは，小政党には難しく，既成の組織政党(第1共和制では共産党やキリスト教民主党，第2共和制下の現在ならば民主党など)に有利な規定である。実際，民主党の地盤であるセスト・フィオレンティーノ市では，2013年・2018年の総選挙において民主党関係，あるいは市政与党の急進左派系の立会人は複数存在したが，地域で弱い中道右派政党や小政党の立会人は少数に止まっていた[17]。

投票者は，投票当日は有権者登録証を持参して，室内で名簿と照合を受ける。有権者登録証は，以前電子化が試みられたが，技術的理由で失敗し，現在では以前と同じ紙のものに戻っている。登録証には，選挙ごとス

タンプ欄が存在し，スタンプを押すことで二重使用ができないことになっている[18]。日本のように，選挙ごとに役所から投票資格を示す葉書が送付されるわけではない。

　投票区委員(区長1名・委員4名)には一定の手当(1投票区当たり数百ユーロ)が出るが，当然早朝から深夜，もしくは以前は1日半以上にわたる拘束時間の長さを考えると，通常の労働コストとして見合うものではない。イタリアの場合，市民の義務として参加しているという回答が多かった。

　投票が終了すると，各投票区の投票所となっている部屋において，票の集計作業が行われる。投票区委員全員で票数を確認し，内訳を記入した上で，厳封の上で裁判所の選挙部門に送付される。選挙管理上，小部屋での集計は，大規模な集計拠点での集計と比較して不正のリスクが高いとされる。この点について，内務省・州・市の選挙管理担当者，あるいは投票区長へのインタビューからは，多様な支持を持つメンバーが参加・監視するため不正は起こりにくいこと，仮にあったとしても例外的事例で選挙管理の質自体を問題にするほどの規模ではないとの回答がみられた。ただし，内務省に集計される選挙データを見る限り，未確定選挙区が長期間残る事態が繰り返されている。

(3) 司法・政治の関与

　票の集計結果は内務省のDCSEに設けられた情報センターに電子データで送付される。厳封された票と集計結果が書かれた用紙は，当該地域の裁判所に設けられた選挙監視部門に送付され，疑義がある場合調査対象となる[19]。司法部門の選挙監視部門は，恒常的機関ではなく，選挙ごとに担当グループとして随時設置される。選挙結果の確定作業や選挙不正の捜査(警察と協力)・摘発作業に当たる。例えば，2001年にも，モリーゼ州の州選挙について無効判決が下された。

　総選挙の場合，国会での投票結果の最終的確認(議決)が選挙結果の確定について必要である。左右対立が激しい1948年総選挙では相当程度の混乱が発生した。近年では，選挙結果の承認自体が問題となるような激しい政治対立はなくなっている。ただし，総選挙から数ヶ月経っても，選挙結果をめぐる争いが続くことは希ではない。

(4) 選挙ガヴァナンスの課題

　総選挙をめぐる選挙ガヴァナンスを見ると，内務省の役割は重要であるが，政党・市民・司法も参加した多元的・民主的運営であることが強く意識されている。ただし，そのような運営は，同時に非効率性とコスト増加の問題を生み出している。

　投票事務の時間・費用は増大しがちである。投票方法は，鉛筆によるマーキングで，選好投票もある複雑な形式である。また2018年の総選挙から，選好票の行使にジェンダー・クォータが導入されて，２票行使したい場合は異なるジェンダーの候補者に投じなければ無効になった。このため無効票のリスクは上昇し，票の点検負担も増大している。

　票の点検は，人力で個別計上し，手書きで数字を書き入れる。そのため，誤りのリスクや集計コストは高くなる。投票だけでなく，集計も投票区ごとの小部屋で実施するのは，集計を大規模に行う場合と比べて票の移動コスト・リスクを回避できるが，集計の事務負担は増大すると言えるだろう。また不正のリスクも一般的には上昇すると考えられる。

　この点を回避するために，電子投票導入論が唱えられたが，反対が多く実現していない。そのため，コスト削減策として，投票時間の短縮や投票所の削減に力点が置かれることになって，積極的投票権保障の観点から問題を生み出している。

３. 選挙不正への対応と規制

(1) 選挙不正とその対応

　イタリアの選挙管理が問題視される場合，主に選挙不正との関連が重視されてきた。クライエンテリズム研究でも選挙と利益誘導が密接に結びついていることが指摘されてきた（Allum 1997; 216-217）。現代でも，選挙の度に不正事例について盛んに報道がなされている。

　ただし，内務省のDCSE関係者，州やコムーネの選挙実務担当者の認識は，このような選挙不正は例外的であり，integrityを損なうほどの規模ではないと認識しているようである。

　南部において伝統的に指摘されてきたマフィア組織の選挙介入について

は，社会構造の問題であって，選挙ルールの問題ではないと答えた。1990年代初頭の選挙制度改革の誘因とされた選好投票と汚職の増大に関しても，選挙政治専門家の回答では，特に現代に関しては，実際は有力勢力を支持しているにすぎず，投票者への締め付け効果は有意ではないとしてきた。第2共和制期南部におけるフォルツァ・イタリアやシチーリア州での中道右派の勝利は，クライエンテリズムよりもバンドワゴン効果として理解すべきであるとしている[20]。

選挙不正への対応として，現代では，投票モニタリング強化の改革が導入されてきた。

事前に記入した投票用紙の投票，事前に指定された選好投票などについては，選挙制度改革による選好票数の削減(1991年の国民投票で承認)，選好投票時に番号でなく名前にマーキングすることによる選好票操作の難易度の上昇など，間接的な対策が行われてきた。しかし，買収の指摘はなくならず，投票所外でのコントロールについては限界がある。

ただし，(1)で指摘したように，選挙実務担当者や専門家の間では，このような買収は選挙結果自体を左右するものではないとの考えが多数である。特に地方選挙において，日本のように定数が多い大選挙区制で当選基数が低い場合と異なり，選好投票付きでも比例代表制が基本の場合は，買収効果は低下するのである。

投票所が小規模であるほど買収によるコントロールの効果は高まりうるが，小規模な投票区ごとの投票所設置と開票の仕組み自体について変更の必要性は認識されていない[21]。投票所運営の公正については，警察の巡回や政党代表の巡回，そして何より市民代表による運営により対応している。数が多い投票所の完全なコントロールは不可能であり，最も重要な市民代表による投票運営の民主的コントロールを変更するまでの意義はないとされる。不備がある場合も，司法への提訴や結果確認などの手段が残っている。

さらに，2018年総選挙からは，投票用紙の不正入手・事前記載票の投票などの不正を不可能にするため，不正防止半券制度(tagliando antifrode)が導入された[22]。

(2) 選挙ガヴァナンスの制度規制と不正

　他方イタリアの選挙ガヴァナンスについては，もっぱら不正が強調されるが，integrityを維持するような制度規制も存在している点に注目すべきである。

　まず，選挙区の区割りについては，地理的境界と人口を基準に設定され，いわゆる「1票の格差」の懸念は浮上していない。総選挙の選挙区割りは，上記の基準にしたがって，内務省に設置される専門家の委員会で決定され，ゲリマンダリングは問題になっていない。

　有権者名簿の画定については，各コムーネの選挙担当局は（6ヵ月ごとに）有権者名簿を更新する。最終的には，15日前まで受け付けを行う。このため，日本で問題になっているような学生など転入者の投票のしにくさ，組織的転入による選挙結果への影響は，問題とならない[23]。移民の資格認定と票の操作については時事的ニュースとして取り上げられることはあるが，有意な現象とは言えない状況である。

　他方で，選挙運動に対する規制のうち[24]，メディアの問題については，従来も問題が指摘されている。国内・国際組織でも，もっとも投票に対する不当な影響をもたらしうる課題として，メディア報道の公正性に懸念を表明している。特に民放TVに強い影響力を有するベルスコーニが主要政党の指導者として登場して以後，機会均等は強い関心を呼ぶ争点である。一定の法律はあるが，選挙運動期間中のTVに対する規制は日本のように厳格ではないために，継続した争点になっている。有権者への情報提供の制約という点で，問題を引き起こしていると想定される。さらに，最近はSNSが重要なメディアになり，2018年総選挙などで大きな影響力を発揮したとされているが，フェイク・ニュース規制などは進展していない[25]。

4. 積極的投票権保障に向けた
　　選挙ガヴァナンス改革の成果と評価

　選挙不正のような注目を浴びる争点の陰で，積極的投票権保障についての議論は進んでいない。ただし，積極的投票権保障としてではないが，関連して問題として意識されている争点として，投票機会の保障問題，投票

率低下問題とその対応がある。

(1) 投票機会の低下と対応

投票機会の確保は重要な問題であるが，近年の政治・経済社会的事情から，懸念が示されている。第1に，投票所削減とその影響である。1990年代以降，ユーロへの参加，膨大な財政赤字・公的債務の削減の必要性が唱えられ，特に2010年のギリシア危機以降，支出削減は先鋭化している。その一環として，投票所は大幅に削減された。1997年法律449号では，約92000から60300へと3分の1ほど削減した（Fusaro, 2008, 1. Premessa）。2001年総選挙で長蛇の列が生じ，投票締め切り時間後も投票を継続しなければならない事態が生じた。近年この傾向はさらに進み，特に人口の少ない地域で影響は大きくなっている。2018年総選挙でも，投票方法の変更による手続きの煩雑化も作用して，長蛇の列が生じ，投票時間延長などの措置を執らざるを得ない投票所が続出した。

ただし，実務担当者や専門家とのインタビューでは，この点を余り否定的にみず，財政緊縮状況下ではやむを得ない措置との認識が多かった。以前のように，組織政党が存在し，少子高齢化が進んでいない時代には，高齢者など投票者を補助する手段もあったが，現代ではそのような補助はますます出来なくなっている。

第2の問題は，投票時間の短縮である。総選挙の投票日は，投票権を保障する観点から，従来1日半確保されていた（2002年法律第162号）[26]。しかし，2018年総選挙では，財政緊縮のため，1日に削減された。

イタリアの場合，日本のように，事前投票制度が柔軟に活用できる状況にはない。そのため投票時間短縮の影響は大きい。従来の1日半の時代には，2日目に15～20％ほど投票していた。投票時間短縮でこの分がそのまま投票できなくなるわけではないが，2018年総選挙の投票率の低下の一因となっているとの主張もある。

第3に，通常投票以外の投票機会の拡大策の模索である。日本のような事前投票制度の拡大は，イタリアでは検討は進んでいない。多元主義的な運営の維持が根幹である以上，広範な事前投票を認めることはコスト面でも技術面でも難しい[27]。

ただし，事前投票制度の一部ともいえる在外投票については近年拡大が

118

進んできた。在外投票自体は，憲法48条3項および56条・57条で両院にそれぞれ在外選挙区(circoscrizione Estero)を設置し，定数を割り振る形で制度的に認められてきた。ただし，移民が多いイタリアの場合，在外投票の資格認定は，非常に困難な問題であった。何代の子孫まで認めるか，二重市民権の扱いをどうするかなど難しい論点が存在した。そのため，在外投票自体は1979年に認められたものの，原則として在外公館で在外イタリア人登録簿(AIRE)に登録した上で，帰国して投票しなければならなかった。郵便投票は，非常に限定された軍人，研究者，外交官などに限定されてきた。

在外投票の機会拡大を求める多数の請願の結果，2001年第2次ベルルスコーニ政権下で在外イタリア人に郵便投票が認められた(2001年12月27日法律第459号，いわゆる「トレマーリア法」)。2003年のレフェレンダムで最初に実施された後，国政選挙としては2006年総選挙で初めて大規模に行われた。2016年には，さらに海外への一時的居住者にも投票機会が認められた[28]。

在外投票の拡大の要因は，投票機会の増大を求める声のみではなかった。むしろ直接的には，接戦が予想される状況下で国内支持と異なる在外投票で有利な投票を期待した政治的要因が作用したとされる。2001年のベルルスコーニ政権時の改革は，経済的に豊かなイタリア系移民が中道右派を支持することを期待したことが重要だとされた。そのために，在外投票自体が政治的争点となるリスクが高まった。票は外交行嚢でローマに送られ，破毀院に設けられた在外選挙区中央事務局で開票される。各在外選挙区区長と4名の委員が開票に当たる。したがって，本来党派的な不正は難しいはずであるが，接戦の選挙時には野党から与党に有利な操作を懸念し，在外投票が決定的になった場合には結果を承認せず提訴するという声も上がった[29]。

(2) 投票率低下問題への対応

投票率の低下傾向は，先進国に共通した問題でもある。イタリアでは，1980年代に90％を割った後も徐々に低下した。特に政治不信が高まり，中道左派・中道右派の2大勢力の独占状況が瓦解し，新興勢力の5つ星運動が得票率1位に上り詰めた2013年総選挙において急激に落ち込み，80％

台から75.2％に下がった。その後2018年総選挙でも72.9％に止まっている。投票率の低下自体は，政治社会的原因（高齢化・政党組織力の低下など）や義務投票制の有無など制度的要因に起因する以上，選挙ガヴァナンスの改革の対応は困難な課題である。イタリアの場合，義務投票制の廃止に加え，前述の投票時間短縮・投票所の減少などの作用が，投票率の低下傾向に拍車をかけているが，現実に投票率上昇に向けた有効な策は打ち出せていない。

　関連して，棄権の問題も，専門研究者の間では顕著な傾向として指摘されている。棄権のうち，恒常的ではない一時的棄権は20~25％と増加傾向にある。特に重要性の低い「2次的選挙」であるレフェレンダムやEU議会選挙では，棄権は相当規模になっている。また，近年まで地域的に堅い基盤を持ち結果が予測できる選挙（例えば民主党が強いトスカーナ州など）の場合ほど，棄権や投票率の低下は大きいとされる。

　無効票問題については，比率は安定的である。情報提供の問題などから，在外投票の方が国内での投票よりも継続的に無効票の比率が高くなっている。2018年総選挙のように，選好票の行使方法や票の確認方法に大きな変更が生じた場合は，無効票のリスクは高まる。また，意図的な無効票といえる白票についても，2013年総選挙では減少傾向にあるとされる。

　こうしたリスクを減らすために，DCSEや地方の選挙管理部門では，TVのコマーシャルや新聞広告などを通じて，適切な投票方法の周知を図ることで対応しようとしている。

(3) 有権者への情報提供の制約と改善

　有権者への情報提供の質は，積極的投票権保障を大きく左右する。第1共和制の時代，有権者への情報提供は，党派化したメディアや集会が重要であった。第2共和制になると，民放TVをほぼ独占するベルルスコーニが，首相に就任することで国営メディアにも強い影響を及ぼすことで，TVメディアにおける機会均等が問題視された。

　2018年総選挙では，TVメディアに代わってSNSの影響力が非常に重視されるようになっており，選挙運動にも積極的に用いられている。SNSの使用については，日本のように厳しい規制は存在しない。ただし，前述のように，フェイク・ニュースなど有権者に伝達する情報の質の保障が問題

点とされている。

　選挙以外での有権者の啓発活動は，積極的に行われているとは言えない。例外的に地方自治体では，有権者教育に積極的に取り組んでいるところもある。トスカーナ州では，州独自の選挙制度を導入する際にスポット広告を展開している。また同州や南部プーリア州では，高校生など若者向けの議会(学生州議会)を設置し，市民参加を推奨するなどの例がある。

　情報提供に間接的に影響を与えるのが，選挙運動と選挙に関するカレンダーの設定である。イタリアの場合，選挙運動期間は公式にも日本より長く，現在では約2ヶ月確保することになっている。さらに，国政選挙は通例3月～5月の春，地方選挙は主に春(と一部秋)にほぼ固定されている[30]。そのため，国政選挙の場合，実際の運動期間は，数ヵ月～1年弱に及ぶことになる。この間各勢力は，候補者選定，首相候補選定，プライマリー（予備選挙）などを実施し，マニフェストの策定や宣伝を行う。

　固定的な選挙カレンダーと長い運動期間の設定は，積極的投票権保障の観点から，情報の周知に時間をかけられるメリットがある。他方で，問題点としては，選挙管理上のコスト増大を挙げることができる。

5．評価と課題

　以上イタリアの選挙ガヴァナンスでは，内務省の重要性はみとめられているものの，政府，政党(市民)，司法が選挙管理を担う多元的なシステムが形成され，市民や政党の民主的コントロールが決定的に重視されていることが分かった。

　分散的制度設計を採用した選挙ガヴァナンスは，拒否権ポイントが多いために，大幅な改革は困難である。比較選挙ガヴァナンス論における区分のように政府モデルならば，政府主導の改革で独立モデルへの接近(独立性の高いEMBの設置)や他の選挙ガヴァナンス改革を導入することも相対的に容易であるだろう。しかし，イタリアは実際には多元的・民主的システムであるために困難と考えられる。

　民主化された選挙管理制度が，政党代表を送り出す既成政党側の利益に資するのは当然である。さらに，潜在的に選挙管理への批判勢力になりうるはずの市民にとっても，(主に野党を通じて)選挙管理に参加する機会を保障するものである。したがって，現在の支配勢力だけでなく(潜在的)対

抗勢力を取り込むことによって，選挙ガヴァナンス自体への批判を実質的に無力化する効果を発揮したのである。このことは，投票・集計の運営に政党代表が関与せず，在外公館とローマ中央（正確には破毀院の担当部局）が集約的に業務に当たる在外投票制度が，各勢力の批判の的となったことからも推測できる。

　積極的投票件保障をめぐる改革についても，インタビューでは選挙ガヴァナンスの問題点が意識されていないわけではないが，動きは鈍い。漸進的な手続き規定の改革は行われてきたとはいえるが（Feltrin and Fabrizio 2008），財政的制約に伴う投票所削減など逆行する動きが見られる。近隣諸国で取られているような期日前投票制度や電子投票をめぐる議論はあるものの，限定的にしか検討されていない。むしろ，投票所運営など選挙ガヴァナンスへの市民参加や政党参加の保障が，事前投票・電子投票導入論などの技術的改革だけでなく，積極的投票権保障の必要性に関する議論も阻害しているともいえる。投票時間延長・在外投票導入などの改革は，この原則を損なわない範囲で行われているのである。

（1）　本稿は，科学研究費補助金・基盤研究（A）「積極的投票権保障の展開と効果に関する研究」（課題番号15H01931：研究代表者・大西裕：2015 - 2018年度）に基づくイタリアの中央・州・地方の選挙管理部門・研究者・政治家等へのインタビューと資料調査の成果を踏まえたものである。また一部のインタビュー調査は，科学研究費補助金・基盤研究（B）「現代の代表制デモクラシー改革とプライマリーの意義に関する総合的比較研究」（研究課題番号26301013：2014年度 - 2017年度），基盤研究（B）「米欧アジアにおける代表制デモクラシーの変容：プライマリーの比較実証分析からの接近」（研究課題番号18H00818：2018年度 - 2021年度）（いずれも研究代表者・伊藤武）の一環としてとして行われた。

（2）　Figure 2 in Norris, Pippa, Wynter Thomas and Sarah Cameron. 2018. 比較選挙管理研究におけるイタリアの低い位置付けについては（Alvarez, Hall and Hyde. 2008）も参照。

（3）　有権者資格や候補者名簿など選挙の基本手続きは，1947年法律第1058号で原型が定められ，1967年の統一法典（大統領令第233号）に統合されたが，その後の修正を経てもなお1947年法の骨格は維持されている。同様の趣旨は，1957年統一法典に結合された下院選挙の手続きについても言える（Feltrin e Fabrizio 2008, 2）。

（4）　この問いに対する検討は，現在準備中の別稿に譲ることにしたい。

（5）　イタリアの選挙ガヴァナンスに関して，透明性について，イタリアはドイツと並びむしろ比較的上位にあるという指摘もある（Garnett 2017, Table1 6.2.）

（6）　EUを含む諸外国の関連機関や研究機関と選挙管理に関する国際交流を積極的に行っている。このことからも内務省が比較選挙ガヴァナンス上の課題を認識していないことが改革停滞の要因でないことが示唆される。

（7）　https://dait.interno.gov.it/elezioni

（8）　区割り・選挙区ごとの有権者数・詳細な選挙結果などのデータは，ほとんどがopen data形式で提供され，計量分析に適用しやすい形で公開されている。

（9）　現在では州憲章などで一定の範囲で州レベルの行政組織を定められる一環として，例外的にトスカーナ州のように独自の選挙事務担当部門を組織している場合は，内務省の役割は小さくなる。トスカーナ州の場合，州選挙は，州政府の選挙事務局（L' Ufficio e osservatorio elettorale）が事務を担当し，データ収集も行うために，改正以降内務省にトスカーナ州の選挙集計データは計上されなくなっている。ただし，トスカーナ州の選挙管理は例外であり，地方政府は通常内務省の支援を受けながら選挙実務を担当している。

（10）　例えば，トスカーナ州フィレンツェ県でフィレンツェ市に隣接するセスト・フィオレンティーノ市（州都など大都市の次の中核都市規模・人口49,091人［2017年］）の場合，市役所の選挙事務担当部局の常設担当者は1人である。

（11）　冷戦初期の激しい左右対立下で行われた1948年の第1回総選挙や1951年・52年の地方選挙では，内務相マリオ・シェルバ（キリスト教民主党）が強硬な治安対策を名目に左翼勢力に対抗して選挙干渉したことが知られている。

（12）　このような理解は，比較分類上の混合モデル（フランス・スペイン・ポルトガル・オランダ・ハンガリー・スロヴァキア・アイスランドなど）に近いという見方も可能である。ただし，混合モデルの定義上，自立性の高い選挙管理部門が複数存在しないイタリアは，この類型に該当しないと考えるべきである。

（13）　筆者は，2013年総選挙，および2018年総選挙において，セスト・フィオレンティーノ市の投票所を複数視察した。特に2018年総選挙では，山間部の投票所を含めて市の投票所を全て視察した。市長のロレンツォ・ファルキ氏，副市長のダミアーノ・スフォルツィ氏には特に感謝をお伝え

したい。

コムーネの選挙管理は，2005年以前は人口1万5000人以上と未満で区分され，前者は選挙管理委員会(Commissione elettorale comunale)を選挙管理機関とし，後者は市長(事務官に委任可)が担当していた。しかし，2005年12月21日法律第270号によって，後者にも選挙委員会方式が再導入された。

(14) 2018年総選挙時における市長・副市長へのインタビューにおいて，担当者の定年が近づいているため後任探しも考慮中であるが，党派を超えて長期間担当できる人物を探すのは困難であるとの説明があった。なお，セスト・フィオレンティーノ市は，第1共和制時代から共産党とその後継の左派系政党が市政を長期間掌握していることも，担当者の安定性に寄与していると想定できる。

(15) 特に，2018年総選挙時には，新選挙制度で新しい選好投票制度や腐敗防止のための半券制度が導入され，複雑な投票方法と無効票の増大・投票事務の混乱が予想されていた。そのため，内務省は投票用紙見本の配布・掲示など，地方選挙担当部局に対して従前より積極的に事前周知を行なっていた。

(16) 投票所の投票ブースの構造については，インタビューにおいて，日本の半開放的な構造との比較を質問した。多くの専門家・担当者が，スマートフォンの持ち込みなどによる「票の交換(voto di scambio)」のリスクは認めるものの，投票の秘密維持重視の観点から，完全に覆われたブースが望ましいと回答している。

(17) 投票所にはいくつかある警察のうち地方警察(内務省系であるが地方政治と繋がりが強い)が配置される。

(18) スタンプが一杯になった場合は，市の選挙管理部局で更新する。

(19) イタリアの選挙における出口調査は，実施サンプル数も日本と比較してきわめて小さく，誤差も大きいとされる。実際2013年総選挙では，出口調査に基づく投票時間締め切り時に公表された速報では，中道左派の民主党の第1党と同勢力による安定多数確保が報じられた。しかし，2時間後の開票値に基づく速報が公表されると，5つ星運動の躍進がみられる。

(20) 実際，第2共和制の選挙については，南部は優勢が見込まれる陣営を支持する傾向が強いとされる。歴史的にも，南部については，「万年与党主義」という用語があるように，このような傾向が強い。

(21) この点について，インタビューにおいて，日本のように集計を大規模な部屋で行う案について質問したところ，それ自体の有効性は認めるものの，未集計の票を移動させる際のリスクの方が懸念されるとの回答が複数

あった。

(22) 投票用紙交付時の半券を記入後投票前に確認して票の同一性を確認する仕組みである。

(23) インタビューでは，日本の住民登録と選挙不正の関係を話したが，同様の問題はないと認識されていた。

(24) 選挙運動の宣伝に関する規制と運用についても，選挙管理部局がガイドラインを出している。例えば，フリウリ＝ヴェネツィア・ジューリア州の規制については，（Servizio Consiglio autonomie locali ed elettorale della Direzione centrale autonomie locali e coordinamento delle riforme 2018）を参照

(25) 近年イタリアでは，候補者選定にプライマリー（予備選挙）が広範に用いられるようになってきているが，州法などで規制があるアメリカのように，法律による直接の規制はなく，投票資格など規制の安定性や集計の透明性が低いのが問題となっている。

(26) それ以前については，財政危機などの要因から，もともと1日半であったのを1日に短縮していた。十分な投票時間の確保を求める声が高まり，あらためて1日半に延長した。

(27) この点について，行政主導モデルでなければ事前投票は拡大しにくいという仮説が想定できるが，この点についても準備中の別稿で扱う予定である。

(28) 在外有権者については，国内で投票する場合交通費に関する補助措置がある。在外投票以外にも，国鉄や航空会社で投票日に関連した移動について割引措置が実施されている。

(29) 事前投票について，インタビューした複数の担当者からは，個人的見解として，期日前投票（voto anticipato）が必要との回答が得られた。ただし，多元的モデルを維持する以上，実現は事実上不可能であるとの評価が多数であった。

(30) 例えば市長が解任された場合などは，内務省から暫定的な市長役の役人が派遣されて実務を担当し，その後最も近い地方選挙の時期に選挙を行う。

参考資料

Agosta, A. 2006 "Il Ministero dell'interno nell'evoluzione dell'amministrazione elettorale," in M. De Nicolò (a cura di), Tra Stato e società civile. Ministero dell'interno, Prefetture, autonomie locali, Bologna, Il Mulino, pp. 387-425.

Agosta, Antonio, Fulco Lanchester, e Alberto Sperafico. a cura di. Elezioni e Automazione. Tutela della regolarità del voto e prospettive di innovazione tecnologica. Milano: Franco Angeli.

Alvarez, R. Michael, Hall, Thad E. and Susan D. Hyde. 2008. "Introduction: Studying election fraud." In Alvarez, R. Michael, Hall, Thad E. and Susan D. Hyde. 2008. "Introduction: Studying election fraud." In *Election Fraud: Detecting and Deterring Electoral Manipulation*, eds. Alvarez, R. Michael, Hall, Thad E. and Susan D. Hyde. 2008. "Introduction: Studying election fraud. Washington D.C.: Brookings Institution.

Allum, Percy. "La DC al Nord e al Sud. Due modelli di partiti clientari." In *Meridiana*. n. 30, pp. 193-224.

Fusaro, Carlo. 2008. "I limiti della legislazione elettorale vigente" In *La legislazione elettorale italiana. Come migliorarla e perché,* a cura di. Roberto D'Alimonte e Carlo Fusaro. Bologna: Il Mulino, Ch. 1.

Feltrin, Paolo e Davide Fabrizio. 2008. "<<L'ontendenza seguira' ···>>: quando le riforme trascurano I procedimenti (elettorali)." In *La legislazione elettorale italiana. Come migliorarla e perché,* a cura di. Roberto D'Alimonte e Carlo Fusaro. Bologna: Il Mulino, Ch. 1, Ch. 5.

Floridia, Andorea. 2005. "Le elezioni regionali del 2005 in Toscana: il federalism elettorale alla prima prova" In *Istituzioni e federalismo.* n. 5, pp. 737-792.

Jordan Gans - Morse Sebastián Mazzuca Simeon Nichter. 2014. Varieties of Clientelism: Machine Politics during Elections. *American Journal of Political Science.* 58 - 2, pp. 415 - 432

Garnett, Holly Ann. 2017. "Election management." In Election Watchdogs: Tranparency, Accountability and Integrity., eds. Pippa Norris and Alessandro Nai. Oxford and New York: Oxford University Press., Ch. 6.

Norris, Pippa, Wynter Thomas and Sarah Cameron. 2018. *Electoral Integrity by region, 2012 — 2017.* Corruption and Coercion: The Year in Elections 2017. Cambridge: The Electoral Integrity Project.

l'Osce/Odihr. Needs Assessment Mission Report, Italy Parliamentary Elections 9-10 April 2006, Warsazwa, 2006, http:// www.osce.org/ documents/ odihr/ 2006/ 01/ 18265_en.pdf.,

OSCE/Odihr. 2008. Election Assessment Mission Report on the 13-14 April 2008 parliamentary elections in Italy http://www.osce.org/odihr/elections/italy/33280

OSCE/Odihr. 2013. Italy, Early Parliamentary Election, 24 and 25 February 2013: Needs Assessment Mission Report. Date 22 January 2013 http://www.osce.org/ odihr/elections/98855

Servizio Consiglio autonomie locali ed elettorale della Direzione centrale autonomie locali e coordinamento delle riforme. a cura di. 2018. *Guida alla propaganda elet-torale. 2018 elezioni regionali e comunali*. Trieste: Centro stampa regionale.

Ministero dell'Interno（内務省）の各種マニュアル

大西裕，「選挙ガヴァナンスの論点」，大西裕編『選挙ガヴァナンスの実態・
世界編──その多様性と「民主主義の質」への影響』，ミネルヴァ書房，
2017年，3－13頁

[主要インタビューリスト]

（2016/02/29; 2016/03/14-15, 2017/03）

1．トスカーナ州関係
- Antonio Floridia（選挙管理監察室・室長［L'Ufficio e osservatorio elet-torale, Regione Toscana］）
- Carlo Fusaro（フィレンツェ大学教授・選挙学会前会長）
- Alessandro Chiaramente（フィレンツェ大学教授）

2．イタリア内務省・中央選挙サービス局(Direzione centrale dei servizi elet-torali, Ministero dell'Interno)関係者
- Antonio Agosta（現ローマ第3大学教授・内務省の選挙管理の責任者，教育部門幹部・選挙研究室の創設者）
- Emilia Ferro（データ部門担当者）
- Roberto Andracchio (第Ⅳ室［選挙情報担当］室長：Direttore Ufficio IV Servizi informatici elettorali)
- Rosalba Sluato（選挙管理部門の責任者［室長]）
- Fabrizio Orano（同担当者）

3．セスト・フィオレンティーノ市(2013/2/28,2018/2/22,23,3/4)
- Lorenzo Falchi（市長）
- Damiano Sforzi（副市長）
- Sandro Biagiotti（選挙事務局長）
- Allesio Biagioli（フィレンツェ県カレンツツァーノ市市長・2018年総選挙上院候補者）

偶然と党略が生み出したインターネット投票：

エストニアによる世界初導入へと至る政治過程

中井　遼*

要旨：エストニアが世界初の全国規模インターネット投票を導入した背景として，①ソ連統治から離脱する過程の必要性から先行していた共通住民IDカードの存在と，②民族主義的・自由主義的政党が長期間に渡り与党として君臨し，インターネット投票が自党の得票増に有効であるという主観的認識のもと強行採決も厭わない戦略を展開した，という2点が重要であった。特に論点となったのは，投票環境を監督できないインターネット投票独特の問題に対する，繰り返しの再投票による上書きという不正予防措置が，可能であるか／合憲であるかという点にあったが，その議論の裏には各党の得票インセンティブも存在した。本稿では，議事録・インタビュー・新聞報道なども用いて，制度導入時の省内や議会内での議論を追い，最終的には立法・行政・司法すべてを巻き込んだエストニア憲政史上類を見ない政治的闘争の結果としてインターネット投票が導入された過程を示す。それは，電子立国としての長期的戦略と総意に基づいて導入されたというよりは寧ろ，偶発的要素の中で様々なアクターが利害をめぐって相争った帰結とも言えるものであった。

キーワード：インターネット投票，エストニア，政党政治，選挙管理，電子投票

はじめに

　本稿の目的は，世界で初めて全国レベルでインターネット投票を導入したエストニアにおける，当該制度導入の要因について論ずるものである。エストニアのインターネット投票については，実務上ないし技術上の観点からの着目や議論が先行しがちであるが，ある投票方式を導入するか否か

---

　*　北九州市立大学法学部政策科学科

という広義の政治制度選択に関する問題と考えれば，政治学上の問いでも
あるはずである。ところが，本制度導入に関しての政策過程に着目した論
及は少なく，最初の法改正直後に所轄官庁内での議論状況に着目した一連
の業績(e.g. Drechsler & Madise 2002; Maaten 2004; Madise & Marten 2006)が
ある程度である。特に選挙ガバナンス・投票環境整備上の細かい実務面へ
の考慮は，インターネットを通じた投票という目立ちやすい側面の陰で選
挙管理関係者を除けばあまり考慮されてこなかった。

　しかし，エストニアのインターネット投票導入にとっての最大障壁は，
この投票環境管理の問題をいかにクリアし，またその手段に対する政治的
支持をいかに取り付けるかにかかっていた。今日の観点からは，エストニ
アのインターネット投票導入は同国が推進する電子政府戦略の当然の戦略
的帰結であるかのようにもっぱら報じられがちであるが，これは政策導入
当時の状況を説明するものとして誤りではないにせよ誇張された議論とい
える。実際の制度導入過程においては，単なる技術革新上の帰結としてで
はなく，相当程度，外生的要因も介在していた。特に，単なる投票場にお
ける電子投票機の導入とは異なり，自宅における投票を可能とするイン
ターネット投票においては，投票する現場を管理する者がいないために，
公正な投票の担保という選挙管理上の根本的な問題が，法的・行政的・政
治的に問題であった。この選挙管理上の問題に対し，エストニアでは，繰
り返し(再)投票を行えるようにすることで不正等を事前抑止することが志
向されたが，これを可能とするシステムや制度設計が必要であり，またそ
もそも繰り返し投票の妥当性を巡って論争が展開された。それらの障壁を
実際の政治過程で克服させた要因は，相当程度，外生的な偶然と党派的・
政治的要因であった。

　本稿は，何かしらの理論的前提を元にして仮説を構築しエストニアを事
例として検証するものではない。なぜならば，エストニアこそが世界で
初めてインターネット投票を全国レベルで実現した事例である以上，そ
の事例をアプリオリに説明する理論は極めて乏しいからである。むしろ，
本稿の目的は，エストニアという世界初の事例の政治過程を丹念に追う
事を通じて，何がその帰結に影響したのか仮説構築的に議論を展開する
ことにある。

　そのうえで本稿は，エストニアにおいては次にあげる2点がエストニア

のインターネット投票導入をもたらしたことを論ずる。具体的には，前提として①エストニア特有の歴史的背景に基づく個人IDカード構想が先行して存在していたこと，そして②自由主義・民族主義色の強い党派が同法案を審議する委員会と議会多数派を長期間掌握していたこと，が重要であったと論ずる。特に，要因①は行政側で法案立案時の障壁排除に役立ち，要因②は根本的な法案発議と，特に議会での法案可決（および2回の大統領拒否権行使の超越）に決定的に役立った。以下，1節で電子投票とインターネット投票に関する概論を述べ，2節では所轄官庁内での議論と選挙管理の問題について説明し，3節で議会（および大統領との）での政治過程について論ずる。なお，以下出所を示す際に国会議事録（Riigikogu Stenogrammid），投票結果（Hääletustulemused），官報（Riigi Teateja）を用いる場合はそれぞれRS, HT, RTと略記する。

1. 電子投票とインターネット投票

　一般に，電子投票等の導入に関する先行研究においては，政府とICT技術それぞれに対する信頼が高い時に導入が検討されるとの指摘がある（Evans & Yen 2006; Colesca 2009）。確かに，政府やICT技術への一定の信頼は制度導入に当たっての前提条件ではあるかもしれず，またこれはエストニアにおけるインターネット投票の一要因として指摘されることもあるが（Maaten 2004），十分要件ではないだろう。電子投票・インターネット投票に限らず，一般に制度導入とは，どんなに世論の支持や政治家のアイデアが存在していても，改革に起因する法的・行政的問題を克服できなければ導入されえないからである。

　なお一般的にインターネット投票は電子投票の延長線上にあるものと位置付けられがちである。エストニアでも法律上は「電子投票」の名目で根拠づけられているものの，実務レベルにおいては電子投票とインターネット投票（e-votingとi-voting）は明確に別物として扱われており，むしろ投票所内での投票機導入（狭義の電子投票）には消極的ですらある[1]。また，選挙管理上最大の課題は，選管監視下における投票ができないというインターネット投票特有の問題であるから，本稿の議論の対象もインターネット投票導入に関する議論のみが議論の射程となりうる。本稿の知見は，電子投票一般の拡大に関して論ぜられるものではない。

1.1 エストニアインターネット投票制度の概要・利用実態と，運営上の論点

エストニアのインターネット投票そのものについては日本語でもすでに多くの論稿が存在している(たとえば前田・内田2008，湯淺2009)。同投票方式は，一口で言えば，期日前投票の一手段である。よって投票日当日には利用できない。法令上の根拠としても，例えば国会選挙法では従来から期日前投票を定めていた条文に加筆した形で，インターネット投票は根拠づけられてきた(ただし2012年の改正で，章としては独立している)。同国で導入されている電子政府システム及び個人IDカード(とそれに紐づけられている認証・暗証番号)を用いて，専用ソフトウェアでの認証を介して投票を行う。専用ソフトウェアはWindows・Mac・Linuxのみで動作する[2]。運用面ではかつて日本で行われていた不在者投票と類似している。すなわち，「２重の封筒」を電子的に実現している。「誰が投票したか」の情報と紐づけられた１重目の暗証(外側の封筒)は同国の政府システム上で管理され，誰が投票したかの記録は残されるものの，「どこに投票したか」の情報を含んでいる２重目の暗証(内側の封筒)は，政府システムからは切り離され電子選管[3]の管轄であり，開票日当日に電子選管職員(が持つ開錠鍵)がそろわない限り開けられない。当日の開票・集計作業は公開されている。エストニアの選挙制度は，有権者レベルにおいては，全国を複数の選挙区に分割した，非拘束名簿比例代表制である[4]。よって，電子IDと暗証番号の認証をクリアして，インターネット投票画面に入った有権者は，自分の選挙区を選び，投票したい政党の中から，特定の候補者の名前を選択する(これは紙の投票でも同様であり，全候補者に通し番号が割り振られていて，その番号を投票用紙に記入する形を取っている)。

インターネット投票は，全国レベルでは2005年秋の統一地方選で初めて実施され，２年後の国政選挙でも利用が開始された。利用率は選挙を重ねるごとに徐々に増えている。現在，投票者の３割程度がインターネット経由投票であり，いまや期日前投票の多くはインターネット投票である。(後述する通り)導入議論の際には投票率向上効果も期待されていたが，導入後の実証研究の結果，既存の投票者がインターネット投票に切り替えただけで，投票率向上効果はない(あっても微小)というのが通説的理解となっ

ている（Madise & Marten 2006; Bochsler 2010）。

インターネット投票最大の課題は，投票環境の整備である。自宅等での投票が可能なため，他者の脅迫・欺騙・誘惑・圧力・懇願の下での投票がなされていないかチェックする手段が存在しない。これは，投票所や出張投票所等で選管スタッフ統制のもと行われる通常の電子投票とは一線を画する点であり，インターネット投票が単なる電子投票の延長ではない一面である。このことは当然エストニアでも大きな問題となり，エストニアにおけるインターネット投票導入の最大の障壁となった。エストニアの場合，この問題は「後から何度でも再投票が可能・投票当日の紙による投票で上書きが可能」とすることによる解決が志向された。なぜならば，脅迫等による特定候補・政党への投票がなされても，それを後日上書きでき，さらに投票所での投票によっても最終的に置き換えが出来るならば，脅迫を完遂するためのコストは高くなり，脅迫・誘導を行う誘因をくじくことができるからである。

2．所轄官庁［法務省］における議論と前提条件のクリア

2.1　民族派政党による政策アイデア

一般に，エストニアで最初にインターネット投票を政策として主導したとされるのは，同国の最右翼民族派・ナショナリスト政党「祖国連合」が率いる，ラール（Mart Larr）政権下の，ラスク（Märt Rask）法務大臣とされる。2001年1月の選挙制度再整備議論の際に，ラスクがインターネット投票の導入可能性の検討を行ったのが，記録が残るもっとも古いものである（BNS2001a）。ラール首相も同アイデアを積極的に支持し，1月17日の国会討議でその推進を主張している（BNS 2001b; Dreschsler & Madise 2002, 237）。法案提出後の冒頭演説もラスクによって行われた（RS 2001.06.13）。

興味深いことに，当時の報道を見る限りインターネット投票は電子投票というだけではなく遠隔投票（remote voting）という文脈でも議論が進められていた（BNS 2001a）。背景には，国外に大量のエストニア人を持つ歴史的文脈がある。第二次大戦の独ソ戦の最前線となりソ連再占領直前に大量の亡命者を生み出したエストニアは，1990〜91年の独立状態回復以降，市民権を戦間独立期の国民およびその子弟だけに限定して付与した。

このため国内人口の3割近いロシア語系エストニア住民の多くが無国籍となった一方，エストニア国外（特に北米）には多くのエストニア市民権保有者（候補）を抱えていた。インターネット投票は，国外に離散したエストニア人の政治参加を促進させるという点で，民族主義勢力の意向とマッチする案であり，この点はのちの国会論議でも明言されている（RS 2005.05.12 ラール発言）。また，当時からすでに，「与党の祖国連合と改革党は相対的に若い投票者が多いのでインターネット投票の導入は同党らへ有利に働く」という主旨の見立ても存在した[5]。

だが，これはあくまで政策アイデアが生まれた端緒に過ぎず，政策導入の障壁を除くものではなかった。所轄官庁であった法務省内での議論では，①法的整合性として，自宅でのインターネット経由での投票という行為が既存の選挙法と整合するか，また合憲か，②行政的観点として，選管の目の届かないところでの投票における，個人の照合・名寄せ作業が可能かどうか，公正な投票環境の整備が可能かどうか，③技術的観点として，通信の秘密をいかに担保できるか，が問題となった（Maaten 2004, Madise and Martens 2006）。

法的問題については，自選挙区以外でも期日前投票を可とする選挙法改正が1999年に実施されており，当該枠組みに落とし込むことで選挙法上の制約がないことが早期に確かめられた。合憲性については，最終的には議会で検討すべき事項であるとして行政側での議論は先送りにされた。行政的問題については，エストニアで導入され，電子政府システムとの連関利用が検討され始めていた個人IDカードの所有が，全員に義務付けられていたことから，これを選管業務でも用いることで，同カードをオンライン上の本人確認書類（および認証時のID）とする方向性での検討が進められた。また，照合・名寄せ作業ができれば，繰り返しの投票も可能となるため，これが自宅でのインターネット投票に伴いうる不正の予防措置となることが議論された。技術的観点については法務省内での検討が困難であり，2001年3月に暗号学者Helger Lipmaaとその学生Oleg Murkに調査依頼が出され，実証実験ないし選考プロジェクトの実施を推薦する答申を得た。また，電子政府システムを所管する経済通信省でも独立に同様の諮問が行われ予算額が引き上げられた[6]。

2.2　偶然に先行存在した個人住民IDカード

　先述の通り，公正な投票環境の整備のためには，再投票を可能とさせる必要がある。そのためには，1回目の投票と2回目以降の投票を紐づけられなければならない(そうしなければ1回目の投票を打ち消すことができない)。それを実現するには，本人しか利用できず，暗号化され，全有権者を包括するユニークなIDが必要である。さらに，エストニアでは地方選挙には外国人投票権が認められているため，単なる国民IDとは別個のシステムが存在しなければならなかった。これに関し，同国では，パスポートといった公的な証明書とは別に，全居住者が所有を義務付けられている共通IDカードが存在した。このIDカードは，同国の電子政府システムを利用する際の，物理的なIDの役割を果たしている。同IDカードのアカウントには，個人が記憶している2つのパスワードをその都度入力して初めてログインが可能となる[7]。

　だが，この個人IDカード自体は，決してインターネット投票制度導入のために開発されたものではなかった。また，近年言われるようなエストニアの電子政府構想と密接に結びつけられるものでも，おそらくなかった。エストニアの電子政府構想の核であるX-Road構想は発表されたのが2001年であるのに対し，過去史料を渉猟すると共通個人IDカード構想は少なくとも1998年には発表されている。新聞報道に基づけばその動機ははっきりしており，ソ連型のパスポート一括による個人管理から，住民管理を切り離し(かつ年金生活者などに)平易に住民IDを提供することであった(Maranik 1998)。

　従来，ソ連圏ではパスポートが重要な個人ID書類として流通してきた。だが，パスポートは出入国管理が主たる目的であるから，国外旅行をしない人にもパスポートを保有させるのは冗長である。さらに，エストニアでは国民と市民権保有者が必ずしも重ならなかった。先述のように，独立回復時期の民族主義の高まりにより1917－1940年の戦間独立期の国民およびその子弟「のみ」にエストニア市民権を与える決定を行ったため，ソ連時代の移住者の多くが無国籍者となった[住民の2～3割に上る][8]。国内外から多く批判を集め，エストニア政府は1995年に「外国人地位法」を制定し，「外国人パスポート」(välismaalase pass)というものの発行を開始

した。外交上の庇護は与えるが，国籍に付随する市民権は保有していない地位である（"外国人"とあるが，どこか別の国の国籍・市民権を有しているわけではない）。よって，エストニアでは，明確に（複数のタイプの）パスポートと住民管理IDを弁別する必要が生じていた。「EU圏外に出ない人にとってパスポートは必要なく，IDカードがあればより便利な選択肢になるはずだ」とは当時の個人IDプロジェクトマネージャーの言である（ibid）[9]。

　本来，インターネット投票とは無関係に作成された，全住民に保有が義務付けられたエストニア個人認証カードが存在し，それを電子政府利用と紐づける構想が追随したからこそ，インターネット投票もまた可能とする障壁が取り除かれることになった。

　エストニアのインターネット投票は，この個人IDカード保有が全住民に義務付けられていたから可能であったとする見解は強く（アリキヴィ2016），ネット投票導入以前からもその関連付けの可能性が述べられている（BNS 2004）。現在でも電子政府所轄官庁は「個人IDカード無きところでネット投票を行っても不正投票の温床になるだけである」と強調している[10]。だが，そのエストニアのIDカードの導入自体は，エストニアがたどった歴史的抑圧の残滓からの脱却の文脈で生み出されたものであり，本質的にはインターネット投票のために生み出されたわけではない。しかし，偶然に先行して存在していたこの個人IDカードが，インターネット導入の前提条件として有用であった。

　付随的だがもう一つ重要であったのは，従来から，エストニアにおける期日前投票が，投票当日まで余裕を残す4日前の段階で締め切られていたことである。インターネット事前投票における不正を抑止するためには，本来的な投票手段である紙の投票によっての上書きができる可能性も担保されていなければならない。しかし，当日投票の投票用紙自体に，投票者の個人情報を書くわけにはいかないため，投票当日の投票所における選挙管理担当者の手元には「インターネット事前投票を行った人物のリスト」が存在しなければならない。万が一の電子システム機能不全に備え，本リストは紙ベースで用意することが求められている[11]。つまり，電子投票管理業務を行っている首都タリンから，エストニアの全ての投票所に，インターネット投票者リストを物理的に届けるための時間が不可欠なのであ

る。中央から各地域選管への送付に1日，各地域選管から全投票所への送付に1日，最低2日か3日は必要である。期日前投票最終日と投票日当日の間に存在する「空白の3日間」は，インターネット投票導入以前に，「たまたま」存在していたにすぎない。しかしこの変則的制度がなければ，インターネット投票の当日上書き打ち消しの選挙管理を可能とさせる，ネット投票者リストの全国全投票所での共有は不可能だと想定され，省庁検討段階で頓挫した可能性もあるだろう[12]。

3. 議会における法案可決までの経緯と党派間の争い

議会での議論は大きく分けて2回のフェーズにかけて行われている。1回目は2001-2年に行われた，インターネット投票を含めた広義の電子投票そのものを合法化するための法整備であり，2回目は2005年に行われたインターネット投票運用に必要な様々な手続きや規制を導入するための法整備である。後述するように，政治的に大きな闘争となったのは1回目よりむしろ2回目のフェーズであった。なお，紙幅都合により，本稿では詳細な党派別投票結果や修正議案などについての情報を逐次あげることができない。この点についての資料を必要とする場合は，別稿（中井2018）を参照されたい。

3.1 2001－2年の議会（第9国会）での審議

省庁内での議論が終了し，世界で初めての全国レベルでのインターネット投票可能化を目指す諸法案は2001年4月30日に憲法委員会から議会へと付議され，同6月13日に第一読会を迎えた。実質的には2002年1月より政党間の議論に付されることとなった（Riigikogu 2014a）。なお，エストニアの選挙法は，国会選挙，地方選挙，欧州議会選挙がすべて別個の法律によって規定されているが，2005年に地方選挙が迫っていたことから，まず地方選挙法のみを先行改正対象として，改正地方選挙法案（第9国会法案番号747SE）の審議が開始された。国会選挙が2003年3月に控えていたが，あまりにも近すぎることから，その次の選挙である2007年3月国会選挙までが改正の時間的ターゲットとされていたため，後回しにする時間的余裕が存在した。

この法改正はネット投票を可能にさせるためだけの改正ではなく，その

主眼はそれまでエストニアに存在した複数政党による合同リストでの出馬
を禁ずることと，将来のEU加盟後のEU市民の投票権について保全する
ことにあった。電子投票合法化の議論は，添え物のように付け加えられた
のみであり，読会間での質問や修正案提出などもほとんど電子投票規定に
対してはなされていない（中井2018）。議事録から見える議論の様子として
は，「数年後には欧州各地で導入されているだろう」というような発言に
もある通り，かならずしも革新的な変化という認識はなく，情報技術の発
展に伴いすでに存在している期日前郵便投票の延長として導入し，政治参
加を促す一手段という程度の説明であった（RS 2001.06.13）。

　当時の議会におけるネット投票への賛否状況は次の形である。法案提出
時に与党3党であった改革党（ネオリベ・保守），祖国連合（民族派保守），
社会民主党（中道左派）と，その後の政権交代で同じく与党になった中央党
（中道左派・都市部）の，計4党が，総論として本改正に賛成であった。

　他方で，野党の人民連合（左派・農村）は本法案改正に反対していた。人
民連合は，「ネット投票利用者だけ複数の投票契機が与えられるのは公平
性にもとる」「あるいは全国民にPCを配布すべきだ」といった議論を展開
していた。当時は一般に，インターネット利用は若年層や都市の富裕層に
簡便と認識されていたため，地方農村部や高齢者層を支持母体とする政治
的党派には，不利になると考えられた。同じく地方票に依存している連合
党は，自宅投票と同様に「事前届出制」にしてはどうかという修正案を第
二読会第3回に提出したが，本案は賛成38反対42の僅差で否決される（中
井2018，HT 27.03.2002, 18:27）。

　しかし，法案提出時の旧与党3党がネット投票法案に肯定的な態度を
取っており，特に政府首班がネオリベ政党の改革党に移っていたことは，
法案通過を後押しした。改革党は，ネット投票における投票者が他者から
介入を受けかねない可能性についても，「介入を受け入れるか否かは本人
の自己責任」という立場をとっており，「国家としては救済措置だけ講じ
ておればよく，最初の投票段階の私的決定まで（その環境保全のために）考
慮するべきではない」というかなり強固なネオリベ的世界観を有していた
（Drechsler & Madise 2002: 239）。また，後述するように，改革党は本案が
若者の投票率向上に資するという点を何度も強調しており，また自身らが
若年層間での支持が強いこともよく理解していた。

大統領リューテル（Arnold Rüütel）は，同法案成立の場合に公布を拒否する可能性を大統領アドバイザー経由のコメントとして示唆した。しかしその理由は先述の合同名簿禁止が違憲なのではないかという懸念によるものであり，ネット投票に対する反対論ではなかった（BNS 2002a, 2002b）。結果的には大統領は矛を収め，法案は2002年3月27日に議会で賛成多数（賛成55反対31［HT 27.03.2002, 20:09］）により可決，またその2週間後，大統領が同改正案の公布を行った[13]。

審議が後回しとなっていた国会選挙法案（第9国会法案番号748SE）および欧州議会選挙法案（第9国会法案番号906SE）は，それぞれ同年6月および12月に議会を通過した（交付は7月1日と翌年1月6日）[14]。すでに地方選挙法改正で議論の方向が決まっておりほぼ全会一致[15]の賛成による成立であった（中井2018）。

だが，これで法整備が終わったわけではない。この段階ではインターネット投票自体を合法化したに過ぎず，それを巡る運用規定や（たとえば電子選管が何時以降に結果を発表するか），懸案となっている繰り返し投票をどのように実現・法文化するかは，実際の選挙前までに進展する技術的検討を考慮に入れて後日2005年の再改正で実装される想定であった。これら運用規定などを含めたテクニカルな部分の修正をメインとした諸法を，あらためて議会で通す必要が生まれた。

3.2 2005年の議会（第10国会）での審議：大統領拒否権行使前

2005年4月は，以前と同じ改革党のアンシプ（Andrus Ansip）を政府首班としながらも，インターネット投票法案を議決した祖国連合と社会民主党が下野し，かつての野党である中央党および人民連合と連立を組んだ政権が生まれた時期であった。当時は政治学者・歴史学者ターケペラ（Rein Taagepera）が立ち上げ2003年総選挙で大勝を収めた新政党「共和国」が，政党間関係を大いにかき乱しており，改革党は，政策志向の離れたライバル政党たる中央党および人民連合と手を結ばざるを得ない状況にあった[16]。この状況で，既に決着がついていたはずのインターネット投票は，本来は「運用レベルの微修正」（Pettai 2006）であったはずの改正を巡って再び紛糾した。エストニアのインターネット投票導入をめぐる法改正は，最終段階で，最大の政治的闘争へと発展した。またしても，選挙サイクルの

タイミングから国会選挙法や欧州議会選挙法ではなく地方選挙法が最初の審議対象となった。そして，本改正案「地方選挙法改正法案」（第10国会法案番号607SE）[17]を巡る議会と大統領（と裁判所）の激しいやりとりは，エストニア政党政治史上前例のないものとなった。

まず，この時の改正に対する諸党派の初期態度として，もとよりインターネット投票導入反対強硬派であった人民連合のみならず，かつて賛成派であった中央党も反対論に転じ，政権内から法案への反対論を提示していた。彼らの議事上の主張はおおむね次の点に集約された。ネット投票自体は，将来の方向性として反対しない。しかし現状のやり方，とくにパソコンを持つ人だけがネット投票を通じて複数回投票できるのは一票の平等や国際機関の推奨に反するため，賛成できない。よって本改正案には反対する。というものである。

かつてネット投票解禁に賛成であった中央党のスタンスが大きく動いた本当の動機は本人らの口からは明らかになっていない。背景には政権構成の変更や，政治的理念や連合関係の変化もあろうと思われる（特に改革党とのライバル関係が醸成されてきた時期である）。重要な事実としては，本改正に先立つ2005年冒頭に，実証実験を兼ねて首都のタリン市の住民投票でインターネット投票が行われたことがあげられる。この首都タリンは，中央党の圧倒的覇権下にあり，ネット投票の利用状況を密に観察・分析（あるいは監視）できる状況にあった。中央党は自党支持者との属性等を検討して，インターネット投票導入が自党に不利か判断した可能性がある。実際，中央党と人民連合に対してはのちに，「諸君らの躊躇・反対の理由は明らかである。若く，コンピューターを使える支持者が少ないからだ」という主旨の批判も飛び出ている（RS 2005.005.12）。

修正案が審議された5月3日の第二読会は紛糾した。国際選挙監視団が全家庭に赴くのか，諸外国で結局どこも導入していないではないか，不正や脅迫への対策はともかくとして自宅で家族に頼まれるケースなどはどうなのか，といった質問が相次いだ。本審議では憲法委員オユランド（Kristiina Ojuland, 改革党）が答弁に立ち，家族単位での投票所がある国もある，エストニアが世界の先駆けになればよい，といった返答を行った。若者の投票率を上げるといった答弁も繰り返した（RS 2005.05.03）。議論は空転し，憲法委員長のレインサール（Urmas Reinsalu, 共和国党）による「イ

ンターネット投票導入自体は2002年までの改正で既に決まっている，本
改正は運用上の文言を加筆修正するだけだ」(BNS 2005a)という，冷静な
見解は，激化する権力闘争の文脈でかき消されていった。修正案は4つし
か出されなかったものの，最後の採決まで至らず，人民連合から議事延長
が提議された。ネット投票推進派の改革党は，反対派ではあるものの同じ
連立与党の中央党や人民連合と歩調を合わせ，審議延長に賛成し，賛成52
反対30で議事延長が決定した(ibid，中井2018)。

　ところが，同5月10日に，中央党離脱グループ("社会自由グループ")
の一部が改革党への合流意思表示を行うや否や(BNS 2005b)，改革党は連
立与党(中央党・人民連合)との提携をすべて切り捨てて，野党2党(共和
国党，祖国連合)および社会自由グループ改革党接近派を取りまとめて11
日の第二読会2回目に挑む。ネット投票推進派は数の力で強力に本案可決
に邁進した。オユランドの答弁の内容も，それまでの丁寧な返答よりは，
「ネット投票を合法化した3年前の改正には大統領も合意している。これ
に反対することは大統領に反対することだ」，「電子投票は他の国でも実施
例があり欧州評議会も推進している」と権威を利用したり，「事前投票は
他の国でもやっていることで不正の可能性は同じことだ」「そもそもエス
トニアのような小国で不正・票の買収をばれずに行うことなどできない」
と半ば開き直りのような強硬な発言を繰り返した(RS 2005.05.11)。ネッ
ト投票に関し8つの修正案が提出されたがこれをすべて否決した(中井
2018)。ネット投票を許容するにしてもせめて全投票所におけるネット投
票専用ブース(狭義の電子投票所)設置規定の加筆を求めた，人民連合によ
る修正案[18]も否決される。再度の議事延長が人民連合より提議されるも，
賛成42反対44の僅差で本提議は棄却され，第三読会へ進むことが決定し
た。当時の国会手続法では，第三読会に対して修正案を出すことはできな
いため，これにより法案反対派からの修正は封じられた。翌12日の第三
読会では欠席議員も動員し，お互いがお互いをデマゴギーと罵り合う最終
答弁を経て，中央党と人民連合の反対票を押しのけ，賛成56反対32によ
り本改正案は可決した(HT 12.05.2005, 10:48)。改革党は，わずか2日間の
間に，連立パートナーを裏切り，野党と提携して法案可決を行う電撃戦を
展開した。

3.3 2005年の議会（第10国会）での審議：大統領拒否権行使後

ところが，本法はこれで公布には至らなかった。議院内閣制下における象徴大統領であるリューテルが，持てるわずかな権限であるところの拒否権を発動して，本法の成立を阻止したのであった（BNS 2005d, Riigikogu 2014）。同改正案は，一票の平等を阻害し憲法に抵触するおそれがあるため，議会での再度の慎重な議論を経て広範な同意を調達する必要があるという点が，大統領のつけた注文であった。インターネット投票者は再投票による上書き可能であるのに，インターネット投票を行わなかった者は再投票が不可能である点を大統領は問題視したようである（BNS 2005d, RS 2005.06.01）。先述したように，リューテル大統領は本法案反対派である人民連合出身の大統領である。インターネット投票反対派の人民連合に対する大統領からの援護射撃であることは誰の目にも明らかであった。他方で，ネット投票自体は3年前に既に大統領も許可しているという論陣を張っていた賛成派にとって，当の大統領が拒否権を行使したことは打撃であり，反対派にとっては追い風であった。

与党委員側は答弁に立つ人間をオユランドから委員長レインサールに交代させる。エストニア憲法上，議会の単純過半数票（51/101）があれば大統領拒否権は無条件でオーバーライドできる。憲法委員会は同案無修正での再可決を5月30日提案し（BNS2005e），6月1日の議会審議にかける。改革党からは「大統領はおそらく誤解しているか理解していない」という強気の演説も飛び出した（RS 2005.06.13）。だが本審議は，賛成45票（祖国，改革，共和国），反対41票（中央，人民，社民，無所属），欠席15票で，賛成多数ではあるものの過半数票を得られず通過しなかった（中井2018, HT 01.06.2005, 15:15）。大統領拒否権行使により，社民党が慎重姿勢を見せ反対側に転じ，賛成派政党からも採決欠席者が続出したのが影響していた（BNS 2005f）。賛成派の団結は崩れかけ始めた。

しかし，賛成派の諸政党は本法成立をあきらめなかった。大統領拒否権行使後の第二読会（第1回目　6月9日）には11の修正案がだされるも，憲法委員会が自ら提出した修正案[19]を除き，野党側からの修正案はすべて法案に盛り込まない決定を行う。当然，野党はこれに激しく抵抗し議論は紛糾する。第1修正案に対して野党が議場採決を要求して投票が行われた

時点で議事時間切れとなり，14日に第二読会は延長となる。

この間の6月10日，5月下旬から6月上旬にかけて実施された世論調査結果が公表された。有権者の態度は不明瞭ではあるものの半数近くインターネット投票支持に好意的であることや，反対派政党の支持者の中でも反対論が優勢なわけではないことがあきらかになり，このことは全国メディアでも報道される(BNS 2005g, h)。14日の第二読会継続審議では，これを受けて元は賛成派でありながらも先だって慎重な態度を示した社民党が再びネット投票賛成論に転ずる。残る修正案に対する野党からの議場採決要求に対しては，改革党・共和国・社民党・祖国連合が一貫して反対票を投じ続け，法案の修正を認めなかった。中央党議員による「ネット投票は人々全体の政治参加を促すためのものではなく，改革党と共和国党支持者の投票を増やすためだけに行われている」との率直な批判も聞かれたが(RS 2005.06.15)，翌日の第三読会(6月15日)に改正案は再可決され，大統領へと送付して，6月20日の議会閉会を迎えた(BNS 2005i, 中井2018)。

大方の予想を裏切り，大統領は6月22日に再び拒否権を行使した。先述の通り本法には修正が施されていたために，事実上は(法案607SEに対する)2回目の拒否権行使ではあるものの，直近の修正改正案に対しては1回目の拒否権行使としてみなされた。エストニア憲政史上，初めての出来事であった。

改革党ら賛成派政党は最後の手段にでた。賛成派議員のみで議会を招集し，法案成立を企図する算段をとった。6月28日の特別招集国会において，同党らが掌握する憲法委員会が無修正での法案提出を可決し(BNS 2005j)，同日審議へと回す。レインサール率いる同委員会は「大統領が拒否する動機は電子投票そのものを論じることではなく，単に政治的な理由からだ」と大統領側を苛烈に批判し(BNS 2005k)，「そもそも電子投票自体は3年前に合法化している。本法が成立しなくてもネット投票は行われる。きちんと周辺法整備がなされた状態でネット投票を行うのか，それとも周辺整備なくネット投票を行うのか，どちらが良いかは自明だ」「たとえ大統領が本法を最高裁にアピールしてもネット投票は行われる。また，最高裁は違憲判断を下さないと確信している」と非常に強気な演説を展開した(RS 2005.06.28)。12時に招集した議会は，議員演説を経て12:44には最終投票定足数確認を行い，12:45に採決をとった。同法は，賛成52票反対

142

0 票により可決した(BNS 2005j, k)。可決に必要な過半数プラス1票の賛成という，薄氷の採決であった。反対演説のために出席した計7人の中央党と人民連合議員は，投票においてその意思表明のボタンを押すことを拒否した。

　憲法上，この条件下での可決に対し大統領には拒否権が存在していない。拒否権行使後の法案を議会が無修正でオーバーライドさせてきた場合，大統領にできるのは，同案にしぶしぶ署名公布するか裁判所に判断を仰ぐことのみである。大統領は署名せず，期限ぎりぎりの7月12日，本法違憲の可能性ありとして裁判所へ判断をゆだねた(BNS2005l)。本アピールに対してエストニア最高裁は，9月1日，エストニア最高裁は本法案を合憲であると判断した[20]。ネット投票者が繰り返し投票できたとしても，最終的に一人一票という事は変わりがないという判断であった。最高裁が合憲判決を下すであろうことは，ほとんど多くの者が確信していた。なぜならばその時の最高裁長官は，エストニアで最初にネット投票導入を公式に提議し，ネット投票の生みの親ともいえる，あのラスクであったからだ[21]。同法は9月5日に公布され，翌6日に施行された[22]。国政選や欧州議会選を規定する選挙法にも翌年に同様の改正案[23]が提出されたが，もはや反対派に力は残されておらず，何らの紛糾もなしに2006年6月25日に公布された。

3.4　インターネット投票はどの政党に有利に見えたのか

　なぜ，法案賛成派，特に改革党と共和国党は，このような激しい強行採決にこだわったのであろうか。賛成派の，改正案可決にかける異常ともいえる執念は，本法改正において際立っていた。

　エストニア政党政治の文脈に則すならば，その背景の一つに，改革党と中央党の長きにわたるライバル関係があったことは否定できない[24]。当時（そして今も），改革党の最大のライバルは中央党であり，TVCMなどでも，中央党との政策上の差を前面に出していた〔その他の政党はあまり相手にされていなかった〕。そして，当時の議論においては中央党がインターネット投票導入に反対の立場を取っていた。比較的高齢者の支持層が厚く，自らの支持基盤にとって不利な制度改革にならないか懸念していた。電子選管トップのヴィンケル(Priit Vinkel)氏によれば，中央党がそのような慎重な態度だったからこそ，改革党は差別化のためにインターネット投

票導入により一層積極的になったとされる[25]。中央党（と党首サヴィサール〔Edgar Savisaar〕）という毀誉褒貶の激しい，やや守旧的なイメージの持たれている政党が反対しているからこそ，その中央党の意見に強硬に反対する（すなわち本法改正に賛成する）ことに闘争的に邁進することで，改革党の先駆性や先見性を大いにアピールできる機会になった，というのが氏の見立てである。共和国党も，当時は新興政党であり，その革新性をアピールするには，中央党の政策に反対することがよいシグナルであった。

　だがそれ以上に，より普遍的・一般的に考慮可能な要素としては，すでに度々言及しているように，票をめぐる考慮があったことは間違いない。インターネット投票の導入が改革党等に有利になると見込まれており，導入当初は実際に特定の党派に有利になっていたことも指摘できる。賛成派政党自身，ネット投票導入によって特に若者の投票率を高めるといったことは頻繁に言及していたし，反対派もまたそれが自党には不利であること・賛成派政党だけに有利な側面は理解していた。ネット投票法整備完了後の，2005年当時の地方選挙の選挙運動期間中，改革党は電子投票に必要なカードリーダーを配って回り，かつその使い方をレクチャーしていたというレポートもある（Madise and Marten 2006, Charles 2009: 107）。

　実際に，各党の事前の推論は見込み違いではなく，2005年総選挙結果のふたを開けてみれば，インターネット投票導入によって党派的な有利不利が生まれたことは明確であった（Madise and Martense 2006, Madise, Vinkel, and Maaten 2006）。紙による投票での得票比率に比べて，インターネット投票分で大きな上乗せを見せたのは，改革党と祖国連合・共和国党であった一方で，中央党や人民連合は不利な選挙を戦うこととなった（表1）。

　2005年地方総選挙を対象にした分析によると，紙の投票に代わってインターネット投票を利用したのは，若く，年収や学歴の高い者たちであり，まさに改革党や共和国党の支持層であった。ただし，これはこれら社会的変数そのものが有効なのではなく，それらの学歴・所得・若さなどに規定されるICT知識や制度への信頼が重要であった（実際，回答者のICT知識等を統制すると，これら社会属性の効果は統計的有意性を失い，年齢に至ってはむしろ"若者より高齢者の方が"インターネット投票を使っていたことも明らかになっている）（Breuer and Trechsel 2006: 34-43）。インターネット投票が自党に有利に働くであろうという改革党の目論見通りの結

表1　2005年地方選挙における政党別得票比率

	インターネット投票		全投票		Pptの差
	票数	%	票数	%	
改革党	3039	32.7	83935	16.9	↑15.8
共和国＋祖国連合	2594	27.9	84570	17.1	↑10.8
中央党	806	8.7	126449	25.5	↓16.8
人民連合	640	6.9	61871	12.5	↓5.6
社民党	916	9.9	31921	6.4	↑3.5
諸派含む全体	9287	100	496336	100	

注：共和国と祖国連合は本地方選挙前後から合併交渉を進めていたので，本表で
は統一表記した

出典：Madise, Vinkel, and Maaten 2006 p41 をもとに一部修正して中井作成

果となった。

　現在では，インターネット投票利用の普及により，かつてにくらべてその利用者の社会経済的属性の違いはほぼなくなったと電子選管では認識されている[26]。高齢者にも有用な投票手法だと知られるようになってからは，中央党もかつてほど強硬な反対論は提示しなくなっている。だが，重要なのは，インターネット投票が客観的に誰に便利かという点ではなく，制度導入議論時に誰に有利と「主観的」に認識されていたかである。この点，制度導入当時，それは間違いなく特定党派に有利なものと認識され，かつ初期の結果は実際にそれを裏付けるものであった。自党に有利な投票方法があり，かつ自分たちがそれを決める立場にいた以上，改革党を中心とした勢力がインターネット投票導入に邁進したのは，必然とも言えた。

まとめと結論

　本論はエストニアにおけるインターネット投票可能化法案の成立過程を整理して説明したものである。電子投票一般には存在しない，インターネット投票特有の問題であるところの，自宅等での投票公正性担保が，選挙ガバナンス上の問題であった。エストニアでは，繰り返しの上書き投票を導入することによってこの問題をクリアすることが，所轄官庁内での議論で提案されたが，まずこれを実現させた要因として，エストニア固有の歴史的背景の要請から導入された住民ID制度が先行して存在したことが重要であった。

　しかしひとたび当該政策を実現するための法案が所轄官庁での議論を経

て政治・議会の場に提案されると，その繰り返し投票という解決策自体が，党派間の政争の具として争われた。それが一票の平等に反する可能性を巡って，賛否が分裂したのである。いわば選挙の公平性を維持するための仕組みが，別の公平性に関する議論を惹起した形であった。この党派間対立の背景には，かならずしも純粋な法的議論のみがあったのではなく，インターネット投票導入の恩恵を受けやすい党派とそれ以外の党派間の，票をめぐる当然の党利上の問題があった。

　幾度も廃案の際に直面し，かつ大統領から複数回の拒否権行使を受けながらも，過半数ギリギリの「強行採決」を繰り返してまで本法が可決に至った背景には，自由主義的で若年層・高学歴の支持が厚い改革党が，長期にわたって政権を掌握し，類似の支持層を持つ共和国党や民族主義派政党たる祖国連合のサポートによって，議会での多数派を維持していたことが本法可決に重要であった。改革党と共和国党は，若く豊かな支持者層を持ち，インターネット投票でもっとも得票増大を見込める政党であった。祖国連合は，国外に散らばるエストニア人ディアスポラ（そしてしばしば民族主義者である）からの支持増大を見込めた。その戦略の有効性は，実際に2005年の統一地方選結果によっても確かめられた。

　エストニアのインターネット投票は，あえてprovocativeな言い方をするならば，たまたま幸運な制度的・歴史的前提条件が転がっていた国家に，自分たちの得票増大のためには強行採決も厭わない権力志向剥き出しの政党が存在したことによって実現した。いまわれわれがインターネット投票実現への道のりを聞くときに，それは革新的で未来志向の崇高な戦略の産物としての道のりが語られる。しかしそれは，原野に延びる美しく舗装された道のみを見て，その生成過程もまた洗練されたものであったと語るようなものである。最初に道が生まれる過程はより泥臭く，どこに道を引くかは地理的な偶然にも左右されるだろうし，いざ切り拓く過程は剥き出しの膂力が物を言うであろう。インターネット投票導入の過程についても，おそらくは同じことが言えるはずだ。インターネット投票という革新的事例の背景にある，政治的相互作用の帰結としての側面を，本稿は明らかにした。

（1） Vinkel 2011: 11; アエト・ラヘ（Aet Rahe経済通信省電子政府部長［当時］）に対するインタビュー（2015年8月タリン）。

（2） Vinkel 2015

（3） 従来電子選管業務は中央選挙管理委員会の業務であったが，専門性の高さから独立して中央選挙管理委員会と並列する組織となった。

（4） 集計・議席配分段階においては，有権者の選好表明とは無関係に，政党側が提出した名簿順で当選議員が決まったり，選挙区を飛び越えて議席計算がなされたりする局面もある。この点については，中井（2016）参照。

（5） 同国社会学者のユハン・キヴィラクによる分析（BNS 2001c）

（6） なお，このことは，客観的にインターネット投票に技術上の観点からセキュリティ問題が無いことを意味しない。ここで重要なのは，所轄官庁が一定の答申を受け，政策議論を進めた点にある。リップマーらの答申は，2003年の国政選挙への導入は時期尚早というものであったが，裏を返せば2007年国政選挙への導入は許容するものであった。

（7） 無論，論理的にはなお買収の可能性はある。たとえば，これが選挙単独用のIDとPWの配布であれば，容易に買収の対象となっただろう。しかし，エストニアでは電子政府IDとPWは選挙以外にも多くの社会生活に必要なものである（保険・証券などの資産にかかわる記録から，通院情報といった高度にプライベートな情報も範疇である）。わずかな見返りのために自分の銀行口座の暗証番号を売り渡す者はあまりいないだろう。

（8） ソ連時代に転居してきた者および子弟（多くがロシアからの移住者だが，ウクライナ，ベラルーシ，カザフスタンからの移住者も相当いた。彼らは共通語としてロシア語を母語としたので，併せてロシア語系住民と呼称される）は，たとえエストニア国内で生まれ育った者でも，エストニア国籍を与えられなかった。

（9） また，2000年代後半に著された警察白書では，ロシアとの国境管理（ロシア籍ロシア人とエストニア籍ロシア系住民の弁別が必要）および国家安全保障上便利であるという文脈で，本ID制度の積極導入が推奨されており（Estonian Ministry of Interior 2011），こちらもやはりネット投票とは無関係での導入推奨であった。

（10） ラヘ氏に対するインタビュー（前述）

（11） このことは選挙法上明記されていないが，「紙」であるとの回答をエストニア電子選管より受けている（アルネ・コイトマエ［Arne Koitmäe］エストニア電子選管副委員長（法務担当）へのメールインタビュー［2017年9月］）。当日の選管業務の簡便性や，母体となるそもそもの各選挙区有権者名簿自体が100%電子化はされていないためである。そのリストを電子的

な形にも変換して各投票所が管理すること自体は妨げていないが，トラブルに備えて，紙によるリストをバックアップとして必ず用意する必要があるとのことである。

(12) 興味深いことに，エストニアに類似した住民把握制度を保有しながらも，期日前投票の日程が「投票当日の3日前から1日前」という制度（つまりエストニアと真逆の制度）を導入していた隣国のラトヴィアでは，いったんは政府がインターネット投票導入の検討作業に入りながら，「不正予防の手段がうてない」という答申に従い導入議論を見送っている。（ラトビア中央選管リトヴァルス・エグラーイス[Ritvars Eglājs]氏インタビュー：2016年2月）

(13) 法律番号631 IX "Kohaliku omavalitsuse volikogu valimise seadus（地方政府議会選挙法）" RT I 2002, 36, 220

(14) 第9国会法律番号692 IX "Riigikogu valimise seadus（国会選挙法）" RT I 2002, 57, 355，および，第9国会法律番号797 IX "Euroopa Parlamendi valimise seadus（欧州議会選挙法）" RT I 2003 4 22．なお同時期に，住民投票法にも電子投票規定が挿入されて成立している（第9国会法律番号612 IX "Rahvahääletuse seadus［住民投票法］"）

(15) 当時の国会には，ほぼすべての法案に反対するTiit Toomsaluという反体制派議員がいたため同議員の反対票は考慮から外している。

(16) なお「共和国」は2007年選挙前に民族派「祖国連合」と合併した。これを契機に，右派系政党の改革党・祖国連合・社民党の協力関係は復活し，アンシプ政権は旧共産圏としては異例の約10年に渡る長期政権を維持することとなる。

(17) Riigikogu（2014b） 最終的な成立時の法律番号は427 X. "Kohaliku omavalitsuse volikogu valimise seaduse muutmise seadus（地方政府議会選挙法を改正する法律）" RT I 2005, 47, 387

(18) Teise Lugemise Jätkamine, 11.05.2005, 607 SE II-2, Muudatusettepanekute Loetelu Kohaliku Omavalitsuse Volikogu Valimise Seaduse Muutmise Seaduse eelnõule （地方政府議会選挙法を改正する法律 草案修正案一覧） 第2修正案

(19) 修正前の法案では，条文解釈次第ではインターネット投票者が選挙当日にインターネット上で再投票できる可能性が残されていた。それを明確に否定できる表現に文言を修正した（BNS 2005i，中井2018）。

(20) 最高裁判決3-4-1-13-05〔RT III 2005, 26, 262〕英語による判決解説はRiigikohus（2005）

(21) さらに言えば，残りの担当判事4人のうち一人（Tõnu Anton）は，法律

148

家として憲法委員会のサポートで中心的役割を果たしたMadiseの父親で
もあった。

(22)　RT I 2005, 47, 387

(23)　第10国会法案番号836 SE "Valimisseaduste, rahvahääletuse seaduse ja karis-
tusseadustiku muutmise seadus（国会選挙法，住民投票法および刑法を改正
する法律）"（法律番号607X）

(24)　改革党とずっとともに本法案に賛成してきた祖国連合も，中央党とは
強烈な対立関係にあった。余談めいているが，祖国連合領袖のラールは，
射撃練習の際に，中央党党首サヴィサールの顔写真を標的に添付して練習
していた，というエピソードもある（小森2012）。

(25)　著者によるヴィンケル氏へのインタビュー（2015年8月，タリン）

(26)　著者によるヴィンケル氏へのインタビュー（前述）

参考文献

アリキヴィ，ラウル著，前田陽二訳(2016)『未来型国家エストニアの挑戦：
電子政府が拓く世界』インプレスR&D

BNS 2001a "Estonia to Offer Online Voting in Next General Elections," *Baltic News
Service*, Jan. 4（via Lexis.advance）

BNS 2001b "Estonian PM Praises Internet Elections Idea," *Baltic News Service*, Jan
17, 2001.（via Lexis.advance）

BNS 2001c "Estonia to Have World's First Internet Referendum" *Baltic News Ser-
vice*, Mar 2, 2001.（via Lexis.advance）

BNS 2002a "Adviser to Estonian President Finds Fault in Law Requiring Party Tick-
ets in Local Polls" *Baltic News Service*, April 5, 2002.（via Lexis.advance）

BNS 2002b "Estonian President Proclaims Law Banning Pre - Election Alliances,"
Baltic News Service, April 17 2002.（via Lexis.advance）

BNS 2004 "Estonia to Hire Top Hackers to Test E-Voting System" *Baltic News Ser-
vice*, January 20, 2004.（via Lexis.advance）

BNS 2005a "Estonian Parlt Fails to Reach Agreement on E-Elecion" *Baltic News
Service*, May 3, 2005.（via Lexis.advance）

BNS 2005b "Estonian Parlt: Social Liberals Join Other Parties" *Baltic News Service*,
May 10, 2005.（via Lexis.advance）

BNS 2005c "Estonian Parlt Enact E-Voting in Local Elections," *Baltic News Service*,
May 12, 2005（via Lexis.advance）

BNS 2005d "Estonian President Rejects E-Election Law" *Baltic News Serivce*, May
25, 2005（via Lexis.advance）

BNS 2005e "Estonian Parliament Panel against Changing E-voting Bill" *Baltic News Service*, May 30, 2005. (via Lexis.advance)

BNS 2005f "Estonian Parliament to Amend E-voting Bill" *Baltic News Service*, June 1, 2005 (via Lexis.advance)

BNS 2005g "Survey: Estonian Presidents of Two Minds about E-voting" *Baltic News Service*, June 10, 2005 (via Lexis.advance)

BNS 2005h "Inimeste suhtumine e-valimistesse on ebalev" *Postimees*, June 10, 2005.

BNS 2005i "Estonian Parlt Passes Amended E-Elections Bill" *Baltic News Service,* June 15, 2005 (via Lexis.advance)

BNS 2005j "Estonian Parlt Panel Against Changing E-voting Law Rejected by President," *Baltic News Service,* June 28, 2005 (via Lexis.advance)

BNS 2005k "Estonian Parlt Passes Unchanged E-voting Law Vetoed by President," *Baltic News Service,* June 28, 2005 (via Lexis.advance)

BNS 2005l "Estonian President to Turn to supreme Court over E-voting Bill," *Baltic News Service*, July 12, 2005. (via Lexis.advance)

Bochsler, Daniel (2010) "Can Internet voting increase political participation? Remote electronic voting and turnout in the Estonian 2007 parliamentary elections," Prepared for presentation at the conference 'Internet and Voting', Fiesole, 3-4 June 2010.

Breuer, Fabian and Alexander H. Trechsel (2006) "E-voting in the 2005 Local Elections in Estonia," Report for the Council of Europe. Florence, March 6, 2006.

Charles, Alec (2009) "The Electronic State: Estonia's New Media Revolution," *Journal of Contemporary European Research*, 5/1, 97-113.

Colesca, Sofia E. (2009) "Understanding Trust in e-Government," *Inzinerine Ekonomika - Engineering Economics*, vol.63, no.4, 7-15.

Drechsler, Wolfgang, and Ülle Madise (2002) "E-Voting in Estonia," *Trames: Journal of the Humanities and Social Sciences*, vol.6, no.3, 234-244.

Estonian Ministry of the Interior (2011) *Security Policy 2011*, Tallinn: Estonian Ministry of the Interior.

Evans, Donna, and David C. Yen (2006) "E-Government: Evolving Relationship of Citizens and Government, Domestic, and International Development," *Government Information Quarterly*, 23, 207-235.

小森宏美(2012)「現代の政治文化を代表する3人の政治家—サヴィサール,ラール,アンシプ」小森宏美編『エストニアを知るための59章』明石書店

Maaten, Epp (2004) "Towards remote e-voting: Estonian case," in Alexander

Prosser and Robert Krimmer（Eds.）*Electronic Voting in Europe Technology, Law, Politics and Society*（Proceedings: Workshop of the ESF TED Programme together with GI and OCG）, 83-90.

Madise, Ülle and Tarvi Martens 2006 "E-voting in Estonia 2005. The First practice of country - wide binding Internet Voting in the World" in Robert Krimmer ed. *Electronic Voting 2006*（Proceedings, 2nd International Workshop Co-organized by Council of Europe, ESF TED, IFIP WG 8.5 and E-Voting.CC）, 15-26

Madise, Ülle, Priit Vinkel, and Epp Maaten（2006）*Internet Voting at the Elections of Local Government Councils on October 2005*, Estonian Election Committee

前田陽二・内田道久(2008)『IT立国エストニア：バルトの新しい風』慧文社

Maranik Urmas（1998）"ID Cards Replace Estonian Passports," *The Baltic Times*, September 3 – 9, 1998, 16.

中井遼(2016)「エストニアの選挙戦とインターネット投票」『アジ研ワールド・トレンド』, 251, 34-5.

中井遼(2018)「エストニアにおけるインターネット投票導入に係る法改正の議事・投票記録」『北九州市立大学法政論集』近刊

Pettai, Vello（2006）"Estonia," *European Journal of Political Research*, 45（7/8）, 1094-1100.

Riigikogu（2014a）*IX Riigikogu vastuvõetud õigusaktid*, available at https://www.riigikogu.ee/wpcms/wp-content/uploads/2014/11/9RKvastuvoetud.pdf

Riigikogu（2014b）*X Riigikogu vastuvõetud õigusaktid*, available at,
[https://www.riigikogu.ee/wpcms/wp-content/uploads/2014/11/vastuvoetud_X.pdf]

Riigikohus（2005）*Constitutional judgment 3-4-1-13-05*, available at
[https://www.riigikohus.ee/en/constitutional-judgment-3-4-1-13-05]

湯淺墾道2009「エストニアの電子投票」『社会文化研究所紀要』65号, 39-71

Vinkel, Priit（2011）"Internet Voting in Estonia," in *Information Security Technology for Applications*, 16th Nordic Conference on Secure IT Systems, NordSec 2011, Tallinn, Estonia, October 26-28, 2011, Revised Selected Papers, pp.4-12.

［関連URL］

エストニア国会議事録(検索システム) Riigikogu Stenogrammid
http://stenogrammid.riigikogu.ee/et/

エストニア国会投票記録Riigikogu Hääletused
https://www.riigikogu.ee/tegevus/tooulevaade/haaletused/

地方政府議会選挙法(第9国会法案番号747SE)［Kohaliku omavalitsuse volik-

ogu valimise seadus 747 SE］議会公式情報
https://www.riigikogu.ee/tegevus/eelnoud/eelnou/27fc6eef-14d8-38e4-84db-
ae59285ffa1e/Kohaliku%20omavalitsuse%20volikogu%20valimise%20seadus
地方政府議会選挙法を改正する法律（第10国会法案番号607SE）［Kohaliku
omavalitsuse volikogu valimise seaduse muutmise seadus 607 SE］議会公式情報
https://www.riigikogu.ee/tegevus/eelnoud/eelnou/d4c75995-1445-3633-8712-
a277e3c0eaa8/Kohaliku%20omavalitsuse%20volikogu%20valimise%20
seaduse%20muutmise%20seadus

一党優位支配と選挙システム

シンガポールにおける選挙システムと有権者からの評価

川中　豪*

要旨：本稿はシンガポールの一党優位支配を支える選挙システムに対する
人々の評価に影響を与える社会経済的な属性を探るものである。検証には，
シンガポール国立大学リー・クアンユー公共政策大学院の政策研究所が
2011年と2015年に実施した選挙直後の世論調査を使用する。選挙システム
に対する見方に関し，世代間亀裂，所得格差，教育レベルの相違，エスニ
シティといった四つの社会的な亀裂が影響を与えているとの仮説に基づき，
年齢，所得，教育レベル，エスニシティの四つの変数を独立変数とし，選
挙システムの公平性評価および選挙システムの維持に対する選好を従属変
数として回帰分析を行った。結果として，世代間の亀裂，教育レベルの違
いが統計的に有意なレベルで選挙システムの公平性，維持に対する選好に
影響を与えていることが分かった。一方，所得格差の影響は頑強ではなく，
エスニシティの影響も限定的だった。

キーワード：選挙，民主主義，権威主義，一党支配，シンガポール

はじめに

　政治体制をめぐる議論のなかで，競争的権威主義体制（Competitive Authoritarianism）（Levitsky and Way 2010）や選挙権威主義（Electoral Authoritarianism）（Schedler 2006, Magaloni 2006）という概念が提起され，選挙での勝利を通じて権威主義的な支配を継続する体制について注目が増している。そうしたなかで，強権的な支配を支える選挙システム，およびその運営の仕方は重要な論点となっている。また，権威主義体制ではなく，自由な政治的競争が保障されている国においても一党優位体制が継続している事例はあ

---

*　アジア経済研究所

り，そうしたところにおいても，一党優位体制を支える要因の一つとして選挙システムの問題は重要な位置を占める。

本稿は，一党優位の政治支配が成立している状況において，それを支える選挙システムに対する有権者の評価に関心をよせる。特に，どのような社会経済的な属性が一党優位を支える選挙システムに対する有権者の選好を決定するのかを明らかにしたいと考える。それはとりもなおさず，そうした社会経済的な属性によって形成される社会経済的な集団，亀裂に注目して，どのような集団，亀裂が政治的に重要な意味を持つのかを探ることである。それはひいては一党優位支配の将来を左右する要因を特定することにつながっていく。

本研究は，そうした問題意識に基づき，優位政党支配の重要な事例の一つであるシンガポールに焦点を当てて，与党人民行動党(People's Action Party, PAP)の支配を支える選挙システムについて，人々の選好を決定している社会経済的な亀裂を特定することを目的とする。シンガポールは選挙によって維持される権威主義体制に分類されることが多い(Case 2006)。しかしながら，票買いや暴力による脅迫，集計操作といった権力者による不正は見られない。また，後に見るように，PAPの得票率は必ずしも圧倒的に高いわけではなく，議席占有率との乖離が激しい。それはつまりPAPの圧倒的な議会支配は，選挙システムによる与党勢力の増幅作用が重要であることを意味している。本稿では，シンガポールが権威主義であるか民主主義であるかについて分類することから少し離れ，与党が圧倒的な勝利を確保するこの選挙システムに対する人々の選好を規定する要因を探る。これは権威主義，民主主義という垣根を超えて，政治的な多元性を低める選挙システムへの人々の信頼を考えるうえで，重要な情報を提供するものと考える。

優位政党体制の多くは権威主義体制に分類され，人々の政治的自由，市民的権利は制限されている。そうした中で，人々の政治体制に対する選好に関する情報を得ることはなかなか難しい。人々は自由に現在の政治体制に対する評価を公にすることをはばかり，さらにはそうした評価を把握するための世論調査も制限を受ける。シンガポールの事例はこうした問題を相当程度解決してくれる。シンガポールにおいてもメディアへの統制や司法プロセスへの執政府・与党の影響力行使は見られるため，人々の政治に

154

対する見方が自由に開放的な形で社会に共有されているとは言い難い。しかしながら，あからさまに暴力的な言論の抑圧はなく，2011年のPAP得票率（60％）に現れるように，与党への支持が強制され，人々の選好が明確に表出することが阻害されるということはない。また，世論調査も完全に禁止されているわけではない[1]。

　本稿ではこうした特徴を持つシンガポールに関して，シンガポール国立大学リー・クアンユー公共政策大学院の政策研究所が2011年と2015年に実施した議会総選挙直後の世論調査を利用し，定量的に人々の選挙システムに対する評価と，それを生み出す社会経済的な亀裂について検証する。この世論調査は二つの重要な選挙年に実施された。2011年はPAPが独立後の議会総選挙でも最も低い得票率しか獲得できなかった年である。一方，2015年にはPAPに対する支持が再び盛り返した。対照的な結果を示した直近の二つの選挙直後に実施された世論調査を分析することで，短期的な環境の違いに起因する要素を超え，一貫して選挙システムに対する評価に影響を与える要因を特定することができると考える[2]。

　検証する仮説として，四つの社会経済的な属性が，人々の選挙システムに対する評価に影響を与えると考える。一つは，世代間の違い，二つめは所得の違い，三つめは教育の違い，そして，最後にエスニシティの違いである。選挙システムの公平性に対する評価と選挙システムの将来的継続に対する支持を従属変数として，ロジスティック回帰およびOLS回帰によって検証したところ，明確に選挙システムに対して有意な影響を与えているのは世代と教育の違いという結果が出た。独立以前に生まれた世代は現在の選挙システムを支持しているのに対し，独立後，シンガポールが発展してから生まれた世代は，選挙システムは公平ではないと考えている。また，教育レベルが高くなればなるほど，選挙システムに批判的となっている。これに対し，エスニシティ，特に多数派エスニシティ（シンガポールでは華人）という属性は選挙システムの公平性に疑問を呈す効果を有意にもたらしているが，そうした選挙システムが将来的に継続することに関しては有意なレベルで不支持とは言い切れない。また，所得格差も強い有意性を持った効果を与えているとは言い難い。

　以下，まず，シンガポールの一党優位支配の状況と選挙システムの特徴について整理したうえで，四つの仮説を説明し，その仮説を検証する実証

分析を行う。最後に，本稿の議論を要約，整理する。

シンガポールの一党優位支配と選挙システム

一党優位支配について，それが他の政党の権力獲得の機会を完全に遮断したヘゲモニー政党支配なのか，それとも，他の政党の権力獲得を制度的，あるいはそのほかの強制的な力によって不可能にしているわけではなく，単に与党が支持を獲得し続けている一党優位政党制であるのかでは，その一党支配のメカニズムに大きな違いがある。シンガポールは，これまで前者のヘゲモニー政党としての分類に入れられることが多く，その政治体制は権威主義体制と考えられている。

ヘゲモニー政党による支配に特徴的なのは，ヘゲモニー政党の圧倒的強さ(invincibility)自体が，政党の分裂を抑制し，支持者の忠誠を維持していることである(Magaloni 2006)。こうした圧倒的強さはパトロネージの分配，選挙操作と不正，メディアや司法など権力を抑制する機関の統制などによってもたらされる。

シンガポールのPAP支配も，こうしたヘゲモニー政党支配の典型的な戦略をいくつか利用している。権力を獲得した当初には，強権的な方法を用いた。例えば，野党の指導者を治安維持法(Internal Security Act)の適用によって拘束することは行っていた。これが徐々により穏健な統制に変化し，政府によるメディアの統制，そして1970年代ごろからは，司法を通じた野党勢力への圧力(野党指導者に対する名誉毀損の判決)などに戦略がシフトした(Mauzy and Milne 2002)。また，公共サービスの分配をパトロネージに利用するといった戦略も使われている[3]。そのほかにもPAPはシンガポールにおける有能な人材のプールとなっている官僚機構や軍からその党員を独占的にリクルートしており，野党に対して人的資源確保の有位性を持っている(Tan 2015)。

しかし，こうした戦略を展開している一方で，ヘゲモニー政党支配で頻繁に行われる選挙不正，とくに票の買収や暴力による威嚇，集計時の票数操作などは見られない。選挙に依存して権力を維持する政党主体の支配において，その選挙で勝利することは絶対的な条件となるが，PAPは選挙不正に依存するのではなく，選挙の制度的な設計，選挙システムの調整によって，圧倒的な勝利を確保してきたのである(Mauzy 2002, Mauzy and

Milne 2002; Tan 2013, 2016b)。

シンガポールは一院制の議会を持ち，議会から執政権の長となる首相が選出される議院内閣制を採用している[4]。図1は独立後に最初に行われた議会総選挙(1968年)から直近の議会総選挙(2015年)までのPAPの得票率と議席割合を示したものである。また，ここに得票率と議席割合の乖離の度合いを示す非比例性指標(Gallagher 1991)もあわせて折れ線グラフで示している。1968年の最初の議会総選挙を除いて，得票率と議席割合の乖離はかなり激しい。特に1980年代からの選挙ではその傾向が顕著に表れている。このグラフが示すのは，選挙において人々は比較的自由にその政党支持を表明できているが，PAPは選挙システムの増幅効果で実際の支持以上の勢力を議会に持つことに成功しているということである。つまり，PAPの圧倒的な強さは，その獲得した票を議席に変換する仕方によって支えら

図1 選挙結果(1968〜2015年)

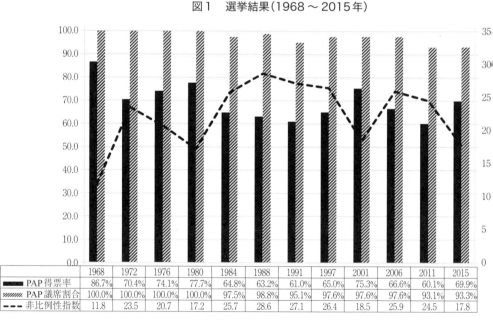

	1968	1972	1976	1980	1984	1988	1991	1997	2001	2006	2011	2015
PAP得票率	86.7%	70.4%	74.1%	77.7%	64.8%	63.2%	61.0%	65.0%	75.3%	66.6%	60.1%	69.9%
PAP議席割合	100.0%	100.0%	100.0%	100.0%	97.5%	98.8%	95.1%	97.6%	97.6%	97.6%	93.1%	93.3%
非比例性指数	11.8	23.5	20.7	17.2	25.7	28.6	27.1	26.4	18.5	25.9	24.5	17.8

注）得票率計算に際しては，競争のなかった選挙区を除外している。

出所）PAPの得票率と議席割合はシンガポール選挙省(Singaporean Election Department)のデータから筆者計算。
非比例性指標については，Tan (2016b)から引用。

れている。

　PAPは1968年，1972年，1976年，そして1980年と四つの選挙で連続してすべての議席を獲得している。1968年の選挙では，当時の野党，社会主義戦線(Balisan Socialis, BS)が選挙ボイコットを行ったため，有力な野党が存在せず，ほとんどの選挙区でPAPの候補は不戦勝となった。その後，1981年の補選で1議席を野党に奪われ，1984年の総選挙では2議席を野党に譲ることになったが，それでも90%以上の議席を確保している。あからさまな選挙不正なくして，一つの政党が継続的にほぼ議会を独占してきたということは，特筆すべき現象であろう。

　シンガポールの選挙は投票や政党結成，立候補にそれほど強い制約がなく，参政権は広く保障されている[5]。また，強制投票であることと，淡路島ほどの小さな島で投票所へのアクセスが良いこともあり，投票率はかなり高く，過去12回の総選挙の投票率の平均は93.6%に上る[6]。合わせて在外投票も実施している。

　こうした開放的で自由な選挙，しかも，選挙不正の見られない選挙で，主に二つの制度的要因がPAPの圧倒的な優位を生み出している。ひとつは多数決型の性格が極めて強い選挙区制度，もう一つは頻繁に変更される選挙区割である[7]。

　多数決型の性格の強い選挙システムについては，すでに図1で示した得票率と議席獲得数の違いに顕著に表れている。図1に合わせて表示した非比例性指標(Gallagher 1991)は，こうした得票率と議席獲得率の乖離状況を指標化したものとして代表的なものであるが，この指標がほとんどの選挙で20ポイントを超えているというのはかなり高い。近隣の東南アジア諸国との比較でも，最も高いマレーシア下院の平均14.75（1955-99年）を大きく超えている[8]。

　このような高い非比例性を生み出しているのはグループ代表選挙区制(Group Representation Constituencies, GRCs)に他ならない(Tan 2013)。もともとシンガポールの選挙制度は宗主国だったイギリスの制度を採り入れ，すべての選挙区にひとつの議席が割り当てられる小選挙区制(Single Member Constituencies, SMCs)だった。1980年代に小選挙区制度のもとで野党議員が議席を獲得するようになり，1988年にGRCsを導入することになる。GRCsにおいては，選挙区の定数に応じて，3人から6人の候補者

のリストが各政党から提示され[9]，有権者はそのリストのいずれかに票を投じることになる。候補者個人に投票するのではなく，政党の用意した候補者のグループを選ぶということである。SMCs自体がすでに多数決型の性格が強い選挙システムであるが，GRCsでは死票がより多く生み出され，多数決型の性格はさらに強い。こうした性質は実際の支持率以上の議席割り当てを可能にし，大きく強い政党の勢力をさらに増幅することになる。

加えて，GRCsは選挙区の住民のエスニシティの割合に応じて，候補者リストに掲載する候補者の最低一人をマレー系住民，あるいはインド系その他の少数派エスニック集団に属する住民に割り当てることを必須とする[10]。多数派を占める華人が政治的にも議席を独占することを防ぐための方策であるが，一方で，野党にとっては，異なるエスニック集団をまたがって複数の有力候補者を各選挙区にそろえることは，そのリクルートの仕組みが確立されていないなかでかなり困難になっている。さらに，後述する選挙区割りの問題と密接に関連するものとして，与党が十分支持を確保できない地域を，与党支持の強い地域と組み合わせることで，全体としてすべての議席を独占することができる。ゲリマンダリングの一つの効果的な手段となりうる。

選挙法の規定では，最低8選挙区はSMCsでなければならず，また，すべての議員のうち少なくとも4分の1はGRCs選出でなければならないと定められている。本稿が分析する2011年選挙では，12のSMCsと15のGRCs，2015年選挙では，13のSMCsと16のGRCsが設けられ，それぞれ86.2%，85.4%の議員がGRCs選出で，GRCsの占める役割は大きい[11]。

一方，頻繁に行われる選挙区割の変更は，典型的なゲリマンダリングとみなされる（Mauzy 2002, Tan 2011b, Tan 2016b）。選挙区割の変更は，選挙区検討委員会（the Electoral Boundary Review Committee, EBRC）が行うが，これまで，1984年の議会総選挙以来，すべての選挙の直前に変更が行われている。EBRCは首相府の中に設置されており，政府の意向を強く受けると目されているとともに，選挙区割りの基準は法律によって規定されていないため，EBRCの裁量に大きく委ねられる。また，Tan (2011b)が指摘するように，選挙における集計は投票所（precinct）単位で行われているため，どの地域で与党が強いのか，弱いのかはすでに把握されており，こうした選挙区割の効果はかなりの程度予測できる。また，その実施時期について

は，概ね投票日の三カ月前に実施される（Tan 2016a）。選挙区割から短い期間で候補者を整え，選挙運動を実施するのは，野党にとってはかなりの負担となるとも言われている。こうしたEBRCの選挙区変更で，2011年選挙では30％，2015年選挙では19％の有権者が選挙区の再編で選挙区変更の影響を受けた[12]。

　以上，概観したような選挙システムは，PAPの圧倒的な議会での優位，そして，権力の独占を可能にしている。こうした選挙システムと一党優位支配の形成は，歴史を振り返ってみると，1968年の議会総選挙によって決定されたといってもよいだろう。その意味で，1968年議会総選挙は決定的分岐点（critical juncture）であった。1968年の野党BSによるボイコット闘争は，PAPの議席独占を可能にし，それによって掌握した権力を十分に行使してPAPは野党を解体し，圧倒的に勝ち続ける選挙システムの構築を進めることになった。重要な点は，権力の独占によりPAPは選挙システムを含め，制度を自らの意のままに変更することができるということである。議会の90％以上を占めることで，立法，さらには憲法の修正さえ自由に行える。社会経済的な変化が政治を取り巻く状況を変化させても，そうした状況に合わせて制度を変更することが可能となる。そして，調整された制度のもとで引き続き，PAPは権力の独占を継続する。PAPの強靭性はそうした制度をめぐる内生的なプロセスによって維持されている。

2011年選挙と2015年選挙

　本稿が分析の対象とする2011年と2015年の世論調査は，それぞれ議会総選挙の直後に実施された。それゆえ，世論調査は選挙での投票行動を顕著に反映したものとみられるため，この二つの選挙の特徴について整理しておきたい。2011年の議会総選挙は，PAPにとって，歴史的な支持減少を経験するものだった。議席割合こそ93.1％と圧倒的な優位を維持したが，得票率は61.0％と独立後では最低のレベルだった。さらに，三人の現職閣僚を候補者として含むアルジュニドGRC選挙区（Aljunied GRC）において野党労働者党（Workers' Party, WP）に敗北を喫し，また，ホーガン選挙区（Hougang SMC）も同様にWPに議席を奪われている。結果として，合わせて6議席を失うことになった。また，ほかの選挙区もかなり接戦を強いられたところが少なくなかった。この選挙結果はシンガポールに政治的変

160

化が起きているのではないかという議論を生んだ(Tan and Lee 2011b; Tan 2012)。

PAPの支持率低下を説明するものとして，いくつかの理由が特にシンガポールの研究者たちから指摘されている。野党に新しい指導者が登場し，野党間の協調が可能になったこと，若い世代が民主主義的価値に重きを置くようになったこと，インターネットが政府による既存メディアへの統制の効果を弱めたこと，公共サービスの質の低下とそこに垣間見られたPAPの緩みへの批判があったこと，それを規律するためのチェック・アンド・バランスの必要性の認識が高まったこと，PAPの指導者層の世代交代による統治の変化，そして，国人労働者の増加と関連する形で低下する生活水準(物価上昇や住宅，職不足)への懸念が増大したことなどである(Tan 2011a; Tan 2012; Tan and Lee 2011a)。

この逆風をPAPは深刻に受け止めた。すでに支持率の低下が明らかになっていた投票日直前の党集会で，リー・シェンロン首相は，外国人労働者問題と公共交通機関に関わる問題について政府の対応に問題があったことを認め，謝罪をした。また，選挙後の独立記念集会演説においても，住宅問題，教育問題，就業問題などに触れ，こうした問題を解決することを約束した。この一連の動きのなかで，政府は外国人労働者に対し，以前よりは制約的な対応を取る姿勢を見せ，また所得格差の拡大を抑制することに努めるようになっている(Ministry of Finance 2015)。

2015年の選挙に際しては，直前にシンガポールの独立と経済発展を牽引してきたリー・クアンユーが死去した。また，独立からちょうど50周年記念の年となり，独立，そして独立後の経済発展の軌跡を振り返るイベントが開催された。シンガポールのナショナリズムが高揚し，それを支えたPAPには多くの支持が寄せられることになった。こうした環境のなかで選挙が実施され，得票率は69.9％と支持の回復が顕著に見られた。2011年総選挙で野党が獲得したアルジュニド選挙区とホーガン選挙区を奪還することはできなかったが，議席獲得割合は93.3％と依然としてPAPの圧倒的な支配は維持された。

社会経済的な亀裂と選挙システムへの評価

対照的な結果を示した2011年と2015年の二つの議会総選挙は，シンガ

ポールがより多元的な政治に移行するのか，それとも依然として一党優位支配を継続させていくのかについて，研究者の間での議論を活性化させることになった[13]。2011年のPAP支持減少と2015年の回復の原因という短期的な変動を説明することは本稿の対象を超えているが，本稿は，この対照的な二つの選挙を合わせて分析することで，シンガポールの政治，社会に一貫して存在する一党優位支配，そしてその支配を支える最も重要な柱である選挙システムに対する有権者の評価を把握し，その評価に影響を与える個々人の社会経済的な特性について明らかにしたい。

　個々人の社会経済的な特性と選挙システムの関係について注目することが重要であるのは，シンガポールの一党支配優位体制が，選挙不正等に依存するのではなく，もっぱら選挙システムの設計に依存しているからであり，そこでの人々の政党選択の選好表出自体は制限されていないからである。人々は社会に置かれた立場によって異なる利益を有する。それぞれの利益を政治的に表出する際，重要な制度として設定されているのが選挙システムであり，その選挙システムへの信頼が低下すれば，その制度の上に構築された政治秩序は変化を余儀なくされる。選挙システムに対する人々の評価を決定する社会経済的要因を特定できれば，その政治秩序に影響を与える社会経済的亀裂をとらえることが可能になる。

　こうした理解のもとで，ここで，選挙システムに対する信頼，評価に与える社会経済的な要因として，以下の四つの仮説を考えることができるだろう。

　　仮説1　年齢：独立，そしてその後の経済発展を経験した高年齢世代
　　　　　は，それを支えてきた選挙システムを公正であると考える一
　　　　　方，経済発展を果たした後に生まれた若年世代は，選挙シス
　　　　　テムに関し，国際的な比較の視点からあまり高い評価を与え
　　　　　ない。

　世代間格差は再分配をめぐる社会政策，福祉政策に関連してよく観察されるが，独立と経済発展を経験した世代と経験していない世代が存在する新興国では，ナショナリズムや過去の業績，そして，経済発展にともなってもたらされる脱物質主義，解放重視の価値観といったものと密接に関係するだろう(Inglehart and Welzel 2005)。シンガポール国内でもPost-1965

という世代の捉え方がされており，この若年世代は，経済発展を果たし，先進国となったシンガポールに生まれたがゆえに，物資的な利益より，より自由や解放といったものを求める価値観を持っていると理解されている（Tan 2011a; Welsh 2011; Tan 2012）。こうした世代間の価値観の相違は，選挙システムの評価に大きな影響を与えると見込まれる。

仮説2　所得：高所得者層は現在の地位を生み出した政治秩序の継続を望み，低所得者層は，政府の利益分配に依存する傾向が強いため，いずれも現状を支える選挙システムを高く評価する。一方，中間層は，複数の選択肢が可能となるような選挙システムを好む。

所得格差の拡大が重要な問題として政治的，社会的にも認識されているシンガポールにあって，この所得格差に不満を持つ層は，それを変えることがない選挙システムに不満を持っていると考えられる。特に，社会的流動性の低さも指摘されるなか（Ng 2011, 2013），中間層と低所得者層は，現在の政治秩序をもたらした選挙システムに懐疑的と予測される。しかしながら，低所得者層は，一方で，政府からの様々な便益を供与されていることから，現在のシステムへの支持も持ち合わせている。実際，PAPは現金給付，年金支払補助などで低所得者層への利益分配を行っており（Rahim 2015; Rodan 2016），低所得者層からPAP支配体制は一定の支持を得ているといわれる。結果として，取り残された中間層が選挙システムへの不満を最も強く持つと予測される（Weiss 2014; Rodan 2016）。

仮説3　教育：教育レベルの高い層は現行の選挙システムを低く評価し，教育レベルの低い層は高く評価する。

教育は近代化論のなかで重要な柱となっており，民主主義的な価値の基本にあると議論される（Lipset 1959）。実証的にも，教育は自由，多元性，政治的参加を重んじる選好をもたらすとされる（Glaeser, Ponzetto, and Shleifer 2007）。教育によって選挙システムに関する他国の情報や選挙システムがもたらす帰結に関する情報などを獲得することが可能となる。特にGRCsやEBRCといった仕組みがPAPにとって優利な制度であることを理解することが可能になり，他国との比較のなかでそれに対する評価をする

ことができる。

仮説4　エスニシティ：多数派(華人)は現行の多数決型の選挙システ
　　　　ムを高く評価し，少数派(マレー系，インド系等)は低く評価
　　　　する。

　多数派にとって，多数決型の選挙システムは自らの集団の勢力をより増
幅する形で議席に反映させやすい。そのため多数派である華人は現行の
GRCsを好ましい制度と考えると見込まれる。GRCsは一定程度，少数派の
議席を確保することをうたっており，その意味では少数派が完全に排除さ
れるわけではない。しかし，同じ政党の中では少数派であり，多数派に取
り込まれる形で政治参加が可能となる枠組みであるので，その影響力は限
定的となる。少数派から見れば，そのような制度より，より比例性の高い
選挙システムにし，自律的な政党を立てて政治に参加する方が望ましいと
考えると思われる。

　こうした社会経済的な個々の属性は，言うまでもなく，世代間格差，所
得格差，教育格差，エスニック集団間の格差といった社会経済的な亀裂を
反映したものである。こうした社会経済的な亀裂が，異なる集団間の競争
の在り方を規定する選挙システムに対し，自らにとって有利，不利の観点
から異なる信頼性，評価を示すと推測される。

実証分析

　前述の四つの仮説を検証するために，シンガポール国立大学リー・クア
ンユー公共政策大学院の政策研究所(IPS)の2011年と2015年に実施した議
会総選挙直後の世論調査(IPS Post - Election Survey in 2011 and 2015)のデー
タを使って分析をする[14]。本世論調査は，2011年と2015年の議会総選挙の
投票日直後に調査を実施したものであり，選挙での実際の投票時に人々が
認識した政党や制度に関する選好をそのまま反映することができている[15]。
調査は電話を使って行われ，ランダムに抽出された21歳以上の人々を対
象にしたものである(2011年では2,080人，2015年では2,015人)[16]。

　分析にあたって，有権者の選挙システムに対する評価として選挙システ

164

ムに関する二つの質問への回答を利用する。

「以下の主張に対しあなたの意見を教えてください。一つずつ読み上げるので，1．強く不同意である，2．不同意である，3．中立的である，4．同意する，5．強く同意する，のいずれかで答えてください[17]。
(1) 選挙システム全体は選挙で競争することを希望する政党すべてに対して公平である。
(2) 現在の選挙システムはシンガポール国民に対して十分貢献してきたので，変更する必要は認められない。

この二つの質問に対する回答を1から5で評価し，前者を「選挙システムの公正性」，後者を「選挙システムの維持支持」という変数として，従属変数として使用する。なお，推計にはロジスティック回帰とOLS回帰の二つを用いるが，ロジスティック回帰に際しては，従属変数を二分変数にする必要があるため，4，5の回答（同意する，強く同意する）を1とし，1から3の回答（強く不同意，不同意，中立）を0に変換して使用する[18]。一方，OLS回帰においては，1から5のコードをそのまま使用した。

一方，独立変数としてその効果を検証する変数としては，仮説に従って以下の四つの変数を使用する。
(1) 年齢
年齢ごとに，2（21－24歳），3（25－29歳），4（30－34歳），5（35－39歳），6（40－44歳），7（45－49歳），8（50－54歳），9（55－64歳），10（65歳とそれ以上）とコード化した。また，独立年（1965年）の前後どちらの世代かで効果があるかどうかを見るために「独立後世代」という変数も合わせて用意する。2011年のデータにおいては21－44歳を1，それより年齢が多い場合は0とし，2015年のデータでは21－49歳を1，それより年齢が多い場合は0とした。
(2) 世帯所得
世帯を単位として月当たりの所得を把握し，1（無所得からSGD$1,999），2（$2,000から$4,999），3（$5,000から$6,900），4（$7,000以上）とした。
(3) 教育

教育レベルを五つに分け，それぞれ1（初等教育以下），2（中等教育），3（中等教育以後の教育あり），4（ディプロマ），5（大学，大学院，専門職教育）とコード化した。

(4) 多数派

　二分変数としてエスニシティが華人であれば1，そうでなければ0とした。

　この四つの独立変数に加え，統制変数として，以下の三つの変数を推計式に加える。

(1) 男性

　男性が1，女性が0となる。

(2) 帰化市民

　帰化によってシンガポール国民となったものは1，それ以外は0とする。

(3) 2011年

　2011年のデータの場合は1，2015年のデータの場合は0とする。

　データセットは2011年と2015年のデータセットを統合して一つのデータセットとする。各変数の記述統計は以下の通りである。

表1　各変数の記述統計

	変数	N	平均	標準偏差	最小値	最大値
従属変数	選挙システムの公平性	3,982	3.62	1.06	1	5
	選挙システムの維持支持	3,991	3.42	1.13	1	5
	選挙システムの公平性(二分変数)	3,982	0.70	0.46	0	1
	選挙システムの維持支持(二分変数)	3,991	0.62	0.48	0	1
独立変数	年齢	4,094	6.28	2.50	2	10
	独立後世代(ダミー)	4,094	0.57	0.50	0	1
	世帯所得	3,756	2.51	1.05	1	4
	教育	4,052	3.26	1.41	1	5
	多数派(ダミー)	4,094	0.75	0.43	0	1
統制変数	男性	4,094	0.45	0.50	0	1
	帰化市民	4,094	0.11	0.31	0	1
	2011年ダミー	4,094	0.51	0.50	0	1

166

表2 独立変数, 統制変数間の相関

N=3,743

	年齢	世帯所得	教育	多数派	男性	帰化市民	2011年
年齢	1.00						
世帯所得	− 0.14	1.00					
教育	− 0.42	0.50	1.00				
多数派	0.09	0.14	0.08	1.00			
男性	0.02	0.08	0.08	0.02	1.00		
帰化市民	0.10	0.02	0.08	− 0.03	0.01	1.00	
2011年	− 0.14	− 0.20	− 0.07	− 0.09	− 0.08	− 0.08	1.00

表3 選挙システムの公平性へ

	ロジスティック回帰 (従属変数は二分変数)					
	モデル1	モデル2	モデル3	モデル4	モデル5	モデル6
年齢	1.15 ***					
	(0.02)					
独立後世代		0.54 ***				
		(0.04)				
世帯所得			0.77 ***	0.74		
			(0.03)	(0.16)		
世帯所得(二乗)				1.01		
				(0.04)		
教育					0.73 ***	
					(0.02)	
多数派						0.73 ***
						(0.06)
男性	0.79 ***	0.80 ***	0.82 ***	0.82 ***	0.85 **	0.81 ***
	(0.06)	(0.06)	(0.06)	(0.06)	(0.06)	(0.06)
帰化市民	1.66 ***	1.78 ***	1.94 ***	1.94 ***	2.13 ***	1.80 ***
	(0.22)	(0.23)	(0.27)	(0.27)	(0.28)	(0.23)
2011年	0.44 ***	0.41 ***	0.39 ***	0.39 ***	0.39 ***	0.41 ***
	(0.03)	(0.03)	(0.03)	(0.03)	(0.03)	(0.03)
切片	1.60 ***	5.71 ***	7.87 ***	8.20 ***	11.16 ***	4.93 ***
	(0.18)	(0.48)	(1.00)	(2.15)	(1.33)	(0.47)
N	3,982	3,982	3,658	3,658	3,944	3,982
対数尤度(LL)	− 2300.51	− 2312.69	− 2110.69	− 2111	− 2252.39	− 2342.18
疑似決定係数 調整済決定係数	0.06	0.05	0.05	0.05	0.07	0.04

ロジステック回帰モデルではオッズ比、OLS回帰モデルでは係数を示している。標準誤差はカッコ内
* p<0.1, ** p<0.05, *** p<0.01.

なお，二つの従属変数，選挙システムの公平性と選挙システムの維持支持の相関は0.49である。また，独立変数，統制変数間の相関は表2の通りである。

このデータセットに基づいて，二つの従属変数ごとにそれぞれ①ロジスティック回帰のモデルで統制変数を入れたうえで各独立変数の効果の推計（モデル1から6，モデル13から18），②ロジスティック回帰のモデルですべての独立変数を含めた推計（モデル7，8，9，19，20，21），そして③OLS回帰のモデルで独立変数，統制変数のすべてを入れた推計（モデル10，11，12，22，23，24）を行った。なお，モデル2，9，11，14，20，23では，年齢の代わりに独立後世代を推計に用いた。また，中間層の効果を想定し

の社会経済的属性の効果

			OLS回帰 （従属変数は5段階）		
モデル7	モデル8	モデル9	モデル10	モデル11	モデル12
1.10 ***	1.10 ***		0.05 ***		0.05 ***
(0.02)	(0.02)		(0.01)		(0.01)
		0.70 ***		− 0.16 ***	
		(0.06)		(0.04)	
0.91 **	1.03	0.93 *	− 0.02	− 0.01	0.11
(0.04)	(0.23)	(0.04)	(0.02)	(0.02)	(0.09)
	0.98				− 0.02
	(0.04)				(0.02)
0.81 ***	0.81 ***	0.79 ***	− 0.08 ***	− 0.10 ***	− 0.08 ***
(0.03)	(0.03)	(0.03)	(0.02)	(0.02)	(0.02)
0.76 ***	0.77 ***	0.78 ***	− 0.11 ***	− 0.10 **	− 0.11 ***
(0.07)	(0.07)	(0.07)	(0.04)	(0.04)	(0.04)
0.82 **	0.82 **	0.83 **	− 0.09 ***	− 0.09 ***	− 0.09 ***
(0.06)	(0.06)	(0.06)	(0.03)	(0.03)	(0.03)
1.98 ***	1.98 ***	2.10 ***	0.25 ***	0.28 ***	0.26 ***
(0.28)	(0.28)	(0.30)	(0.05)	(0.05)	(0.05)
0.41 ***	0.41 ***	2.10 ***	− 0.18 ***	− 0.21 ***	− 0.18 ***
(0.03)	(0.03)	(0.30)	(0.04)	(0.03)	(0.04)
6.92 ***	6.04 ***	0.39 ***	3.85 ***	4.26 ***	3.70 ***
(1.41)	(1.92)	(0.03)	(0.09)	(0.06)	(0.14)
3,645	3,645	3,645	3,645	3,645	3,645
− 2043.60	− 2043.45	− 2050.10			
0.07	0.07	0.07			
			0.05	0.05	0.05

に表示。

168

て所得の非線形性をテストするため，モデル4，8，12，16，21，24では所得の二乗項を含めた。推計結果は表3，4に示した通りである。表3は選挙システムの公平性，表4は選挙システムの維持支持を従属変数としたものである。

　四つの仮説に沿ってこの結果を見ると，まず，年齢はかなりはっきりとした形で影響があることが見て取れる。年齢以外の独立変数を含まないモデル1，13において年齢の上昇とともに現在の選挙システムを公平と認め，これが継続することを支持する効果が出ることが，統計的に有意なレベルで確認され，さらに，すべての独立変数を加えたモデル7，8とモデル19，21においても同様の結果が求められる。この傾向はOLSで推計したモ

表4　選挙システムの維持支持へ

	ロジスティック回帰 （従属変数は二分変数）					
	モデル13	モデル14	モデル15	モデル16	モデル17	モデル18
年齢	1.15 ***					
	(0.02)					
独立後世代		0.57 ***				
		(0.04)				
世帯所得			0.84 ***	0.54 ***		
			(0.03)	(0.11)		
世帯所得（二乗）				1.09 ***		
				(0.04)		
教育					0.76 ***	
					(0.02)	
多数派						0.86 **
						(0.07)
男性	0.79 ***	0.80 ***	0.81 ***	0.82 ***	0.84 **	0.80 ***
	(0.05)	(0.05)	(0.06)	(0.06)	(0.06)	(0.05)
帰化市民	1.40 ***	1.49 ***	1.56 ***	1.55 ***	1.76 ***	1.53 ***
	(0.16)	(0.17)	(0.19)	(0.19)	(0.21)	(0.18)
2011年	0.50 ***	0.47 ***	0.45 ***	0.46 ***	0.44 ***	0.47 ***
	(0.03)	(0.03)	(0.03)	(0.03)	(0.03)	(0.03)
切片	1.07 ***	3.67 ***	4.15 ***	6.72 ***	6.52 ***	2.93 ***
	(0.11)	(0.28)	(0.48)	(1.61)	(0.70)	(0.26)
N	3,991	3,991	3,676	3,676	3,955	3,991
対数尤度（LL）	− 2513.18	− 2533.12	− 2344.46	− 2341.82	− 2479.11	− 2565.10
疑似決定係数 調整済決定係数	0.05	0.04	0.03	0.03	0.05	0.03

ロジスティック回帰モデルではオッズ比、OLS回帰モデルでは係数を示している。標準誤差はカッコ内
* p<0.1, ** p<0.05, *** p<0.01.

デル 10, 12 とモデル 22, 24 でも同様である。年齢の代わりに, 独立年の 1965 年以前に生まれた世代とその後に生まれた世代のダミー変数で見ても, モデル 2, 9, 11, 14, 20, 23 で示される通り, 世代間の相違が有意なレベルで効いていることが示されている。独立後に生まれた世代は, 選挙システムの公平性に懐疑的であり, 今後, このシステムが維持されることには否定的な反応を示している。これはすべての変数を統制した際にも成り立っており, 仮説 1 は支持されたといってよいだろう。

これに対し, 仮説 2 の所得に関しては, 仮説とは異なる状況が示されている。選挙システムの公平性に関する見方では, ロジスティック回帰の結果, 有意なレベルで所得が高くなるほどに懐疑的となっている(モデル 3,

の社会経済的属性の効果

			OLS回帰 (従属変数は5段階)		
モデル 19	モデル 20	モデル 21	モデル 22	モデル 23	モデル 24
1.10 ***		1.10 ***	0.05 ***		0.04 ***
(0.02)		(0.02)	(0.01)		(0.01)
	0.75 ***			− 0.13 ***	
	(0.06)			(0.04)	
1.00	1.01	0.76	0.01	0.01	− 0.11
(0.04)	(0.04)	(0.15)	(0.02)	(0.02)	(0.10)
		1.05			0.02
		(0.04)			(0.02)
0.81 ***	0.79 ***	0.81 ***	− 0.09 ***	− 0.11 ***	− 0.09 ***
(0.03)	(0.03)	(0.03)	(0.02)	(0.02)	(0.02)
0.90	0.92	0.89	− 0.09 **	− 0.07 *	− 0.09 **
(0.08)	(0.08)	(0.07)	(0.04)	(0.04)	(0.04)
0.82 ***	0.82 ***	0.82 ***	− 0.13 ***	− 0.13 ***	− 0.13 ***
(0.06)	(0.06)	(0.06)	(0.04)	(0.04)	(0.04)
1.60 ***	1.70 ***	1.59 ***	0.22 ***	0.25 ***	0.21 ***
(0.20)	(0.21)	(0.20)	(0.06)	(0.06)	(0.06)
0.48 ***	0.46 ***	0.49 ***	− 0.23 ***	− 0.26 ***	− 0.23 ***
(0.04)	(0.03)	(0.04)	(0.04)	(0.04)	(0.04)
3.18 ***	7.22 ***	4.32 ***	3.66 ***	4.06 ***	3.79 ***
(0.60)	(1.00)	(1.27)	(0.10)	(0.07)	(0.15)
3,663	3,663	3,663	3,663	3,663	3,663
− 2271.99	− 2281.80	− 2271.04			
0.06	0.05	0.06			
			0.05	0.05	0.05

に表示。

7）。しかし，中間層の選好をテストするため所得の二乗項を推計式に加えたモデル（モデル4，8）では所得の効果の有意性が消えてしまう。さらにOLS回帰（モデル10，11，12）では，所得の効果は二乗項の有無に関わらず，いずれのモデルでも有意なレベルで見られない。一方，選挙システムの維持支持を従属変数とした推計では，ほかの独立変数を含めないモデル（モデル15，16）で，二乗項を含めない線形の推計モデル（モデル15）だけでなく，二乗項を含めた非線形の推計モデル（モデル16）でも，所得の効果は有意なレベルで認められた。この二つのモデルではオッズ比からは，所得が高くなると選挙システムの維持に懐疑的になるとともに，中間層がより強く懐疑的であることが示されている。しかし，独立変数を含めた推計（モデル19，20，21，22，23，24）を行うといずれのモデルにおいても有意性が消えてしまう。この結果を見ると，所得は選挙システムに対する信頼に頑強な効果を持っているとは言い難く，中間層が選挙システムに否定的であるという仮説2は支持されなかった[19]。

　これに対し，仮説3についてはかなり明確にそれが支持される結果が出ている。教育レベルを独立変数として推計したすべてのモデル（モデル5，7，8，9，10，11，12，17，19，20，21，22，23，24）において，統計的に有意なレベルで，教育レベルが高ければ高いほど，現行の選挙システムが公平ではなく，また，それを変更する必要があると考えていることがわかる。年齢や社会階層を統制したうえでもこうした効果が認められていることから，教育そのものがもたらす効果が存在することは明らかである。ただし，その因果メカニズムの在り方については必ずしも明確ではない。他国の事情について情報を持っているからなのか，選挙システムに対する理解が深いからなのか，教育によってルールの公正性に対する意識が高くなったためなのか，あるいはまったく違ったメカニズムが作用しているのかは，質的な調査によって明らかにされるものと思われる。

　最後に仮説4であるが，予測とは整合的ではない推計結果が得られた。また，その統計的有意性は年齢や教育ほど強いものではなかった。選挙システムの公平性に関する判断では，仮説とは逆に，現行の制度は公平ではないという評価を多数派エスニシティが持っているということが示されている。選挙システムの公平性に関するモデル6，7，8，9，10，11，12いずれにおいても，多数派であることは，選挙システムの公平性に対する評

価に負の影響を統計的に有意なレベルで与えていることが確認される。一方，選挙システムを今後も維持するか否かに対しては，ロジスティック回帰のモデル18（他の独立変数を含めない推計）とOLS回帰のモデル22，23，24（すべての独立変数を含めた推計）において相対的に弱い有意性で否定的な効果を示している。ただし，すべての独立変数を含めたロジスティック回帰の推計（モデル19，20，21）では有意なレベルでの効果は認められなかった。多数派エスニシティであることは選挙システム自体への評価に対しては批判的な効果をもたらすものの，その将来的な維持についてそれほど明確に立場を決定するということには至っていない。

なお，ついでながら，シンガポールに好意的であると見込まれる帰化市民が現行選挙システムにかなり強い支持を示していること，そして，2011年のPAPに対する国民の不満の高まりから2011年ダミーが現行選挙システムに否定的な結果をもたらすのは予想通りと言える。これらに加えて，男性が有意なレベルで否定的であることは興味深い問いを提起しているといえよう。現時点でこれを説明する情報を持ち合わせていないが，ジェンダーの与える政治的評価の違いは重要な検討課題といえる。

むすび

本稿では一党優位支配において，それを支える選挙システムに対する評価に関して，どのような社会経済的な属性がそれを左右するのか，という問題を，シンガポールの事例で検証した。選挙不正が見られず，あからさまな暴力的封殺がないなかで，シンガポールの一党優位支配は，もっぱら選挙システムの設計によって生み出されており，選挙システムへの評価は今後の政治秩序を占ううえでも重要な意味を持っている。

定量的な検証からは，独立，そしてその後の経済発展を直接経験した世代とそうでない世代では，この一党優位支配を支える選挙システムに対する評価が明確に異なることが示された。シンガポールが新興独立国であり，急速に経済発展したという特徴を持つゆえに，世代間の相違が独立後，短期間の間に出現したことが興味深い。また，教育は，選挙システムのルールとしての公正性に対する評価に大きな影響を与えていると推測される結果を得た。

一方，所得格差は選挙システムに対する不満に結びついているとは言い

難い。所得格差が拡大している，さらには社会の流動性が低くなっている，という議論が見られる中でも，中間層や低所得者層が現状を維持する選挙システムを変えることに必ずしも関心を持っているとは言えない。また，エスニシティの影響に関する結果は解釈が難しい。多数派は現行制度が公平ではないと考えながら，それを変える必要性を必ずしも感じているわけではない。

　こうした検証のなかで，世代間の評価の違いが大きな意味を持つことは，将来の政治的な変化を見据えるうえでかなり重要であろう。独立を知る世代が少なくなることは自然の摂理であり，現状の延長線上で考えれば，若い世代が大多数を占める時代が来たところで，新しい政治的な価値が優勢になることが予測される。これから繰り返される選挙でその傾向についてより多くの情報を得ることができるだろう。

〔謝辞〕　本研究はJSPS科研費JP15K03307, JP15H01931の助成を受けた。本稿執筆にあたっては，ジリアン・コーおよびシンガポール国立大学政策研究所からデータを提供いただいた。また，間寧，菊池啓一，ジリアン・コー，ユージン・タン，ケネス・ポール・タン，ケヴィン・タン，アジア経済研究所地域研究会参加の皆さんから貴重なアドバイスをいただいた。記して感謝したい。

（1）　世論調査が完全にシンガポールで禁止されているわけではない。ただし，選挙関係の世論調査については，選挙期間中は禁止されており，また出口調査を行って投票日中にその結果が明らかにされることはない。
（2）　シンガポール政治の概要について日本語の文献としては，岩崎(1996, 2013)，田村(2011)。
（3）　典型的な事例では，シンガポール市民の大多数が居住する公営住宅に関する「住宅設備改善のための投票」(voting for upgrading)戦略である。PAPの候補者が当選すれば，住宅設備改善の優先権がその選挙区に与えられると公約を掲げて選挙戦を闘っている。
（4）　大統領はもともと議会によって任命される儀礼的な立場であったが，1991年の憲法改正によって有権者によって直接選ばれる存在となり，また，その権限も政府予算と政府の主要人事に関して拒否権が与えられた。しかし，依然として執政の長として重要な権限を行使するのは首相である。
（5）　投票権は市民権と年齢(21歳以上)のみが条件となっている。

（6）　International Institute for Democracy and Electoral Assistance（IDEA）のデータベースに基づき筆者計算。https://www.idea.int/data-tools/question-countries-view/521/262/ctr

（7）　本稿は選挙システムに焦点を当てるためそのほかの議会に関する制度については詳述を避けるが，こうした選挙システムの他にPAPの優位を支える制度として，落選した野党候補に議席を割り当てる非選挙区議員（Non-Constituency Members of Parliament, NCMP）と議会の特別委員会の推薦に基づいて任命される任命議員（Nominated Members of Parliament, NMP）の二つが野党を取り込み，PAPの議席独占に対する拒否感を和らげるという議論がある（Mauzy 2002, Mauzy and Milne 2002, Mutalib 2002, Tan 2011b, Tan 2016b）。また，都市国家であるため，各選挙区の地方行政はそこから選出された議員が中心となって進める仕組みとなっており，中央政府の公共サービス提供についてPAP所属議員が住民の要望の窓口となって利益を優先的に配分することができるとも指摘される（Mauzy and Milne 2002）。

（8）　Croissant（2002）の計算。他に，平均でフィリピンは4.46（1998-1987年），インドネシアは2.25（1999年），タイは2.70（1992-2001）と計算されている。

（9）　2011年，2015年では3人の選挙区はなく，4人から6人。

（10）　Parliamentary Elections Act, 8A.

（11）　"New electoral boundaries announced: 13 SMCs, 16 GRCs, one in five voters will see shift" Straits Times, July 24, 2015.

（12）　"New electoral boundaries announced: 13 SMCs, 16 GRCs, one in five voters will see shift" Straits Times, July 24, 2015.

（13）　前者の代表がSlater（2012）の「強い国家の民主化」論であり，PAP支持の変動はPAPへの監視行為にすぎないとして後者の要点を簡潔に示したのがLam Peng Er（2016）である。

（14）　IPS世論調査はシンガポールにおいて有権者の選挙関連の認識に関する最も包括的な調査となっている。Welsh（2011, 2016）も有権者の行動に関して広範な情報を集めた調査をしているが，記述レベルでは，IPS世論調査と同様の傾向を示している。

（15）　2011年選挙時の調査は5月8日から20日の間に実施され（投票日は5月7日），2015年選挙所の調査は9月12日から26日の間に実施された（投票日は9月11日）。

（16）　調査の概要についてより詳細な概要はhttp://lkyspp2.nus.edu.sg/ips/research/surveys. を参照のこと。

（17）　回答には「わからない」というものもあったが，データセットでは欠

損として扱った。

(18) 当該データについては，ブラント・テスト(Brant Test)の結果，平行性の仮定が成立していないため，順序ロジスティック回帰を用いることができない。中立との回答をどちらかに入れるかは検討が必要だが，中立と答えるのには同意に躊躇があったという面を重視し，また，回答数も中立を同意と同じグループにすると1のグループが圧倒的に多数となることもあって，ここでは不同意と同じグループに加えることとした。

(19) 各所得階層をダミー変数に変換し，それぞれの効果を推計することも行ったが，選挙システムの公平性に対して高所得者層が否定的である結果が有意なレベルで確認されたたのみで，その他の社会階層の効果は認められなかった。

文献リスト

岩崎育夫(1996)『リー・クアンユー：西洋とアジアのはざまで』岩波書店。

――(2013)『物語シンガポールの歴史：エリート開発主義国家の200年』中央公論新社。

田村慶子(2011)「シンガポール：『超管理国家』の繁栄とジレンマ」(清水一史・田村慶子・横山豪志編『東南アジア現代政治入門』ミネルヴァ書房)。

Case, William. 2006. "Manipulative Skills: How Do Rulers Control the Electoral Arena?" In *Electoral Authoritarianism: The Dynamics of Unfree Competition*, edited by Andreas Schedler, 95-112. London: Lynne Rienner Publishers.

Croissant, Aurel. 2002. "Electoral Politics in Southeast and East Asia: A Comparative Perspective." In *Electoral Politics in Southeast and East Asia*, edited by Aurel Croissant, Gabriele Bruns and Marei John, 321-368. Singapore: Friedrich Ebert Stiftung.

Gallagher, Michael. 1991. "Proportionality, Disproportionality and Electoral Systems." *Electoral Studies* 10 (1): 33-51. doi: 10.1016/0261-3794 (91) 90004-c.

Glaeser, Edward L., Giacomo A. M. Ponzetto, and Andrei Shleifer. 2007. "Why Does Democracy Need Education?" *Journal of Economic Growth* 12 (2): 77-99. doi: 10.1007/s10887-007-9015-1.

Inglehart, Ronald, and Christian Welzel. 2005. *Modernization, Cultural Change, and Democracy*.

Lam Peng Er. 2016. "New Normal or Anomaly." In *Change in Voting: Singapore's 2015 General Election*, edited by Terence Lee and Kevin YL Tan, 246-265. Singapore: Ethos Books.

一党優位支配と選挙システム（2018 – Ⅱ）　175

Levitsky, Steven, and Lucan A. Way. 2010. *Competitive Authoritarianism: Hybrid Regime After the Cold War*. New York: Cambridge University Press.

Lipset, Seymour Martin. 1959. "Some Social Requisites of Democracy: Economic Development and Political Legitimacy." *American Political Science Review* 53 (1): 69-105. doi: 10.2307/1951731.

Magaloni, Beatriz. 2006. *Voting for Autocracy: Hegemonic Party Survival and its Demise in Mexico, Cambridge Studies in Comparative Politics*. New York: Cambridge University Press.

Mauzy, Diane K. 2002. "Electoral Innovation and One - Party Dominance in Singapore." In *How Asia Votes*, edited by John Fuh - sheng Hsieh and David Newman, 234-254. New York: Chatham House.

Mauzy, Diane K., and R. S. Milne. 2002. *Singapore Politics under the People's Action Party. Politics in Asia series*. London: Routledge.

Ministry of Finance. 2015. Income Growth, Inequality and Mobility Trends in Singapore. Singapore.

Mutalib, Hussin. 2002. "Constitutional - Electoral Reforms and Politics in Singapore." *Legislative Studies Quarterly* 27 (4): 659-672.

Ng, Irene Y. H. 2011. "Singapore's Education System: Growing worry of social immobility." *Straits Times*, 16 February, Review.

Ng, Irene Y. H. 2013. "The Political Economy of Intergenerational Income Mobility in Singapore." *International Journal of Social Welfare* 22 (2): 207-218. doi: 10.11 11/j.1468-2397.2012.00887.x.

Rahim, Lily Zubaidah. 2015. "Reclaiming Singapore's 'Growth with Equity' Social Compact." *Japanese Journal of Political Science* 16 (2): 160-176. doi: 10.1017/ S1468109915000043.

Rodan, Garry. 2016. "Capitalism, Inequality and Ideology in Singapore: New Challenges for the Ruling Party." *Asian Studies Review* 40 (2): 211-230. doi: 10.1080/10357823.2016.1155536.

Schedler, Andreas, ed. 2006. *Electoral Authoritarianism: The Dynamics of Unfree Competition*. London: Lynne Rienner Publishers.

Slater, Dan. 2012. "Strong - State Democratization in Malaysia and Singapore." *Journal of Democracy* 23 (2): 19-33. doi: 10.1353/jod.2012.0021.

Tan, Eugene KB. 2011a. "Election Issues." In *Voting in Change: Politics of Singapore's 2011 General Election*, edited by Kevin YL Tan and Terence Lee, 27-46. Singapore: Ethos Books.

Tan, Kenneth Paul. 2012. "Singapore in 2011: A "New Normal" in Politics?" *Asian*

Survey 52 (1): 220-226. doi: 10.1525/as.2012.52.1.220.

Tan, Kevin YL. 2011b. "Legal and Constitutional Issues." In *Voting in Change: Politics of Singapore's 2011 General Election*, edited by Kevin YL Tan and Terence Lee, 50-65. Singapore: Ethos Books.

Tan, Kevin YL, and Terence Lee. 2011a. "Political Shift: Singapore's 2011 General Election." In *Voting in Change: Politics of Singapore's 2011 General Election*, edited by Kevin YL Tan and Terence Lee, 10-25. Singapore: Ethos Books.

Tan, Kevin YL, and Terence Lee, eds. 2011b. *Voting in Change: Politics of Singapore's 2011 General Election*. Singapore: Ethos Books.

Tan, Krystal. 2016a. "2015 General Election Snapshots." In *Change in Voting: Singapore's 2015 General Election*, edited by Terence Lee and Kevin YL Tan, 265-313. Singapore: Ethos Books.

Tan, Netina. 2013. "Manipulating Electoral Laws in Singapore." *Electoral Studies* 32 (4): 632-643. doi: http://dx.doi.org/10.1016/j.electstud.2013.07.014.

Tan, Netina. 2015. "Institutionalized Succession and Hegemonic Party Cohesion in Singapore." In *Party System Institutionalization in Asia: Democracies, Autocracies, and the Shadows of the Past*, edited by Allen Hicken and Erik Martinez Kuhonta, 49-73. New York: Cambridge University Press.

Tan, Netina. 2016b. "Pre - Electoral Malpractice, Gerrymandering and its Effects on Singapore's 2015GE." In *Change in Voting: Singapore's 2015 General Election*, edited by Terence Lee and Kevin YL Tan, 169-190. Singapore: Ethos Books.

Weiss, Meredith L. 2014. "Of Inequality and Irritation: New Agendas and Activism in Malaysia and Singapore." *Democratization* 21 (5): 867-887. doi: 10.1080/13510347.2014.910764.

Welsh, Bridget. 2011. "Does Diffenrence Matter?: Particular and National Political Identities in Singapore's 2011 General Election." In *Voting in Change: Politics of Singapore's 2011 General Election*, edited by Kevin YL Tan and Terence Lee, 92-114. Singapore: Ethos books.

Welsh, Bridget. 2016. "Political Identities, Engagement and Voting in Singapore's 2015 Election." In *Change in Voting: Singapore's 2015 General Election*, edited by Terence Lee and Kevin YL Tan, 190-219. Singapore: Ethos Books.

戦後日本首相による所信表明演説の研究

－ Discourse Analysis を用いた実証研究 －

ソジエ内田恵美*

要旨：戦後首相による所信表明演説を言説分析した結果，終戦直後は，「考えます」「思います」などの個人の内的意識を述べる"mental process"（心理過程）の割合が高かったが，時代が進むと減少し，次第に「進めます」「取り組みます」と言った，国民への約束や働きかけなど外的行動を表す"material process"（物質過程）が増加していた。この首相の言説変化を従属変数として，経済の動向・メディアの発達・無党派層の増加の影響を重回帰分析によって検証した。その結果，①高度成長期には，首相演説はメディア普及率に最も強く影響を受け，次に経済の動向の影響を受けた。②安定成長期も，メディアの普及率に最も強く影響を受け，次に経済の影響を受けた。③バブル経済崩壊後は，メディア普及率に最も強く影響を受けたが，同時に，自民党分裂後に約50％に達した無党派層の急増の影響も受けていた。これらを解釈すると，歴代首相は，有権者に対してアカウンタビリティを果たさなければならないという意識が徐々に高まってきたと言える。そして，その首相の意識の変化には戦後一貫してメディアが最も強く影響してきたと，本稿のデータは示している。

キーワード：言説分析，所信表明演説，メディア，経済成長率，無党派層

1．はじめに

　民主主義国家においては，政治リーダーは言葉をつかって市民に自らの政治的信条，政策や政権の正統性を説き，支持を得なければならない。政治演説は，代表制デモクラシーの主柱であるアカウンタビリティ（国民に対する説明責任）の問題とも深く結びついている。その重要性に鑑みる

---

　*　早稲田大学政治経済学術院　教授

と，日本の政治リーダーの言説に対する学術的関心は高いとは言えず，それらを対象とした研究は限られてきた。その多くは言語学領域でなされており，日本語の通時的変化（松田 2008）や首相や政治家個人の修辞的技法などの言語的特徴を捉えることを研究目標としてきた（東 2006, 2010; 中村 2004）。従って，これらの言語学的分析では，なぜ言語変化が起きたのかという問いに対して，政治学的なコンテクストを含めた分析を試みることは想定されていなかった。

　なぜ首相演説が変化したのかについては，政治学領域においては，首相個人の特性による説明（Shinoda 2000），公的（ソト）か私的（ウチ）かといったスピーチの種類による説明（Feldman 2005）や，首相の権力強化，財政状況の悪化やメディア政治の到来等の構造変化による説明（高瀬2005）がある。しかし，これらの研究では，体系的な言語分析は行われていない。このように，政治演説に対する研究は，言語学と政治学という二つの学術領域内で分断的に行われてきたために，前者は政治学が提供し得る説明力が弱く，後者は言語分析力が弱い，という限界をそれぞれ持ち合わせてきたと言える。そこで本研究では，言語学と政治学を融和させるアプローチの構築を試みる。戦後日本首相による所信表明演説の言説特徴を，M. A. K. Halliday（1994）の過程構成体系（transitivity）を用いて数量化し，その通時的変化の原因を探るための実証分析を行う。

　言語学とは，概して，言語データの音韻や語彙文法，意味，状況などの系統的な分析を通して一定の規則性を見出し，その体系を記述し説明することを目指す学問領域である。本稿では言語学のサブカテゴリーとしての言説分析を用いる。そして，言説分析者の多くが主張するように（Fairclough and Wodak 1997; Hodge and Kress 1988; van Dijk 1998），いかなる言説も，社会的実践の一形式であり政治性を含み得ると考える。その上で，語り手がどのような言説を用いて一定のイデオロギーや社会的価値観を構築し，常識化してきたか，同時に社会構成員のアイデンティティや権力関係を正当化してきたかを探求するツールとして，言説分析（discourse analysis）を定義する。

2．先行研究と仮説

　Sauzier - Uchida（2014）は，2005年と2009年の衆議院選において無党派

層の多くが自民党から民主党へと支持を変えた一つの要因が政治言説にあるという仮説に基づき，そこに語られた政治家のアイデンティティや政府−市民の関係を検証した。戦後多くみられた政府と市民の関係は，父権主義的な保護者−被保護者型，もしくは庇護者−随従者(patron - client)型(斉藤　2010)とみなされる。その権威的なリーダーシップでは，首相の言説は，一人称(私，我々)を省略したり，曖昧で間接的な表現を多用したりすることで国民と距離を取る一方で，国民を受動的な守られるべき存在として捉えてきた。たとえば佐藤栄作首相は，1964年の所信表明において，政府の課題は「国民の一人一人が新しい内閣に何を求めているか……を正しく把握し，それを愛情と理解をもって，実践にうつしていくこと」と語った。また，竹下登首相は，「政府の最高責任者として……国民のため，責任を持って決断し，これを誠実に実行してまいる」(1987年)と政治的決意を述べた。このように，政治の主体としての政府が，父親が子供を監督，養育するかのように，国民のニーズに関心を払い，「愛情と理解」や「責任」を持って行動するという父性的なイメージを創り出そうとする言説が見受けられる。このような言説は，55年体制下，農協等の支持団体の集票実績に応じて，政府が利益配分を行う仕組みが自民党の長期政権を支えていたことが暗黙のうちに理解されていたからこそ生まれたものであった。首相のスピーチは保護者としての自民党の役割を(再)確認することだけで良かったのである。すなわち，首相と支持団体とは同じ価値観を共有していたため，具体的な政策や政治意図を公約する必要はなかったのである。また，あえてそれらを曖昧にすることで，異なる利益配分を求める多数の業界の支持団体間の軋轢を悪化させず[1]，包括政党(catch - all - party)として幅広い有権者に組織的な庇護を期待させる役割を担ってきた。

　これに対して，2005年の衆議院選挙で大勝した自民党・小泉純一郎首相は企業−消費者型の視点から政府−市民関係を捉えた。政治家がよく使う「我々」や「私ども」といった一人称複数代名詞ではなく，自民党からも国民からも一定の距離を置く，一人称単数代名詞である「私」を多用した(94.2%)。小泉内閣が目指す社会とは，「みずから助ける精神，みずからを律する精神，この精神のもとに，国民一人一人が，企業，地域が主役となって，努力が報われ安心して再挑戦できる，自信と誇りに満ちた明るい社会の実現」(2005年1月24日衆議院本会議162回2号)であると述べたの

180

がその典型的な一例である。小泉首相の言説からは、自民党政権が長期に渡って重んじてきた集団主義や均質性から離別し、新たに個人主義や自己責任、柔軟な労働市場といったレッセ・フェールへの価値転換の促進を見出すことができる。

2009年に政権交代を果たした民主党・鳩山由紀夫首相の演説も、「国民の皆様方に政府がいかにサービスをするかということであり」と述べるなど、企業－消費者型で共通していた。そして、鳩山はまた、野党の党首でありながらも、自己を「国民の皆様方の代表[2]」と捉え、「官僚任せの官僚主導の政権[3]」である麻生政権と対峙させた。これらの言説の変化の原因は、党内基盤が弱い小泉首相も野党党首であった鳩山首相も、自民党支持団体による組織票に頼れない点で共通していたためであろう。両者ともに商業メディアを通して、組織化されていない無党派層を説得する手段でしか、選挙での勝利を得ることはできなかったのである。無党派層の多くは、都市部のホワイトカラー達であり、彼らは生産者としてより消費者としてのアイデンティティを強く持っていた。そして、彼らは自民党の利益配分政治においては恩恵を享受していない層であったため、小泉や鳩山の市場型言説の方が腑に落ちたと考えられる。

それに対して、2009年総選挙に敗れた麻生太郎首相は、伝統的な保護者－被保護者型の言説を取り入れ、「私と自由民主党は日本を守ります。皆さん方の国民の生活を守る」と訴えていた。麻生首相は「我々」や「私ども」といった一人称複数形(87.1%)を多用したが、その多くは「私と自由民主党」を指し示すものであり、「国民」を包括するものではなかった。しかし、麻生首相の言説が作り出した自由民主党によって守られる国民イメージは、自民党を伝統的に支えてきた利益配分政治の受益者、つまり自民党支持団体へのメッセージ性が強く、むしろそこから排除されてきた都市部の無党派層からの共感は得にくかった、と解釈できる。

この先行研究は、首相演説における政府－市民の関係の質的変化を(1)マクロ経済の変化、(2)メディアの発達、(3)無党派層の増加、といった、社会構造の変化の帰結と捉えて説明を試みた。そこで、本研究では、先行研究に基づき、「なぜ首相の演説に変化が起こったのか」という問いに対して、以下の三つの仮説を検証する。

　(1) 経済が悪化したので首相は言説でアカウンタビリティを果たす必

要がでてきた

投票行動研究において，過去の経済状態が選挙結果に大きな影響力を持つことは数多くの研究で検証されてきており，業績評価投票モデル(retrospective voting, Fiorina 1978)や経済投票(economic voting, Lewis - Beck and Paldam 2000)モデルとして論じられてきた。先駆的な研究としてKramer（1971)は，失業率や実質所得などの短期的な経済変動が，アメリカ合衆国議会選挙における政権党の得票に影響を及ぼしていることを示した。日本においても，三宅・西澤・河野(2001)は，55年体制下では，有権者の経済状況への主観的評価が，自民党支持率および内閣支持率に影響を及ぼしていたことを検証した。したがって，経済が落ち込めば，首相は政権党支持率や内閣支持率を上げるために，何らかの経済介入措置を講ずる公約をせざるを得なくなる，と仮説を立てた。

(2) メディアが発達したので首相は言説でアカウンタビリティを果たす必要がでてきた

蒲島(1990: 10-11)による聞き取り調査によると，自民党，官僚，財界を始めとする各界におけるリーダー達は，日本の政治システムに最も大きな影響力を持っている集団はマス・メディアだと認識している。国民は，メディアを通じて政治の動きを知る。世論の支持を必要とする政府は，報道内容に敏感にならざるを得ない。後に詳しく記述するが，テレビの普及率，及びケーブルテレビやインターネットの普及率が，戦後の日本で急速に伸びたことは周知の事実である。そこで，メディアの発達に伴い，首相はメディア受けを意識し，責任を伴う約束を提示せざるを得なくなった，と仮説を立てた。

(3) 無党派層が増えたので首相は言説でアカウンタビリティを果たす必要がでてきた

55年体制は冷戦下における保守対革新という明確なイデオロギー対立の下に成り立っていたので，1960年代から80年代にかけて多くの有権者は，自民党支持か反自民党かの二者選択を行っていたと考えられる。その当時は，有権者の多くは自民党を支持する保守系の組織に属するか，社会党・民社党・共産党を支持する労働組合等の組織に属していたと考えられる。したがって，当時の首相は自民党を支援する支

持団体の組織票をまとめれば良かったのである。しかし，田中（1997，2009）によれば，1970年頃から選挙権を持つようになった団塊の世代以降の有権者の多くは，組織化されない有権者になったため，無党派層の比率が急増した。その頃から自民党を無条件に支持してきた団体や組織加入者が年々減っていったので，徐々に首相は無党派層に向けて具体的な公約を示す必要が出てきた，と仮説を立てた。

本研究では，これらの仮説の計量的検証を行い，政治演説の実証研究という新な試みに挑戦したい。すなわち，政治演説を言語学理論に基づいた分析を行うことで従属変数とし，日本政治研究で指摘されてきた社会的構造の変化を独立変数とするのである。そうすることで，(1)戦後首相の演説はどのように変化してきたのか，そして(2)なぜ変化してきたのか，といった問いに答えることを目的とする。本研究の意義は二つある。一つ目は，従来の首相のスピーチ研究のように特定の政治家や政党に焦点を当てるのではなく，戦後歴代首相の公的演説が持つ言語的特徴を時系列で分析することで，より大きな，長期的な視点を提供することである。二つ目は，体系的な言説分析によるアプローチに則り，戦後の歴代首相の所信表明演説において，なぜそれぞれの時代において特有の演説スタイルを採らざるを得なかったのか，という一貫性のある説明を，実証的な立場から提供しようと試みることである。

3．従属変数の概念定義：理論的考察

本稿では，従属変数の分析枠組みに，M. A. K. Halliday（1994）が提唱した選択体系機能言語理論（Systematic Functional Linguistics）の中心概念の一つである過程構成体系を使用する。Halliday（1994）によれば，言語は意味の体系である。テキスト（本稿では所信表明演説）は，語り手が，語彙や文法といった意味を創り出す言語資源の中から，特定の社会状況の下で目的達成のために適した記号を選択した結果生まれたものである。よって，過程構成体系分析では，語り手がどの言語体系（過程型）を選択したかを分析することにより，その人の社会状況に対する認識を解明することができる。本研究の目的は，戦後日本の首相演説における有権者に対する意識の変化を解き明かすことであるため，この分析枠組みを採用する。

さらに，過程構成体系分析は各演説に含まれる全てのセンテンスを対象

とする節(clause)レベルでの分析が可能なため，本稿が目指す言説特徴の数量化を可能とする。言説分析は，従来，権力性を伴う言語表象の質的分析アプローチとして用いられてきた。しかし，統計的記述を伴わない言説分析は研究者が自分に都合の良いテキストだけを抽出した可能性を否定できず，客観性や信頼性の弱さが指摘されてきた(Widdowson 1995)。本稿では，計量分析を取り入れることにより再現可能性を高めたい。

　次に，過程構成体系分析の分類方法を述べる。人は言葉を選択することで，次から次へと起こる物事へのイメージを生みだし，意味を作りだし，関係や秩序を構築する。その際，人は自己の経験を幾つかの「過程型 process type」に語り分けている。まず，幼児は言語を獲得していくにつれ，自分の外的世界で物理的に起こったことに対する経験と，自分の意識の世界で起こった内的経験とに対する認識を区別するようになる。それぞれに対応する文法的範疇として，外的体験には①物質過程(material process)の「〜する」表現，内的体験には②心理過程(mental process)の「〜感覚する」表現を使う。さらに，人は抽象的な物事をより一般化して理解するために，第三のカテゴリーとして，二つの物事の関係を定義する③関係過程(relational process)「〜である」表現を必要とする。

　政治的な文脈で考えてみると，首相が増税実施について言語化／意味化する際，「増税を実施いたします」と物質過程として語ることもできるし，「増税を実施したいと思います」と心理過程とすることも可能であるし，あるいは「増税は実施不可欠であります」と関係過程で表現することもできる。それぞれ，増税に対する説明責任へのコミットメントの度合には差異がある。物質過程(「〜する」)は国民に対して，政策実行(外的行動)への言質を与えることになるため，一定の政治的責任を伴うものである。それに対して，心理過程(「〜思う」)では，首相本人の希望としての内的心情を述べてはいるが，外的行動(政策実行)を約束したものではなく，責任の度合は弱くなる。関係過程(〜ある)は，第三者的な状況判断の明示に留まっており，首相本人は意思や行動を表明したわけではなく，コミットメントは弱いと言える。本研究では，首相のこのような言葉の選択は，状況に応じた自らの利益を見据えて行われた合理的行動であると前提する。

① 物質過程（Material Processes）

　物理的領域（physical world）を示す。目に見える形で人や物への行為「〜する」（doing）を示す。自然界や身の周りの世界において何らかの出来事が「生じる」（happening）過程も含み，外的経験として解釈構築される。

→「〜する」例

私は,	この国民本位の行政改革を	中央省庁の再編を中核として	進めてまいります
行為者	対象	状況要素	過程中核部：物質

（橋本龍太郎　1996年11月29日）

小泉内閣は,	以下の三つの経済，財政の構造改革を	断行します
行為者	対象	過程中核部：物質

（小泉純一郎　2001年5月7日）

政府は,	放射性物質の飛散状況や健康に関する情報など，持てる情報を	徹底的に	開示します
行為者	対象	状況要素	過程中核部：物質

（野田佳彦　2011年10月28日）

→「〜が生じる」例

わが国の国民総生産は	実に	五兆円に近い増加を	示しました
行為者	状況要素	対象	過程中核部：物質

（池田勇人　1962年8月10日）

② 心理過程（Mental Processes）

　意識の領域（world of consciousness）において，自分の内部で「〜感覚する」（sensing）を示す。「見える」「聞こえる」等の知覚的心理過程，「好む」「喜びとする」「懸念する」「憂慮する」等の感情的心理過程，「思う」「考える」「理解する」「決意する」「信じる」「確信する」等の認識的心理過程が含まれる。心理過程の節では，常に「人間」である参与要素，つまり感覚者（senser）が存在するが，以下の事例に示される通り，日本語の場合省略することが可能である。

→　知覚的心理過程の例

鹿児島の被災地を訪れ,	自然の猛威の恐ろしさを	目の当たりにしてまいりました
状況要素	現象	過程中核部：心理

（細川護煕　1993年8月23日）

→　感情的心理過程の例

世界の世論が, 国連中心の活動を要望いたしまして, 戦争回避の方向に動いていることは,	心強く感ずるところであります。
現象	過程中核部：心理

（鳩山一郎1956年11月16日）

→　認識的心理過程の例

消費税を含め, 税制全体の議論を進めたいと	思います。
現象	過程中核部：心理

（菅直人　2010年10月1日）

③　関係過程（Relational Processes）

　物事を一般化するための抽象的関係の領域（world of abstract relations）を表し，「～　（で）ある」の関係を示す。「AはXの属性である（A is an attribute of X）」を示す属性的関係過程と，「AはXと同一である」を示す同定的関係過程がある。

→　属性的関係過程の例

日本は	強く	あら	ねばなりません
被同定者	同定者	過程中核部：関係	状況要素：文末モダリティ

（麻生太郎　2008年9月29日）

→　同定的関係過程の例

我が国が直面する最大の危機は,	日本人が自信を失ってしまったことに	あります
被同定者	同定者	過程中核部：関係

（安倍晋三2013年1月28日）

4. 実証研究： データと分析方法

4.1 従属変数の操作上の定義： 戦後歴代首相が所信表明演説で使用した過程型の比率

　1952年4月28日にサンフランシスコ講和条約が発効し，日本が主権を回復して以降の歴代首相の所信表明演説を言説分析対象とする。吉田茂首相(1953年11月30日)から安倍晋三首相(2014年9月29日)まで，28名の首相による所信表明演説[4]を含む。演説は国会会議録検索システム[5]より収集した。

　次に，各首相の演説に含まれる全てのセンテンスを対象に，主節で使用された過程構成体系を，①物質過程，②心理過程，③関係過程に分類した(表1)。コーディングは筆者ともう一人のコーダーとで行った。コーディングの手順として，まず二人のコーダーが総数の約5%のケースを対象にしてトレーニング分析を行った。その後，総数の約9%のケースをランダムサンプリングして信頼性検定を行った。その結果，Krippendorff's α = .8031 $(.7530 \leqq \alpha \geqq .8525)$であり，分析結果は，妥当性があると判断できた[6] (Hayes and Krippendorff 2007)。そこで，残りのケースを2人で分担して同様のコーディングを行った。

　次に，各演説における過程型の比率を算出した。それを基に，1953 - 2014年の各年における過程型比率の平均値を計算した。首相毎にまとめた過程型比率の推移を図1に示した。その結果，各首相によって多少の差異はあるが，一つの明確な傾向が示された。終戦直後の首相らは個人の内的意識を述べる心理過程を選択する比率が最も大きかったが，時系列で減少していき，次第に国民への言質を与える外的行動を表す物質過程の比率が増加した。戦後初期は,「考える」「思う」「信じる」「喜ぶ」「期待する」「決意する」といった心理過程が多いが，徐々に,「進める」「取り組む」「行う」

表1　所信表明演説において各過程型が占める総数と比率

過程型	物質過程	心理過程	関係過程	その他	計
ケース数(%)	3468 (45.4)	2493 (32.7)	1658 (21.7)	16 (0.2)	7635 (100)

図1 所信表明演説において使用された過程型比率の推移, 1953 − 2014

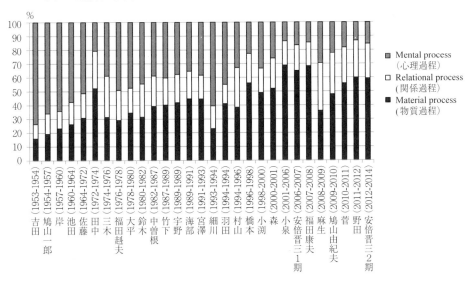

「向ける」「改革する」「努力する」「実現する」「推進する」といった物質過程が増えていく。その一方で，一般論を示す関係過程の比率には，大きな変化は見られない。

図1で示された最も顕著な傾向は，物質過程の言説の比率の増加が時代の推移と共に進んでいることである。すなわち，首相演説は，時代が経つにつれ，国民への説明責任を果たすべく外的行動を語るように変化したのである。それでは，時代と連動してどのような社会的要因が首相の言語選択に影響を及ぼしているのだろうか。そこで，先に挙げた本研究の3つの仮説に沿って，首相のスピーチにおける物質過程型の言説比率を従属変数として，上述の三つの独立変数(名目GDPの前年度比，メディアの普及率，無党派層の比率)の影響力を重回帰分析によって検証を行った。

4.2 独立変数の記述

三つの独立変数の値を全て揃って入手できるのが1963年からであるため，以下の重回帰分析では1963 − 2014年を対象に分析した。

4.2.1 独立変数1の記述：名目GDPの前年度比

経済指標としては，名目GDP前年度比の値を用いる[7]。名目GDPの前年度比を図2に示す。本研究では，経済成長状況により(1)1963〜1973年までの期間，(2)1974〜1991年の期間，(3)1992年〜2014年の期間に三分割する。(1)高度成長期(1963-1973)にはGDP前年度比は平均10%以上を記録するが(最高値21%，最低値10.1%)，(2)安定成長期(1974-1991)には平均5%以上に収まるようになる(最高値18.6%，最低値3.6%)。(3) 1992年以降のバブル経済崩壊期はマイナス値の年も多く占めており，リーマンショックのあった2008年には最低値の－4.6%を記録している(最高値2.2%)。

4.2.2 独立変数2の記述： メディアの普及率

本研究では，内閣府の消費動向調査の結果を用いて，以下の方法で(1)テレビ普及率，(2)衛星放送・ケーブルテレビ普及率，(3)インターネット

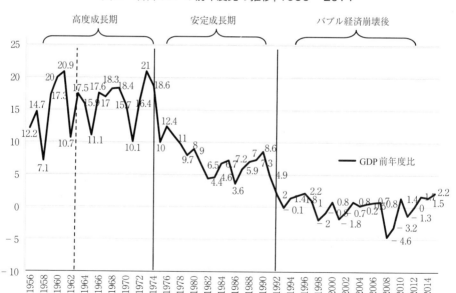

図2　名目GDPの前年度比の推移，1956－2014

普及率をそれぞれ 0 – 100％ で算出した。それらを合算したメディア普及率（最大300％）の推移を図3に示す。

(1) テレビ普及率 （白黒テレビとカラーテレビの普及率）

　白黒テレビとカラーテレビの普及率を，「テレビ普及率」という一つの変数として扱う。1965年までは白黒テレビの普及率データを用いる。1957 – 1966年に，白黒テレビ普及率は7.8％から90.0％へと急上昇する。しかし，1968年の96.4％をピークにして白黒テレビの普及率は下がり，1982年の17.4％を最後にデータから姿を消す。1983年度からは，白黒テレビから切り替えられたカラーテレビの普及率を用いる。1966 – 1983年にカラーテレビ普及率は0.3％から98.8％に急増する。白黒とカラーの併存期（1966 – 1982）は，白黒テレビの普及率は下落する一方で，白黒の代わりに購入されたカラーテレビの普及率は上昇するため，正確なテレビ普及率を算出することが難しい。そのため，内挿法（interpolation）に則り，1965年（白黒テレビ普及率90％）と1983年（カラーテレビ普及率98.8％）の間は均等にテレビ普及率が上昇した（毎年0.04889％増加）という仮定に則り，算出した。

(2) 衛星放送・ケーブルテレビ普及率

　衛星放送・ケーブルテレビも，合わせて一つの変数として扱う。普及率

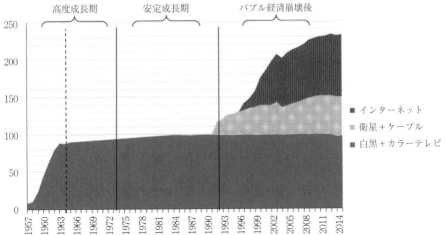

図3　メディア普及率の推移，1957 – 2014（最大300％）

には,衛星放送かケーブルテレビの普及率の高い方に依拠した。その結果,2004年までは衛星放送の普及率(2004年は36.6%の普及率),2005年以降はケーブルテレビの普及率(2005－2015年に38.2%から52.3%まで急上昇)を用いた。

(3) インターネット普及率

1997年には9.2%の普及率だったが,2015年には83.0%まで急上昇している。

4.2.3 独立変数3の記述:無党派層の比率[8]

田中(1997)によれば,無党派層の比率は,1960年代では6～8%に過ぎなかったが,1970－1992年に20%から35%まで上昇,1993－1995年には

図4 政党支持率と無党派層の推移,1962－2014

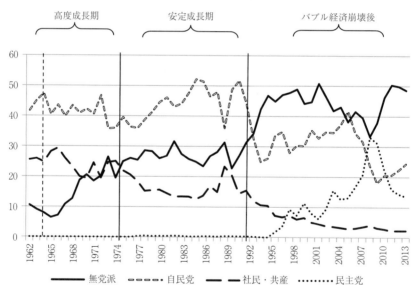

注:政党支持率および無党派層の比率のデータは,読売新聞世論調査部の月例調査のデータを,田中愛治・早稲田大学政治経済学術院教授が同世論調査部の承諾を得て,年ごとの平均値に加工したものを同教授が Yale University での研究報告の際に用いた数値を,読売新聞世論調査部ならびに田中愛治教授の許可を得て,利用させていただいた。記して謝意を表したい。
(参 照:Aiji Tanaka, "Structure of Japanese Public Opinion and its Similarities to that of the American Voters," a presentation at a Workshop for the Yale Program on Japanese Politics and Diplomacy, the Council on East Asian Studies at Yale University, March 5, 2017.)

35％から50％へと上昇した。冷戦終結後に起こった1993年の自民党分裂以降は，社会党の衰えが顕著になり，有権者は自民党支持か無党派かの選択を迫られるようになった。1995年には「政党支持なし」層が初めて50％を超えた。1995年4月の統一地方選挙，ならびに7月の参議院選挙で，無党派層はその影響力を発揮し，一気にメディアからの注目を集めるようになった。それ以降，多少の増減はあるが，有権者の50％前後を保持している。

5．結果と考察

　所信表明演説にける物質過程型の比率を従属変数とし，(1)名目GDPの前年度比，(2)メディア普及率，(3)無党派層の比率を独立変数とした重回帰分析を行った。結果を表2と図5に示す。

5.1　Ⅰ期　高度成長期(1963－1973)

　心理過程の割合は池田隼人首相(57.7％)より田中角栄首相(20.7％)まで急激に下がる一方で，物質過程の割合は池田首相(26.1％)から田中首相(52.1％)と大きく伸びた。所信表明演説における物質過程比率の推移には，名目GDP前年度比が有意に影響していた(標準偏回帰係数(β) $= -0.84$, $p < 0.01$)。人々が個々の生活の豊かさを求め，日本が大衆消費社会へと転換した時期であったが，1964－65年の40年不況，1970－71年のニクソン不況や1973年のオイルショック等も経験している。この時期の首相らは，

表2　所信表明演説における物質過程型推移の規定要因(重回帰分析)

	Ⅰ期 1963年～1973年 高度成長期			Ⅱ期 1974年～1991 年安定成長期			Ⅲ期 1992年～2014年 バブル経済崩壊後		
	偏回帰係数	標準誤差	B	偏回帰係数	標準誤差	β	偏回帰係数	標準誤差	β
名目GDP前年度比	-2.41	0.78	-0.84**	-0.83	0.32	-0.45*	0.43	1.06	0.06
メディア普及率	1.24	0.47	2.78*	1.15	0.38	0.50**	0.20	0.04	0.64***
無党派	0.23	0.42	0.12	-0.51	0.50	-0.18	0.64	0.24	0.35*
R^2	0.55*			0.55**			0.50**		
調整済みR^2	0.44*			0.48**			0.45**		
N	17			22			34		

* ： $p < 0.05$, **: $p < 0.01$, ***: $p < 0.001$

図5　物質過程の推移に影響を与える変数間の関係（重回帰分析）

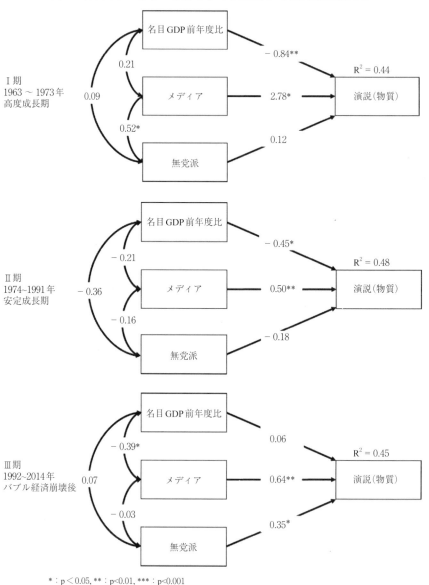

＊：p＜0.05, ＊＊：p<0.01, ＊＊＊：p<0.001

景気後退すると，「〜します」と有権者に経済的な措置を約束せざるを得ないことを理解していたことが，分析結果から読み取れる。

　他方で，経済よりも圧倒的に大きな影響力を持っていたのは，メディア普及率（β =2.78，p＜0.05）である。テレビの普及率が上がるにつれて，首相は有権者に強いコミットメントを示す言語を選択せざるを得なくなった。この時期には白黒テレビが「三種の神器」の一つと呼ばれて急速に家庭に普及し，カラーテレビがその後を追った。NHKは1953年に第15回国会中継を始めており，以降，首相の所信表明演説・施政方針演説はブラウン管を通して家庭で見ることができるようになった。1960年には，選挙期間中に初めてテレビ討論会が行われた。また，同時期に，池田隼人首相が首相としては初めてテレビCMに出演し，「わが党のみなさまにお約束することは，一つ，社会保障の充実。二つ，一千億円以上の減税。三つ，経済繁栄政策です。必ず実行します。私はウソは申しません」と語り，話題になった（逢坂　2014: 5）。まさに，物質過程を用いて有権者に公約し，経済政策の正統性をアピールしており，政権党がアカウンタビリティを有権者に売り込んだ例とも言える。

5.2　Ⅱ期　安定成長期（1974－1991）

　この時期の物質過程の比率は，三木武夫首相（31.3%）から海部俊樹首相（44.6%）までは，全体としてなだらかな上昇が見受けられ，心理過程の比率と拮抗する。重回帰分析の結果は，高度成長期と同様の傾向が見受けられた。すなわち経済成長率（β = － 0.45, p＜0.05）の影響は有意であったが，メディア普及率（β =0.50, p＜0.01）の影響力の方が大きかった。しかし，その二要因の影響力の差は，Ⅰ期ほど顕著ではなくなった。オイルショック以降の経済成長率は鈍化した一方，テレビ普及率も飽和状態になり，ほぼフラットに近い微増でしかない。

5.3　Ⅲ期　バブル経済崩壊後（1992－2014）

　物質過程の比率は細川護熙首相（23.0%）[9]で一旦下がるが，それから徐々に上昇し，小泉純一郎首相（68.7%）の時にピークを迎える。麻生太郎首相（36.0%）で下降を見せるが，再び徐々に安倍二次政権（59.2%）まで比率が上がっている。

この時期には，名目GDP前年度比の影響力は有意でなくなる。その一方で，首相の言語選択に最も強く影響するのはメディアの普及率（β =0.64, p＜0.001）であり，これは戦後一貫した傾向である。1992年以降になると，衛星放送・ケーブルテレビの普及によって，マルチチャンネル化が進み，メディア企業間の競争が激化した。1993年，宮澤喜一首相が，テレビ朝日の『総理と語る』において，田原総一朗に政治改革をやるのかやらないのかと二者選択を迫られ，「ですから，絶対やらなければならない。私が責任を持ってやります。」と答えたものの調整に失敗したことが，その後のメディアによる批判，自民党分裂へと繋がったと言われる（逢阪2014; 高瀬2005; 谷藤　2005）。1993年の自民党下野による「55年体制」の崩壊という戦後日本政治における最大の出来事の背景に，メディアが求める「やるのかやらないのか」といった二者択一の質問に，「やります」と瞬時に物質過程の約束を首相がさせられたことがきっかけだったという事実に鑑みると，メディアがいかに政治に大きな影響力を持っていたかが推測できよう。本研究の結果に合わせて捉えるならば，宮澤首相は，アカウンタビリティが求められていることを強く意識しており，それがメディアの圧力と相まって，できない約束をしてしまった，と解釈できる。

　また，この時期になって初めて，無党派層の比率が首相の言語選択に影響力を持つようになった（β =0.35, p＜0.05）。無党派層が増えれば増えるほど，首相は演説によって有権者との結びつきを強めようとした。この結果は従来の無党派研究の知見と合致している。1993年の自民党分裂以降，従来の組織を基盤とした政党支持が脆弱になっていく中で無党派層の比率は過半数を超え，選挙結果に大きな影響を及ぼすようになった。自民党総裁としての首相は，支持団体や支持層とは組織的なネットワークを通じてコミュニケーションをはかり，地方都市や町村では集票実績に応じて利益配分を行うことができる一方で，都市に多い無党派層との接点は少ない。都市化が進めば無党派層が増加することは自ずと推測できる。その無党派層はその時々で支持政党を変えるので，パブリックな演説や選挙公約等を通じて，党首イメージを上げ，「〜します」と公約を有権者にアピールする必要が出てきたことが本論におけるデータ分析から示唆される。

6．まとめ

　本研究の結果，戦後の三期間を通して調整済みR^2は0.44から0.48の間であり，三つの独立変数は首相演説の変化に対して一定の説明力があると言える。戦後歴代の首相が行った所信表明演説を時系列で見ると，首相が自分の外的行動について語る比率が年を追って増えてきている。そのことは，歴代の首相は，自分のスピーチに国民に対する政治責任が求められていることに気が付いてきたことを示唆している。そして，この首相のスピーチに対しアカウンタビリティが高まったことには，戦後一貫してメディアが最も強く貢献していると，本論のデータ分析の結果は示している。首相と国民の間を媒介するものが，支持団体との組織的ネットワークからメディアに移行したことが，首相のパブリックな演説における言語選択を決定した最も大きな要因と言える。そして，経済成長期には景気の上下動が，また1993年の政権交代以降は無党派層の増加が，それぞれ首相の説明責任への意識を強化させ，言葉によって政策へのコミットメントを明示せざるを得なくした要因であったと言える。

　選挙研究などの政治学における実証研究は，有権者の投票行動と世論調査から得られる彼らの政党支持や政策支持の分析など，個人レベルデータ分析が主流であったので，有権者の視点から政治家や政党の行動をどのように見るかという視点での分析が多かった（平野 2007；三宅 1998）。本研究では，首相の視点から見た場合に日本社会の状況がどのように見え，どのように国民に語りかけなくてはならないと感じているかという視点から分析することを心がけ，首相の所信表明演説に焦点を当てた。その視点を変えたことの意義を確認し，その結果新たな知見が得られたことを強調したい。

　最後に，所信表明演説を研究対象とする意義と限界をまとめる。所信表明演説は，国会演説の中でも最も注目を集める演説の一つである。その一方で，これらの演説は首相個人で生み出したものというより，55年体制下では官僚の手が入っており，かつ学者や劇作家など，いわゆるブレーンの助けを借りて編み出されたものである。しかし，そのように周到に準備された演説だからこそ，政府側が国民に対してどのように語るべきだと考えているか，その意識のあり方が最も如実に現れるのである。それゆえに，

所信表明演説は，首相や政府のアカウンタビリティへの意識の変容を解き明かすのには最も適するデータと言える。しかし，その一方で，実際に政策形成の場において，政治リーダーがどれだけアカウンタビリティを果たしているのかを解き明かすためには，予算会議や本会議，あるいは党首討論などの国会の議事録データの分析が必要である。また，言説分析の手法も，野党と双方向のインターアクションとして分析することが望ましい場合もあるだろう。これらの，更なる分析については，今後の研究課題としたい。

【謝辞】　本稿の執筆に際して田中愛治先生ならびに匿名の二人の査読者より，有益な助言を頂いた。日本政治学会では前田幸男先生，遠藤昌久先生から，IPSAではアレクサンダー・ブフ先生から，また大学の同僚の河野勝先生，都丸潤子先生からも貴重なコメントを頂いた。研究補助者の永井健太郎氏の貢献も大きかった。ここに記して謝意を表したい。但し，文責はすべて筆者のものである。

【付記】　本稿は，早稲田大学特定課題研究助成費(2016B-007, 2017B-003)による研究成果の一部である。

（1）　斉藤(2010)によると，55年体制下における自民党の長期政権は，支持団体間が政府からの利益配分にありつくための競争を強いられ，有権者が政権党に対して支持の強さについて説明責任を果たさなければならない，という「逆説明責任」的状況を作りだしていた。

（2）　「国民の皆様方が最も不満に思っていることとか，あるいは一番気に掛かっていることとか，そういうことを国民の皆様方を代表して私の方からお尋ねをし，また意見交換ができればと，そのように思っております」（2009年5月27日 国家基本政策委員会合同審査会171回1号）

（3）　「今の麻生政権，自公連立政権ですが，これは官僚任せの官僚主導の政権じゃありませんか。それに対して私たちは，国民，市民，生活者に起点を当てたそういう政権をつくりたいんです，皆さん。もっと言えば，いわゆるタックスイーター，税金というものを食ってばかりいる人たちに発想を求めるような世の中ではなくて，タックスペイヤー，税金を支払っている側に立って，その発想の下で一つ一つの政策をつくり上げていく。」（2009年5月27日 国家基本政策委員会合同審査会171回1号）

（4）　所信表明演説は，国会の臨時会の冒頭や首相が選出される特別会の衆参本会議において，首相が行う演説を指す。首相が交代した場合には，常

会・会期の途中でも行われる。首相が国会で行う演説には，通常会の冒頭に行う施政方針演説もあるが，本稿では所信表明演説のみを分析対象とする。国会演説は，自民党政権下では，各省庁の官僚が作成した政策分野ごとの短冊型作文を繋げたものを最後に首相が手直ししてできたと言う(平田・松井 2011)。所信表明は1953年に吉田茂首相が「それほど大げさな演説ではない」の意味で使ったのが始まりとされるが，多少のばらつきはあるものの，就任直後の首相自身の決意を訴える役割を果たしてきた。施政方針演説は首相が内閣を代表して，その年の国政全般の基本方針や新年度予算案を説明するため，定型的な内容や表現も散見する。本研究では，事前分析では所信表明演説と施政方針演説の両方を対象として行ったが，両者の果たす機能は明らかに異なっており，前者の方が首相個人の言語特徴が色濃くでていることを確認した。本研究は，各首相の演説における言語特徴の変化を説明することが目的であるため，時系列変化がより明瞭に示される所信表明演説のみを分析対象とした。施政方針演説の分析は，所信表明演説との比較分析を行うことを今後の課題として，稿を改めて新たに分析したい。

（5） http://kokkai.ndl.go.jp （2017年9月1日アクセス）

（6） 本研究における統計分析では，全てRを使用した。

（7） 経済指標は数多く，どの指標が適切かについては議論の余地がある。経済投票研究においても，有権者の投票行動に影響を及ぼすのは個人の家計状況なのか(個人志向経済投票モデル，Kramer 1971)か，それとも国全体の経済状況なのか(社会指向経済投票モデル，Kinder and Kiewiet 1979; 1981)の論争があったが，Lewis - Beck and Paldam (2000)によって後者の優越性が確認されている。本研究の対象である首相の言語選択は，そもそも有権者による好意的な投票行動を得ることを目的として起こっていると考えられる。その場合でも，各首相が社会指向経済投票モデルのように社会全体を考える有権者を想定していたのか，個人志向経済投票モデルが仮定する自己利益を考える有権者を想定していたのかは，特定できない。しかし，どちらのモデルにおいてもGDPの伸び率を指標として使うことには問題がないと考えられる。

（8） 因果関係を調べるために，無党派層の比率は一年前の値(t - 1)を用いた。名目GDP前年度比とメディア普及率に関しては，もともと前年度の値を基準にしているので，そのまま使用した。

（9） 細川首相の物質過程の低さは政権交代後の連立政権であったことによるリーダーシップの弱さが影響している可能性は否定できないが，その他の非自民党出身の首相(羽田，村山，鳩山，菅，野田各首相)による演説に

共通した特徴は見られない。相関関係を確認したが有意な結果は得られな
かった。このことから，首相演説におけるアカウンタビリティへの意識の
変化は政権政党の違いよりも，社会構造や経済の変化の影響をより強く受
けていると言える。同時に，本稿のデータを用いて，内閣支持率，衆議院
における首相政党の議席占有率，連立政権の合計人数，ねじれ政権か否
か，所属派閥人数，首相が元官僚か否か，といった要因との相関比率を求
めたが，いずれも有意な結果は得られなかった。

引用文献

Fairclough, Norman., and Wodak, Ruth. (1997). "Critical Discourse Analysis: An Overview" in T.A.van Dijk (ed.), *Discourse as Social Interaction.* London: Sage, 67-97.

Feldman, Ofer. (2005). *Talking Politics in Japan Today.* Brighton, UK: Sussex Academic Press.

Fiorina, Morris P. (1978). "Economic Retrospective Voting in American National Elections: A Micro - Analysis," *American Journal of Political Science*, Vol. 22: 426-443.

Halliday, Michael Alexander Kirkwood. (1994). *An Introduction to Functional Grammar (2nd.).* London: Edward Arnold.

Hayes, Andrew F., and Klaus Krippendorff. (2007). "Answering the Call for a Standard Reliability Measure for Coding Data," *Communication Methods and Measures*, Vol. 1 (1): 77-89.

Hodge, Robert, and Kress, Gunther. (1988). *Social Semiotics.* Cambridge: Polity.

Kinder, Donald R., and D Roderick Kiewiet. (1979). "Economic Discontent and Political Behavior: The Role of Personal Grievances and Collective Economic Judgments in Congressional Voting," *American Journal of Political Science*, Vol. 23, pp. 495-527.

Kinder, Donald R., and D Roderick Kiewiet. (1981). "Sociotropic Politics: The American Case," *British Journal of Political Science*, Vol. 11 (2): 129-61.

Kramer, Gerald H. (1971). "Short - term Fluctuations in U.S. Voting Behavior, 1896 - 1964," *The American Political Science Review*, Vol. 65: 131-143.

Lewis - Beck, Michael S., and Martin Paldam (2000). "Economic Voting: An Introduction," *Electoral Studies*, Vol. 19: 113-121.

Sauzier - Uchida, Emi. (2014). "The Rise of Consumer - Oriented Politics in Japan? Exploring the Party - Citizen Relationship through Discourse Analysis," *Japanese Journal of Political Science*, Vol. 15 (2): 231-257.

Shinoda, Tomohiro. (2000). *Leading Japan: The Role of the Prime Minister.* Westport, CT: Praeger Publishers.

van Dijk, Teun, A. (1998). *Ideology: A Multidisciplinary Approach.* London: Sage.

Widdowson, Henry, G. (1995). "Discourse Analysis: A Critical View," *Language and Literature*, Vol. 4 (3): 157-172.

東照二 (2006)『歴代首相の言語力を診断する』研究社。

東照二 (2010)『選挙演説の言語学』ミネルヴァ書房。

逢坂巌 (2014)『日本政治とメディア－テレビの登場からネット時代まで』中公新書。

蒲島郁夫 (1990)「マス・メディアと政治」『レヴァイアサン』第7号，7－29頁。

斉藤淳 (2010)『自民党長期政権の政治経済学　利益誘導政治の自己矛盾』勁草書房。

高瀬淳一 (2005)『武器としての言葉政治－不利益配分時代の政治手法』講談社選書メチエ。

田中愛治 (1997)「『政党支持なし』層の意識構造－政党支持概念の再検討の試論」『レヴァイアサン』第20号，木鐸社，101-129頁。

田中愛治 (2009)「自民党衰退の構造：得票構造と政策対立軸の変化」，田中愛治・河野勝・日野愛郎・飯田健・読売新聞世論調査部『2009年　なぜ政権交代だったのか』，第1章所収，勁草書房，2009，1-26頁。

谷藤悦史 (2005)『現代メディアと政治：劇場社会のジャーナリズムと政治』一藝社。

中村秩祥子 (2004)「内閣総理大臣演説の文体分析－鳩山首相から大平首相について」『龍谷大学国際センター研究年報』13号，37-68頁。

平田オリザ・松井孝治(2011)『総理の原稿　新しい政治の言葉を模索した266日』岩波書店

平野浩 (2007)『変容する日本の社会と投票行動』木鐸社。

松田謙次郎 (2008)『国会会議録を使った日本語研究』ひつじ書房。

三宅一郎 (1998)『政党支持の構造』木鐸社。

三宅一郎・西澤由隆・河野勝(2001)『55年体制下の政治と経済－時事世論調査データの分析』木鐸社。

政党の戦略的行動が政党間移動に与える影響

－民主党分裂のケースから－

谷　　圭祐*

要旨：政党やその執行部は，与党からの転落や政党の消滅につながる，所属議員の離党をどのように防いでいるのだろうか。先行研究は，政党間移動を専ら議員が所属政党を選択する結果ととらえ，議員の誘因の観点から説明を行ってきた。

　これに対して本稿は，政党執行部が政党間移動に対し戦略的に対応していることを主張する。この戦略的行動とは，政党にとって価値の高い議員に対して，資源配分による「補償」を行い慰留するものである。

　実証分析では2011～12年に発生した民主党分裂を扱った。分析の結果，議員と首相との政策選好の乖離が離党行動に与える効果は，選挙区での政党への支持の大きさに条件づけられていた。すなわち，政党への支持が小さい選挙区の議員ほど，より政党の議席拡大にとって重要であるため，政策選好の乖離が離党行動に結び付きにくくなっていた。さらに，政策選好の乖離が，大臣ポストの配分に与える負の効果についてもこの交互作用があり，政党からの資源配分による補償も確認できた。党内統治が失敗したとされる民主党において本稿の理論が実証されたことは，より一般的に政党間移動に対して執行部が主体的に行動していることを示唆する。

キーワード：政党組織，議員行動，政党の一体性，政党間移動，役職配分

はじめに

　なぜ，議員は所属する政党を離れ，別の政党に移動するのだろうか。多くの先行研究は，議員が自己利益の実現のために政党に所属するとの立場

---

*　神戸大学大学院法学研究科博士課程後期課程
　日本学術振興会特別研究員(DC 2)

(Aldrich 1995; Cox and McCubbins 2007)から，この問いに答えを与えてきた。政党所属の不利益が，利益を上回った場合に議員は離党すると考え，政党所属の利益・不利益に影響する変数から政党間移動を説明してきたといえる。

　一方で，それ自体得票，公職，政策への影響力を追求する合理的なアクターである政党 (Strøm 1990) やその執行部が，政党間移動に対してどのように行動するかは十分に検討されてこなかった(Mershon 2014)。換言すれば，政党は単に議員に選択されるだけの客体と捉えられてきた。しかし，政党間移動の頻発は議席の喪失や野党への転落，政党の消滅など重大な帰結を引き起こしうるものである。そのため，政党が目標を追求するうえでは，政党間移動を防ぎ，政党の一体性を維持する必要がある。

　本稿は，議員の政党所属の不利益は離党行動に直結せず，政党執行部の行動が介在することを示す。この執行部の行動とは，政党所属の不利益に対して，資源配分を通じた「補償」を行い，議員を慰留することである。ただし，この慰留は政党全体の目的追及に資する議員に限って行われるため，政党所属の不利益が離党行動に結びつくかは，政党にとっての議員の「価値」に条件づけられる。すなわち，政党にとってより「価値のある」議員は執行部から補償を受け，政党に残留する一方，「価値のない」議員は補償を受けることなく離党すると想定される。

　以上の関心から，本稿では2011 〜 12年に発生した民主党分裂の分析を行った。これは，多数の議員が離党しており分析をしやすいことに加え，以下の意味でLeast Likely Caseと位置づけられるためである。多くの研究が，民主党政権が失敗した重大な要因の一つとして，党内運営の失敗を指摘してきた(前田・堤 2015 など)。また，当時政権の中枢にいた議員の多くも同様の見解を示している(薬師寺 2012; 藤村・竹中 2014)。このように党内統治が失敗したとされ，また政権末期には非常に低い支持率であった民主党でさえ，本稿が主張するような政党間移動に対する執行部の行動が確認できれば，より一般的にこのメカニズムの存在を主張できる。

　分析の結果，議員と執行部との政策選好の乖離は，一様に離党に結びつくわけではなく，当選した選挙区での政党への支持の大きさに条件づけられていた。政党への支持が大きく，どのような候補者でも議席獲得が容易な選挙区から当選した，政党にとって価値の低い議員は，政策選好の乖離

が離党行動に直結していた。一方で，政党への支持が小さい選挙区の，政党にとって価値の高い議員は，政策選好の乖離が離党確率を上昇させておらず，むしろ低下させていることが明らかになった。さらに，政策選好の乖離が，大臣ポストの配分に与える効果についても同様の交互作用があり，政党からの資源配分を通じた慰留が確認された。

　本稿は以下のように構成される。まず，第1節では，政党間移動を扱った先行研究を整理し，政党やその執行部による政党間移動への対応が明らかにされてこなかったことを示す。続く第2節において，執行部の行動についての理論と仮説を提示する。第3節では民主党分裂のケースを紹介する。その後の実証分析では，第4節で分析方法とデータについて紹介したうえで，第5節に分析結果を示す。

1．先行研究の整理と限界

　政党間移動については，様々な事例や多国間比較の分析により，多様な要因から答えが与えられてきた。また，日本でも主に1993年の自民党分裂を事例として分析が行われてきた。本節では，まずそれらの先行研究から政党間移動の要因を概観する。その後，政党間移動を扱う先行研究が政党執行部の行動を議論していないことを指摘する。

1.1　政党間移動の要因

　政党間移動は，議員にとっての政党所属の不利益が，その利益を上回るときに起こると考えられてきた。これは，議員にとって政党に所属するのは自己利益の実現のため（Aldrich 1995; Cox and McCubbins 2007）だからである。これを前提として，多くの先行研究は議員の目標である再選・昇進・政策（Fenno 1973）のいずれの行動誘因が政党間移動に結びつくかを検証してきた[1]。

　まず，最も強調されてきたのは，再選誘因による政党間移動である。この観点からは，政党支持率が低下したとき（McMenamin and Gwiazda 2011）や有権者からの所属政党への支持が小さい（Young 2014 など）ときなど，所属政党によって再選誘因が満足されない場合に議員は離党すると主張されている。また，選挙制度と政党間移動の頻度との関係を指摘する研究もある（McLaughlin 2011; O'Brien and Shomer 2013など）。日本においても，

1993年の自民党分裂をめぐり，議員の選挙での強さが離党行動に影響するとされてきた（Cox and Rosenbluth 1995; 建林 2004）。

次に，昇進誘因との関係では，野党から与党へ移動することで，資源へのアクセスを確保し，また魅力的なポストを手に入れようとすると主張される（Thames 2007など）。また特に日本では，1993年の自民党分裂と2005年の郵政民営化の造反の両方で，シニオリティと離党行動の関係が議論されてきた（建林 2004; Nemoto et al. 2008）。これらの研究では，一定程度当選回数を重ねた「適齢期」の議員は，魅力あるポストを得られる可能性が高くなるため，政党の方針に従いやすいとされている。

それらに加え，政策誘因に基づく離党行動に注目する研究も存在する。O'Brien and Shomer（2013）は，政策的凝集性が高い政党ほど離党者が出にくいことを示している。また，Heller and Mershon（2008）は，政党との政策距離が遠い議員ほど離党しやすく，議場投票で一体的な行動を要求する，政党規律の強い政党ほど離党者を出しやすいと主張している。また，1993年の自民党分裂の分析でも，政策選好が離党行動に関連していることが議論されている（Reed and Scheiner 2003; 建林 2004）。

本稿が事例とする民主党の分裂もまた，同様の観点から議論されてきた。まず，再選誘因の観点では，民主党の支持低下によって，選挙に弱い議員が新たな政党での当選を目指して離党したとされる（Nyblade 2013）。また，昇進・政策誘因に注目する研究もある。たとえば，前田・森（2015）が政府ポストへの就任が離党確率を低下させていることを示している。さらに小島（2015）は，民主党政権下での議場投票における造反には議員の政策選好が影響しているとする。

以上の先行研究は，政党間移動の要因について，議員が政党所属を変える誘因の観点から説明を試みてきた。その一方で，議員が移動しようとする政党が，その議員を受け入れる誘因を持つかに注目した研究もある。この点でDesposato（2006）は，議員が移動先政党にもたらす利益が政党間移動の発生を規定することを数理的に示している。

1.2 先行研究の問題点

先行研究の問題点は，離党する誘因を持つ議員に対して，政党執行部が戦略的に対応するという視点が欠如していることにある。上述したよ

うに，議員が政党所属を変える誘因については多くの知見が得られている一方で，政党間移動に対する執行部の対応は，理論的には指摘されてきたにもかかわらず（Heller and Mershon 2009c），知見が蓄積されていない（Mershon 2014）。つまり，多くの研究が政党間移動を単に議員の選択の結果と捉え，それ自体合理的なアクターである，政党の行動を無視してきたといえる。さらに，政党側の戦略的行動に注目する先行研究が検討してきたのは，移動先の政党が移動議員を受け入れるかに限られ，党を離れようとする所属議員への執行部の行動は明らかでない。

　離党する誘因を持つ議員に対する執行部の行動を検討することによって，以下の2つの意味で政党間移動や政党の一体性に関する議論に新たな視点を提供できる。第一に，政党所属を変える誘因と実際の行動との関係が，先行研究が指摘してきたよりも複雑になるだろう。議員が政党を離れる誘因が離党行動に直結せず，執行部との相互作用によって離党行動が規定されるためである。

　第二に，議員が自由に政党所属を決定するとする先行研究の想定は，政党やその執行部の影響力を過小評価している可能性がある。政党間移動による議員数の減少により，政党は政策への影響力を失い，また政権構成も変化しうる（Heller and Mershon 2009b）。政党間移動に対して，政党が議員に選択されるだけの単なる客体であるならば，執行部の意思決定に対して不満を持つ議員は政党を離れ，執行部の権限は政党間移動によって阻害されうる。一方で，執行部が政党間移動に対して戦略的に行動するのであれば，政党は不満を持つ議員を党内にとどめながら，集権的な意思決定を行いうる主体であるといえる。

2．理論と仮説

2.1　政党間移動に対する政党執行部の戦略

　本節では，政党間移動に対する執行部の戦略と行動を検討していく。特に焦点を当てるのは，政党所属による不利益が利益よりも大きく，離党する誘因を持つ議員への執行部の対応である。

　議員にとって，執行部の方針に従う不利益が最も顕在化するのは，議場投票の場面である。党の多数派が利益を得る政策でも，個々の議員は党の

方針に反した投票行動をとる誘因を持ちうる。このような議員に対して，執行部は，議員に対する資金援助（Jenkins and Monroe 2012）や選挙区への利益配分（Carroll and Kim 2010）を通じて，「補償」を行い，政党の意向に沿わせるとされる。また，資源配分を通じて議員を執行部の意向に沿わせる行動は，一体性が高く，執行部が強い影響力を持つとされるイギリスでも観察されている（Benedetto and Hix 2007; Eggers and Spring 2014 など）。これらの研究は，執行部が一般議員に閣僚ポストを配分し，一体的な行動をとらせているとする。

この理論からは，執行部は政党所属に不利益を感じる議員に対しても，「補償」を行うと考えられる。議員が政党に所属する不利益が利益を上回ったとき，役職などの資源を配分し，政党に所属する利益を上昇させ，党内に慰留するのである。さらに，閣僚ポストなどの魅力的な配分を制度化し，キャリアの見通しを与えること（川人 1996; 濱本 2011; 藤村 2012 など）で，直接資源の配分を受けない議員の統制も可能になるだろう。

ただし，以下の2点の理由から，執行部は政党所属を変えようとする全ての議員を引き留めるわけではなく，選択的に資源配分を行うと考えられる。第一に，政党が保有する資源が有限だからである（Kam 2009）。選挙資金や選挙区への利益配分，政府の役職といった資源は無限に存在するわけではない。そのため，多くの所属議員が政党所属に不利益を感じた場合，必然的に引き留められない議員が出てきてしまう。

第二に，全ての議員を慰留することが必ずしも，政権維持や政策実現など政党の利益の追及に寄与しないためである。たとえば，与党の議席が過半数を大幅に超えている状況で強硬に執行部の方針に反対する新人議員がいた場合，執行部にそのような議員を慰留する誘因はないだろう。つまり，執行部は限られた資源を，より政党にとって価値の高い議員に対してのみ配分すると想定される。

これまでの議論からは，以下のような執行部の行動が想定される。まず，執行部は政党所属に不利益を感じ，離党しようとする一般議員に資源を配分し，慰留を行う。ただし，執行部は，議員が政党にもたらす利益によって選択的に慰留を行う。このため，政党にとってより価値のある議員は政党所属の不利益を被っても離党しにくい半面，価値のない議員は政党所属の不利益が離党に直結するだろう。この結果，政党所属の不利益を受

けた議員は一様に離党を選択するわけではなく，政党所属の不利益が離党
行動につながるかは，政党にとっての議員の価値に条件づけられると考え
られる。

2.2　仮説

　本稿の理論によれば，政党にとって価値の高い議員は政党からの補償を
受けるため，政党所属により不利益を被っても，価値の低い議員に比べて
離党しにくいことが観察できるだろう。この理論を検証するためには，「政
党にとっての議員の価値」と「政党所属の不利益」の2点を観察可能な形
に操作化する必要がある。

　1点目の政党にとっての議員の価値について，議席最大化の観点から
は，政党自体への支持が弱い選挙区から選出された議員ほど，政党にとっ
て価値が高いと考えられる[2]。そのような議員の離党は，政党の議席の喪
失につながりやすいためである。政党への支持が弱い選挙区で当選した議
員は，その議員自体に一定の支持があるからこそ勝ち上がることが可能で
あり，他の候補者では落選する可能性が高い。一方で，政党自体に強い支
持のある選挙区では，どのような候補者でも議席獲得を図ることが比較的
容易である。また，支持が弱い選挙区への資源配分は，それ自体議席拡大
につながりうる。

　以下の2つの証拠は，民主党の場合でも，選挙区における政党への支持
が議員の価値を決定することを示唆する。まず，2009年総選挙でも民主党
への支持には分散があり，2012年総選挙の比例得票との間には正の相関が
みられる[3]。民主党の支持率が低迷しており，次回選挙での苦戦が予想さ
れていた状況からすれば，2009年総選挙で支持が比較的弱い選挙区から当
選してきた議員を次の選挙を見据えて慰留する必要がある。

　次に，支持が弱い選挙区で議員が離党した場合，候補者を擁立するのは
困難になる。民主党政権下で離党した議員の選挙区のうち，2012年総選
挙で候補者を擁立した選挙区では，2009年総選挙の比例得票率が42.5％で
あったのに対し，擁立しなかった選挙区では41.2％であった[4]。

　2点目の，議員が政党所属により受ける不利益については，先行研究と
同様に再選・昇進・政策の3つの要素から検討していく。

　まず，再選を追求する議員にとって所属政党への支持が低下したとき，

その政党に所属し続けることは不利益となるだろう。政党支持の低下は議員の再選可能性を低下させ，政党所属がむしろ再選に悪影響を及ぼしうる。

一方で，本事例において昇進誘因は，直接に離党行動を導くとは考えづらい。現実的にも，政権与党である民主党から離れることで昇進を図ることは想定しがたく，さらに先行研究でも与党であることが昇進誘因を満たす条件であるとされる（Thames 2007 など）[5]。

最後に，政策実現を目指す議員にとって問題になるのは，政党との政策距離である。政党と政策選好が乖離しているとき，議員にとって好ましくない政策が実現される可能性が高まる。特に，首相との政策距離が大きいとき，議員は政党所属の不利益を受けると考えられる。これは，選挙制度改革と内閣機能の強化により首相が政策形成に及ぼす影響力が増大し，民主党政権においても同様の現象が観察されるためである（待鳥 2012; 2013）。また実際にも，民主党政権において首相主導で政策転換が行われていた。たとえば，消費増税やTPP交渉参加は野田首相の強い意向によって党内の反対が押し切られた（読売新聞政治部 2012）。

ここまでの議論から，以下のような仮説が導ける。

仮説1　政党支持率が上昇すれば，議員は離党しにくくなる。選出された選挙区における政党への支持が強くなるほど，その負の効果は大きくなる。

仮説2　首相との政策選好が乖離すれば，議員は離党しやすくなる。選出された選挙区における政党への支持が強くなるほど，その正の効果は大きくなる。

これらの仮説は，議員が政党所属によって受ける不利益が政党間移動に直結せず，その効果が選挙区における政党への支持の強さに条件づけられることを示すものである。そのため，政党から議員への補償というメカニズムについても，理論通りに行われていることを示す必要がある。本稿では，政党所属の不利益と政党への支持の強さの交互作用について，閣僚ポストの配分に関しても同様の関係を示すことで，このメカニズムを確認する[6]。

3．民主党分裂のケース

本節では，分析の対象となる民主党分裂について，執行部から議員への働きかけを中心に記述する[7]。

民主党からの初の自発的な離党は，菅内閣期の2011年3月に佐藤夕子が減税日本への参加を理由に離党したものであった。また，6月には，菅内閣不信任案に賛成した2議員が除名された。

首相が野田佳彦に交代した後，12月28日に内山晃ら9人が消費増税などのマニフェスト違反を理由に離党届を提出し，「新党きづな」を結成した。この多くは，従来から執行部の方針に反対を表明してきた議員であった。このとき，首相周辺の議員が，「離党する10人[8]なんていらない人たちだ。勝手に出ればいい」と発言したことが報じられている[9]。執行部の中で，議員の価値を判断し，対応を決めていたことを示唆する発言である。

そして，マニフェスト違反をめぐる執行部への反発が，消費増税をめぐる造反・離党につながっていく。与党審議を経て2012年3月30日に社会保障と税の一体改革法案が閣議決定されると，閣議決定に反発して2議員が離党した。さらに，6月15日に自民，公明党と修正合意したことで，小沢一郎は離党し新党を結成することを視野に入れることとなり，21日には45人分の離党届を集めた。これに対して執行部は，一体改革の素案が取りまとめられた2011年末ごろから，議員を個別に説得するチームを立ち上げていた[10]。このチームは，首相補佐官を中心として消費増税に関してだけでなく，離党の意向を持つ議員にもアプローチしていた[11]もので，一体改革法案の採決の際にも個別の議員の説得などに中心的な役割を果たした。また採決に際しては，野田首相自らが個別に電話をかけ説得にあたったとの報道もある[12]。これらの説得にあたっては，政務官ポストやテレビ中継のある委員会での質問の機会を約束しており[13]，実際に行動を変えた議員も存在するとされる[14]。

結果的に，26日の消費税法改正案採決では，57人の議員が反対，16人の議員が欠席，棄権した。この後も，執行部から造反者に対して離党を思いとどまるよう説得が行われ[15]，小沢らも離党をせずに会派を離脱する妥協案を探った。しかし，野田は譲歩案を与えず，30日には，事実上の慰留打ち切り宣言を行い，「一切の妥協案を拒否することで，小沢が離党を選

択するしかない方向に誘導しているのは明らかだった」とされる[16]。これをうけて，小沢は預かっていた離党届を提出し，「国民の生活が第一」を結党した。

その後も，日本維新の会などの「第三極」政党への移動が散発した。離党予備軍を取り込むため，10月1日に発足した野田第3次改造内閣では，副大臣と政務官ポストが若手議員に配分されるとともに，小沢グループに所属していながら小沢と袂を分かち党に残った三井辨夫と中塚一宏が閣僚ポストを与えられた[17]。しかし，特に11月14日に野田が解散の表明をした後は離党者が相次ぎ，15日に4人，16日に5人もの議員が離党届を提出している。

4. 分析の方法とデータ

本節では，次節の計量分析にあたっての分析方法とデータ及び変数を紹介する。特に，議員の離党行動を被説明変数とした分析について説明する。

4.1 分析の方法

本稿では，McMenamin and Gwiazda（2010）と同様に，生存分析によって政党間移動を分析する。これは，関心をもつ説明変数である，政党支持率および首相との政策距離が，時間とともに変化する変数であり，離党した議員はそれ以降観察されなくなる打ち切りの問題を含むためである。

生存分析にあたっては，経過時間ごとのイベントの発生確率（基準ハザード率）の変化についてモデルを選択する必要がある。本稿では，基準ハザード率が変化しないと仮定する指数ハザードモデルを採用した。これは，政党支持率が時間とともに変化するが，議員間では分散がないためである。このため，Cox比例ハザードモデルやWeibullハザードモデルなど，データから基準ハザード率の変化を推定するモデルでは，推定された変化に政党支持率の効果が吸収され，その効果が過小評価される可能性がある。

分析対象は，2009年総選挙に民主党から小選挙区で出馬し，選挙区もしくは比例復活で当選した議員である。また，スキャンダルが原因で離党したと報じられた議員[18]と任期途中に辞職した議員を分析から除く。この結果，分析対象となるのは257議員である。次に，分析期間は2009年9月か

210

ら2012年12月までの40か月である[19]。分析単位は議員257人×分析期間40か月であり，離党するとその議員は次月から観察されなくなるため，サンプルサイズは9987となる。

4.2　被説明変数

推定の対象となるのは離党が起こるハザード率であるため，離党行動がいつ起こったかを観察する必要がある。日本では，議員の政党所属は公的に管理されておらず，公的な資料に基づいて政党間移動を確定することができない（山本 2010）。そのため，『朝日新聞』において離党届を提出したと報じられた日を，離党した日時とした[20]。この結果，分析対象となる議員について，民主党政権下で離党した議員は56人であった。

4.3　説明変数

関心の対象となる説明変数は，選挙区における政党支持の強さ，政党支持率，首相と議員との政策距離である。また，政党支持率と政策距離のそれぞれと，民主党比例得票率の交差項を投入する。交差項の解釈を簡単にするため，これらの説明変数については全て標準化して回帰式に投入した。

4.3.1　選挙区における政党支持の強さ

選挙区における政党支持の強さは，2009年衆院選における比例得票率を選挙区ごとに計算し操作化した[21]。拘束名簿式比例代表制は，最も政党投票を促進する選挙制度であり（Carey and Shugart 1995），得票率は選挙区ごとの政党への支持の大きさを表していると考えられる。

ただし，比例得票率で政党への支持を測ることに対しては，小選挙区での候補者への支持の大きさが，比例部分での所属政党の得票に影響するのではないかという批判が想定される。しかし，執行部が戦略的に行動するならば，各選挙区における客観的な政党への支持の大きさではなく，執行部の認識上での支持の大きさが重要だと考えられる。そして，他に各選挙区における政党への支持の大きさを測る基準がないために，執行部はこれを測る際に，比例得票率を基準としていると想定できる。そのため，もし比例得票が候補者個人への支持に影響されるとしても，執行部の認識上での，選挙区における政党への支持の大きさの指標として比例得票率を用い

ることが適当だといえる。なお，実証分析においては，小選挙区部分での
接戦度を統制している。

4.3.2 政党支持率

政党支持率は，NHK放送文化研究所による「政治意識月例調査」[22]の民
主党支持率を用いた。また，変数として投入する際，t－1月の支持率を投
入した。これは，離党者の多発が政党支持の低下を引き起こす逆の因果の
可能性を低減するためである。ただし，2011年3月については東日本大震
災の発生により調査が行われていないため，2011年2月と4月の支持率を
平均して内挿した。

4.3.3 政党執行部との政策距離

最後に，政党執行部との政策距離については，「東京大学谷口研究室・
朝日新聞共同政治家調査」[23]の2009年衆院選候補者調査を用いて推定を
行った[24]。幅広い政策分野について政策選好を尋ねた20項目（Q9）を主成
分分析し，政策軸を抽出した。

主成分分析に当たっては，欠測値を多重代入法によって補完し，5個の
データセットを作成した[25]。このように主成分分析を行うため，多重代入
により作成するデータセットの数だけ主成分分析の結果も存在するが，各
データで大きく結果が変わることはない[26]。

分析の結果抽出された，2つの政策軸は以下のように解釈できる。第1
主成分は安全保障争点に加え，永住外国人の地方参政権などの社会的争
点，消費税率引き上げなどの経済に関する争点についても負荷量が高い。
このように特に説明力の高い第1主成分が様々な争点と関連していること
は，同様に東大朝日調査を用いて政策軸を抽出した谷口（2006）と同様の
結果であり，これと同様に「保守－革新」の対立軸ととらえる。次に，第
2主成分は公共事業による雇用確保や道路予算の維持が負に大きな負荷量
を持っている一方で，基礎年金の税負担が正に大きな負荷量を持ってい
る。このため，公共事業等による個別的な分配を行うか，より普遍的な分
配を行うかの対立軸ととらえ，第2主成分は「普遍的－個別的分配」軸と
解釈する。

この2つの主成分について，各議員の首相からの距離を，2009年9月か

ら2010年5月までは鳩山由紀夫，6月から2011年8月までは菅直人，9月から2012年12月までを野田佳彦の各首相と各議員との主成分得点の差の絶対値として算出した[27]。

4.3.4　説明変数の結果の予測

　ここでは，本稿で関心を持つ，政党支持率と政策距離，それぞれと民主党比例得票率の交差項の係数について，推定結果の予測を述べる。まず，支持率自体の効果として，負の係数が予測される。支持率が下がるほど議員が離党する確率は上昇し，上がるほど離党確率は低下すると予測されるからである。また，支持率と比例得票率との交差項も負の係数が予測される。政党への支持が強い選挙区であるほど，執行部からの補償をうけにくいため，支持率が低下したとき，離党しやすくなるからである。

　次に，政策距離の主効果については，正の係数が予測される。首相との政策選好が乖離すればするほど，離党する可能性は高まるからである。また，比例得票率との交差項の係数も正の方向であると考えられる。政党への支持が強い選挙区であるほど，執行部からの補償をうけにくいため，政策選好が乖離したとき，離党しやすくなるからである。

4.4　統制変数

　本稿では，以下の統制変数を投入した。まず，議員の政策選好と離党行動の両方に影響を与えうる変数として，当選回数とその二乗項，前回選挙得票マージン[28]，比例復活ダミー[29]，選挙区人口密度[30]，所属グループダミー[31]を投入した。議員のキャリアや選挙の強さ，選挙区特性は政策選好に影響しうるし，1.1で述べたように，これらの変数が離党行動に影響することは先行研究で議論されている。また，政策選好の違いを伴うであろう所属グループについては，小沢グループに所属していた議員が集団離党したことは夙に指摘されるところである。

　次に，政党支持率に影響しうる変数として，当月に民主党に所属している議員の数を投入した[32]。政党の分裂により議員数が減少していくと政党支持率が低下する可能性があるとともに，議場におけるメディアンを狙った離党行動が発生する可能性がある（山本2010）。

5．分析結果

5.1　政党所属の不利益と離党行動

分析の結果を以下の表1に示す[33]。ただし，各グループダミーの推定結果は割愛している。

まず，政党支持率について，その主効果のみが予測通り5％水準で負に有意な影響を与えている。次に，保守－革新対立軸における政策距離については，その主効果は統計的に有意でないが，比例得票率との交差項は5％水準で正に有意な結果が得られた。最後に，普遍的－個別的分配の軸については，主効果，交差項ともに有意でなかった。

表1　離党行動の決定要因

	係数（標準誤差）
支持率	$-1.678**$ (0.465)
支持率×比例	0.234 (0.356)
保革距離	0.055 (0.162)
保革×比例	$0.445**$ (0.185)
分配距離	0.024 (0.177)
分配×比例	-0.117 (0.135)
比例得票率	0.023 (0.363)
当選回数	$-0.526**$ (0.209)
当選回数2	$0.042**$ (0.017)
得票マージン	-0.362 (0.552)
復活当選	$-0.807*$ (0.493)
人口密度（対数）	0.152 (0.103)
議員数	-0.005 (0.007)
定数	$-8.389**$ (2.285)
N	9,987

注：$*p<0.1$；$**p<0.05$

統計的に有意な結果が得られた政党支持率および保革対立軸の政策距離

図1　政党支持率が離党行動に与える限界効果

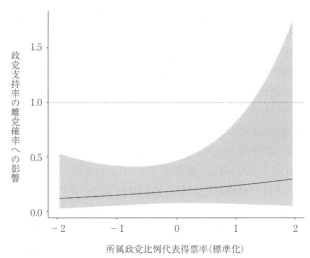

図2　政策距離が離党行動に与える限界効果

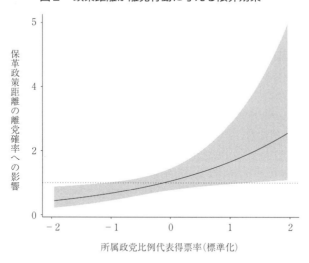

について，交差項の解釈のため，限界効果を図1及び図2に示す。これらの図において，x軸は標準化した比例得票率を示し，y軸は支持率と政策距離が1標準偏差増加したとき離党確率が何倍になるか（ハザード比）を示す。以降の図中の実線は点推定値，影の範囲は95％信頼区間を示す。

まず，図1を解釈していく。政党支持率は多くの区間で，信頼区間が1にかかっておらず，離党行動に有意な負の効果を及ぼしている。その効果も，支持率が1標準偏差上昇すると離党確率が0.2〜0.25倍になるといえ，実質的な効果が認められる。しかし，比例得票率によって大きく効果が変わることはなく，比例得票率によらず支持率の低下は離党を招くといえる[34]。

次に，図2の保革軸についての政策距離については，選出された選挙区における政党への支持の大きさによって，政策距離が離党確率に与える影響は異なっている。まず，比例得票率が約1.3標準偏差以上の民主党への支持が強い選挙区から選出された議員については，その効果が正の方向で統計的に有意である。つまり，政策選好が乖離するほど離党しやすくなるといえる。また，1標準偏差政策選好が乖離すると，離党確率が2倍以上になっており，実質的な効果が認められる。

更に，選挙区における民主党比例得票率が平均から約１標準偏差以内に収まる，政党の強さが平均的な選挙区から選出された議員については，政策距離が離党行動に与える効果は統計的に有意ではない。特に，平均値付近ではハザード比がほぼ１であり，首相との政策距離が離党行動に与える影響は，実質的にもほとんどないといえる。

最後に，比例得票率が約－1.3標準偏差以下の，民主党が弱い選挙区から選出された議員については，政策選好が離れるほど離党しにくくなるという反直感的な結果が得られた。たとえば比例得票率が－1.96の民主党が非常に弱い選挙区について，政策距離が１標準偏差離れると離党確率が約0.4倍になる。

この結果は，Heller and Mershon（2008）など，政策選好が乖離するほど議員は離党しやすいとしてきた先行研究とは対照的であり，議員が政党に所属する誘因の観点からは説明できない。それに対して，執行部の行動を加味すれば，この結果は以下のように解釈できる。執行部は政策距離から判断して資源を分配する。そのため，補償を受ける選好の乖離した議員は，その他に政党所属の不利益を被っても離党しにくいだろう。すなわち，政党への支持が弱い選挙区選出の議員について，政策距離の乖離が離党に負の影響を持つことは，政党間移動が一般議員と執行部との相互作用の帰結であることを強く示唆する。

本項の分析から以下の２点が明らかとなった。第１に，首相との政策選好の乖離が離党行動に結びつくかは，選出された選挙区における政党への支持の強さに条件づけられる。これは，本稿が主張する，政党による議員への戦略的な補償のメカニズムを支持する結果である。第２に，政党支持率が離党行動に与える影響については，予測したような交互作用は観察されず，ほぼ全区間で実質的にも一定の大きさの効果があった。

5.2　大臣ポスト配分の分析

本項では，前項で確認された政策距離と離党行動の関係の間に，政党からの戦略的な資源配分があることを示す。具体的には，政策距離が大臣ポスト就任に与える影響は，議員の選挙区における政党支持の強さに条件づけられるかを検証する。大臣ポストを対象にするのは，政策的影響力などの点で他のポストと比べ魅力的であると考えられるのに加え，配分できる

数が少なくより戦略的に配分を行う必要があるためである。また，2.1でも触れたとおり，最も魅力的な閣僚ポストの配分を制度化し，キャリアの見通しを与えることは，配分対象とならない若手議員の統制にもつながるだろう。

ここでは，大臣ポストの配分は内閣改造ごとに行われること，民主党政権では首相の交代があることを利用し，議員×内閣ごとのパネルデータを用いた固定効果モデルによる分析を行った。すなわち，首相の交代による各議員の首相との政策距離の変化が，大臣ポストの配分へ与える影響を分析する。首相の交代は各議員が直接には決定できないため，議員ごと，改造ごとの固定効果を投入することで，議員，時期ごとに異なる変数を排除して首相との政策距離が大臣就任に与える影響を分析することが可能となる。

被説明変数は大臣ポストへの就任であり，説明変数は首相からの政策距離および政策距離と選出選挙区における民主党比例得票率の交差項である[35]。分析の対象となる内閣は，民主党政権下で大規模な改造が行われた[36]鳩山内閣，菅1次改造内閣，野田内閣であり[37]，分析対象の議員は5.1の分析と同様の257議員である。

推定の結果，前項の結果と同様に保革軸の政策距離と選挙区における比例得票率の交差項が負に有意な結果を示している[38]。この交差項の解釈を示すのが次の図3である。この図からは，標準化した比例得票率が1.3を超える民主党への支持が強い選挙区から選出された議員について，政策距離が大臣ポストの就任へ負の影響を持つといえる。一方で，平均より民主党が弱い選挙区から選出された議員については，政策距離の効果の点推定値が0付近，もしくは正であり，少なくとも政策選好の乖離が大臣就任に不利益に働いていないことが分かる。すなわち，政策選好が離れた議員は，政党への支持が強い選挙区から選出されていれば，大臣ポストを配分されにくい。一方で，選挙区での政党支持が弱ければ，政策選好の乖離への補償が行われ，大臣ポストの配分に不利に働かないといえる。この結果は，政党所属の不利益への補償として，戦略的な資源配分が政党によって行われていることを示す。

図3 政策距離が大臣ポスト配分に与える限界効果

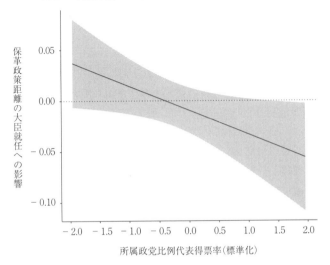

おわりに

　本稿では，政党間移動を議員の誘因からのみ分析してきた先行研究に対して，政党やその執行部が，離党する誘因を持つ議員に対して戦略的に行動するという理論を提示した。この戦略的行動とは，政党にとって価値の高い議員には，政党所属による不利益を補償して党に慰留するものである。予測通り，政策選好の乖離が離党行動に与える影響は，選挙区における政党への支持の強さに条件づけられることが確認された。また，大臣ポスト配分の分析の結果，政策乖離への補償としての資源配分が示された。その一方で，政党支持率の低下については同様の交互作用が確認できず，政党支持率の低下はほぼ一様に議員の離党確率を高めていた。

　以上の知見は，政党間移動や政党の一体性に関する研究に対して，次の2点の理論的な貢献を有する。1点目に，執行部の行動による，政党間移動の発生への影響を示すことができた。これは，政党間移動の発生を議員が政党に所属する誘因の観点からのみ説明してきた先行研究よりも，政党間移動の要因が複雑であると示唆している。このため，「なぜ，政党間移動が起こるのか」との疑問に新たな視点から答えを与うる知見である。

２点目に，政党間移動に対して，執行部が議員の不利益を補償しながら，集権的な政策決定を行うメカニズムが発見できた。特に，慰留はより政党にとって目標追及に資する議員に行われていた。

この執行部の戦略的行動は，日本における執行部中心の意思決定を下支えするとも解釈できる。1990年代の制度改革以降，執行部による集権的な意思決定が広く指摘されてきた（待鳥 2012; 中北 2017 など）。しかし，執行部が公認権を握っているとはいえ，選挙区で不人気な政党の政策が得票を減らすときには，議員は執行部の方針に反対し政党所属を変える誘因を持つだろう。特に政党への支持が弱まったときにはなおさらである。本稿では，党内運営が失敗したと指摘されてきた民主党ですら，政党間移動の誘因を持つ議員に対して，執行部が戦略的に対応しうることを示した。この政策的不利益に対する補償が，執行部中心の意思決定を可能にしていることが示唆される。

もちろん，本稿の結論は民主党分裂の一事例のみから導かれたものであり，政党間移動における政党の戦略的行動を，多くの事例について実証することが求められる。またこれにより，本稿のメカニズムを一般的に確認する以上に，政党の戦略的行動のヴァリエーションを検証することが課題となる。たとえば，執行部は議席数や党内対立の状況を意識して，議員の慰留を決めるかもしれない。これらの政党の行動へのより深い理解は，政党組織や一体性に関して，より多くの知見を得ることに寄与するだろう。

〔謝辞〕　本論文は，執筆者の修士論文を加筆・修正したものです。大西裕先生，品田裕先生，砂原庸介先生，藤村直史先生，矢内勇生先生，秦正樹先生，Song Jaehyun先生，吐合大祐氏，重村壮平氏からは，草稿に対し有益なコメントをいただきました。また，査読の過程では2名の匿名の査読者の方から貴重なコメントを頂戴しました。記して感謝申し上げます。

（１）　それぞれの誘因を独立として検証する研究に対し，誘因の階層性を主張する研究もある（Klein 2016）。
（２）　政党にとって最も優先度が高い，議席最大化目標から議員の価値を検討した。政党にとっての議員の価値は，政党の他の目標からも操作化が可能であるが，他に議員の価値を測る基準があることは本稿の結論を妨げない。

（ 3 ） オンライン・アペンディックス（http://u0u1.net/NFXs）の図A.1に散布
　図を示した。

（ 4 ） サンプルサイズの小ささ（N=56）からベイズ推定による差の検定を
　行ったところ，85%以上の確率で，候補者を擁立した選挙区の方が前回比
　例得票率が高かったといえる。詳細はオンライン・アペンディックスを参
　照されたい。

（ 5 ） 前田・森（2015）は，民主党分裂について役職経験と一定の当選回数
　であることが離党に負の効果を持ち，昇進誘因が重要だとしている。しか
　し，これは役職配分によって離党を思いとどまることを示すものであり，
　議員が政党所属を変える誘因自体を説明するものではない。

（ 6 ） また，閣僚ポストを配分された議員ほど離党しない傾向を確認してい
　る（オンライン・アペンディックス 表A.1）。これは，民主党分裂を扱った
　前田・森（2015）でも実証されているものである。

（ 7 ） 本節の記述に際しては，主に読売新聞政治部（2011, 2012）や前田・森
　（2015），藤村・竹中（2014）と朝日・読売新聞を参考にした。

（ 8 ） 直後に離党届を提出した 1 議員を含む。

（ 9 ） 『朝日新聞』 2011 年 12 月 29 日　朝刊。

（10） 藤村・竹中（2014, 80）。

（11） 藤村・竹中（2014, 122-123）。

（12） 『朝日新聞』2012 年 6 月 22 日 朝刊。

（13） 『朝日新聞』2012 年 6 月 25 日 朝刊。読売新聞政治部（2012, 199）。

（14） 藤村・竹中（2014, 160）。

（15） 藤村・竹中（2014, 164）。

（16） 読売新聞政治部（2012, 206-210）。

（17） 『朝日新聞』2012 年 10 月 2 日　朝刊。

（18） 中島正純と土肥隆一の 2 議員。

（19） 政党支持率は月ごとに調査されるため，分析の単位を月とした。

（20） 一部，実際の提出が報じられていないケースについては，後日他党へ
　の入党を確認したうえで，離党届を提出する意向が報じられた日を離党し
　た日時とした。

（21） 『読売新聞』による市町村ごとの比例得票数から作成。計算の詳細は
　オンライン・アペンディックスを参照されたい。

（22） http://www.nhk.or.jp/bunken/research/yoron/political.html，最終閲覧2018年
　11月19日。

（23） http://www.masaki.j.u-tokyo.ac.jp/utas/utasindex.html，最終閲覧2018年11
　月19日。

(24) 民主党政権では，任期中に特に経済争点に関して争点態度の変化が
あったとする指摘があるが(前田・森 2015)，任期中の争点態度の変化を
観察することは困難であるため，本稿では2009年選挙時の結果のみを用
いた。

(25) 多重代入法にあたっては，Rのmiceパッケージを用い，東大朝日調査
の項目すべてを補助変数として代入に用いた。

(26) 寄与率や負荷量等，主成分分析の結果はオンライン・アペンディック
スの表A.2に示した。

(27) 鳩山，菅，野田の3議員は政策位置の推定に用いたすべての質問に回
答していた。

(28) 議員が小選挙区で当選している場合対次点比，比例復活の場合当選し
た議員との得票比。読売新聞社による選挙データから作成。

(29) 比例復活当選であれば1をとる。

(30) 東京大学西沢明氏作成のデータを使用した(http://www.csis.u-tokyo.
ac.jp/~nishizawa/senkyoku/，最終閲覧2018年11月19日)。

(31) ここで投入したのは，小沢，鳩山，菅，前原，横路，民社，野田，鹿
野，羽田，樽床，小沢鋭仁の11グループである。各グループに所属して
いれば1をとる。濱本 (2015) に基づき作成。

(32) ただし，途中入党した議員や任期中に辞職した議員は除いている。

(33) これ以降に示す結果は全て，多重代入を行い作成した5つのデータ
セットを統合した結果である。なお，解釈を容易にするために表中の係数
の値を正負反転して示している。指数ハザードモデルにおいて，係数 β と
ハザード率HR (x=1, x=0)の関係はHR (x=1, x=0) =exp ($-\beta$)となるた
めである。

(34) ただし，比例得票率が約1.3標準偏差以上の，民主党が強い選挙区か
ら選出された議員については，支持率が統計的に有意な効果を与えている
とは言えない。

(35) 前節と同様，政策選好の推定の際に多重代入を行っているため，以降
には統合した結果を示す。

(36) 留任した大臣は，新たに資源が配分されたわけではないため，留任が
10人以下の内閣を分析対象とした。また，野田3次改造内閣は多くの議員
がすでに離党しているため，分析から除いた。菅1次改造内閣発足以降，
野田内閣発足までに離党した3議員は，野田内閣の時点ではサンプルから
脱落している。

(37) この分析では，3内閣を区別なく扱っている。党内対立の程度などに
よって，議員への補償の動機には分散が想定される一方で，執行部は党内

対立が表面化していないときでも，党内の人事システムを制度化し，議員に将来のキャリアについて展望を与える必要がある。

(38) 係数の推定値などはオンライン・アペンディックスの表A.4に示した。

参考文献

川人貞史. (1996).「シニオリティ・ルールと派閥 自民党における人事配分の変化」.『レヴァイアサン』臨時増刊号, 111-145.

小島真一. (2015).「民主党政権における党議拘束からの逸脱の計量分析」.『六甲台論集 法学政治学篇』, 61 (1・2), 23-37.

建林正彦. (2004).『議員行動の政治経済学』. 有斐閣.

谷口将紀. (2006).「衆議院議員の政策位置」.『日本政治研究』3 (1), 90-108.

中北浩爾. (2017).『自民党』. 中央公論新社.

濱本真輔. (2011).「民主党における役職配分の制度化」. 上神貴佳・堤英敬編著『民主党の組織と政策』. 東洋経済新報社. 29-69.

濱本真輔. (2015).「民主党政権下の政府人事」. 前田幸男・堤英敬編著『統治の条件』. 千倉書房. 35-78.

藤村修・竹中治堅. (2014).『民主党を見つめなおす』. 毎日新聞社.

藤村直史. (2012).「小選挙区比例代表並立制下での役職配分」.『選挙研究』28 (1), 21-38.

前田幸男・堤英敬編著. (2015).『統治の条件』. 千倉書房.

前田幸男・森正. (2015).「民主党政権における立法と議員行動」. 前田幸男・堤英敬編著『統治の条件』. 千倉書房. 245-290.

待鳥聡史. (2012).『首相政治の制度分析』. 千倉書房.

待鳥聡史. (2013).「民主党政権下における官邸主導」. 飯尾潤編著『政権交代と政党政治』. 中央公論新社. 75-102.

薬師寺克行. (2012).『証言民主党政権』. 講談社.

山本健太郎. (2010).『政党間移動と政党システム』. 木鐸社.

読売新聞政治部. (2011).『亡国の宰相』. 新潮社.

読売新聞政治部. (2012).『民主瓦解』. 新潮社.

Aldrich, J. H. (1995). *Why Parties? The Origin and Transformation of Party Politics in America*. Chicago: University of Chicago Press.

Benedetto, G., and S. Hix. (2007). "The Rejected, the Ejected, and the Dejected: Explaining Government Rebels in the 2001 – 2005 British House of Commons." *Comparative Political Studies*, 40 (7), 755-781.

Carey, J. M., and M. S. Shugart (1995). "Incentives to Cultivate a Personal Vote: A Rank Ordering of Electoral Formulas." *Electoral Studies*, 14 (4), 417-439.

Carroll, R., and H. A. Kim (2010). "Party Government and the "Cohesive Power of Public Plunder." *American Journal of Political Science*, 54 (1), 34-44.

Cox, G. W., and M. D. McCubbins (2007). *Legislative leviathan: Party Government in the House*. Cambridge University Press.

Cox, G. W., and F. Rosenbluth (1995). "Anatomy of a Split: the Liberal Democrats of Japan." *Electoral Studies*, 14 (4), 355-376.

Desposato, S. W. (2006). "Parties for Rent? Ambition, Ideology, and Party Switching in Brazil's Chamber of Deputies." *American Journal of Political Science*, 50 (1), 62-80.

Eggers, A. C., and A. Spirling (2014). "Party Cohesion in Westminster Systems: Inducements, Replacement and Discipline in the House of Commons, 1836 − 1910." *British Journal of Political Science*, 1-23.

Fenno, R. F. (1973). *Congressmen in Committees*. Little, Brown.

Heller, W. B., and C. Mershon (2008). "Dealing in Discipline: Party Switching and Legislative Voting in the Italian Chamber of Deputies, 1988 − 2000." *American Journal of Political Science*, 52 (4), 910-925.

Heller, W. B., and C. Mershon (2009a). *Political Parties and Legislative Party Switching*. Palgrave Macmillan US.

Heller, W. B., and C. Mershon (2009b). "Introduction: Legislative Party Switching, Parties, and Party Systems." In Heller and Mershon (2009a), 3-28.

Heller, W. B., and C. Mershon (2009c). "Integrating Theoretical and Empirical Models of Party Switching." In Heller and Mershon (2009a), 29-51.

Jenkins, J. A., and N. W. Monroe (2012). "Buying Negative Aagenda Control in the U.S. House." *American Journal of Political Science*, 56 (4), 897-912.

Kam, C. J. (2009). *Party Discipline and Parliamentary Politics*. Cambridge University Press.

Klein, E. (2016). "Electoral Rules and Party Switching: How Legislators Prioritize Their Goals." *Legislative Studies Quarterly*, 41 (3), 715-738.

McLaughlin, E. (2011). "Electoral Regimes and Party - Switching: Floor - Crossing in South Africa's Local Legislatures." *Party Politics*, 18 (4), 563-579.

McMenamin, I., and A. Gwiazda (2011). "Three Roads to Institutionalisation: Vote - , Office - and Policy - Seeking Explanations of Party Switching in Poland." *European Journal of Political Research*, 50 (6), 838-866.

Mershon, C. (2014). "Legislative Party Switching." In *The Oxford Handbook of Legislative Studies*, 418-435.

Nemoto, K., E. Krauss, and R. Pekkanen (2008). "Policy Dissension and Party

Discipline: The July 2005 Vote on Postal Privatization in Japan." *British Journal of Political Science*, 38 (03), 499-525.

Nyblade, B. (2013). "Keeping it Together: Party _ Unity and the 2012 Election." In Reed, S. R., Scheiner, E., & Pekkanen, R. *Japan Decides 2012: the Japanese General Election.* Palgrave Macmillan UK, 20-33.

O'brien, D. Z., and Y. Shomer (2013). "A Cross - National Analysis of Party Switching." *Legislative Studies Quarterly*, 38 (1), 111-141.

Reed, S. R., and E. Scheiner (2003). "Electoral Incentives and Policy Preferences: Mixed Motives behind Party Defections in Japan." *British Journal of Political Science*, 33 (03), 469-490.

Strøm, K. (1990). "A Behavioral Theory of Competitive Political Parties." *American journal of political science*, 565-598.

Thames, F. C. (2007). "Searching for the Electoral Connection: Parliamentary Party Switching in the Ukrainian Rada, 1998 – 2002." *Legislative Studies Quarterly*, 32 (2), 223-256.

Young, D. J. (2014). "An Initial Look into Party Switching in Africa Evidence from Malawi." *Party Politics*, 20 (1), 105-115.

民主主義の境界画定

—正当性と正統性

福原正人*

要旨：民主主義は，どういった決定単位を採用するべきなのか。こうした問いは，意思決定の母体集団，つまりデモスを特定する課題として，「民主主義の境界問題」と呼ばれる。しかし，同意という現実の手続きは，その個別性ゆえに，正しいと評価しえない母体集団を特定する一方，集団構成や行為主体性に注目する境界画定の正当性は，その一般性ゆえに，アジェンダごとの考慮事項に耐えられる母体集団を特定できない。そこで本稿では，D.エストランドが定式化する「適格な受容可能性」という正統性条件を参照しながら，アジェンダごとの考慮事項を織り込む仮説的な手続きが，アジェンダごとの母体集団内部における意思決定のみならず，意思決定の母体集団それ自体を構成する作業に適用されることで，境界画定の正当性を担保する「理に適った境界画定」を構成することを擁護したい。

キーワード：民主主義の境界問題，デモス，被影響説，受容可能性，エストランド

「多数決がそうであるように，民主的な過程というものは，適切な単位を前提にしている。つまり，民主的な過程という基準は，単位それ自体の正しさを前提にしている。そして，単位それ自体が適切あるいは正しいものではない——その射程や圏域が正当化可能ではない——場合，そうした単位の正しさは，単に民主的な手続きをもって担保されうるわけではない。」(Dahl 1989: 207)

1. はじめに

およそ哲学と名のつく学問では，繰り返し論じられてきた古典的な問題

---

* 東京大学大学院総合文化研究科国際社会科学専攻博士課程

が，様々な文脈を伴った変奏として立ち現れることがある。そうした問題の一つとして，主知主義(intellectualism)と主意主義(voluntarism)の対立というものがある。主知主義とは，正当性(justification)に関連して，理性の役割を重視する考え方であり，主意主義とは，正統性(legitimacy)に関連して，意思の役割を重視する考え方である。政治哲学・政治理論にあっても，正当性と正統性は，自覚的に区別されるべき問題とされてきた[1]。つまり，正当性は，政治的権力が，理性が捉える理想的な原理に適っているという意味で「正しい」のかという一般的問題であり，正統性は，政治的権力が，当の社会を構成する集団の意思に沿っているという意味で「同意(consent)」または「受容(acceptance)」されるのかという個別的問題である。

　本稿では，正当性と正統性という区別に拘泥することが問題の解決に資さない典型例として，「民主主義の境界画定」というテーマを扱いたい。つまり，民主主義は，どういった決定単位を採用するべきなのか。こうした問いは，とりわけ民主主義論では，意思決定の母体集団，つまりデモス(demos)を特定する問題として，「民主主義の境界問題(the boundary problem)」と呼ばれる。しかし，境界問題は，民主主義にとって鬼門である。というのも，意思決定の母体集団は，その論理的先行性ゆえに，当の社会を構成する集団による同意という正統性では解決できないからである。このとき，民主主義は，自らの母体集団を特定できないにもかかわらず，その決定内容は，母体集団の選好や信念に依存することになる。これこそ，民主主義論者をして，「(民主主義の)パラドックス」と言わしめる所以である[2]。

　こうした背景から，民主主義の境界画定は，正当性に関する問題として検討されてきた。つまり，民主主義は，どういった決定単位を採用することが正しいのか。しかし，各論者が擁護する境界画定の正当性は，いずれも真実の一端を示しているにも拘わらず，今なお論争は激化の一途を辿っている[3]。その要因として，国家という伝統的な単位が一度問い直された途端，境界画定の正当性は，アジェンダごとに変化する考慮事項に耐えられず確定的な回答を与えられないことが挙げられる。

　そこで本稿では，同意という現実の手続き的正統性は，その個別性ゆえに，正しいと評価できない母体集団を特定する一方，境界画定の正当性

は，その一般性ゆえに，アジェンダごとの考慮事項に耐えられる母体集団を特定することができないというジレンマに陥ることを指摘する。その上で，こうしたジレンマを回避するため，「適格な受容可能性(qualified acceptability)」と定式化される，アジェンダごとの考慮事項を織り込む仮説的な手続き的正統性が，境界画定の正当性を担保する「理に適った境界画定」を構成することを擁護したい[4]。

2. 境界画定と同意

議論の出発点として，民主主義という概念に定義を与えたい。民主主義は，その具体的な構想——例えば，投票，熟議，闘技——に通底する「政治的平等(political equality)」，つまり各人の見解を表明する機会の平等な分配をもって特徴付けられる集合的な意思決定の手法である。こうした定義は，例えば「一人一票」といった民主主義の概念的直観に適合するだろう。

さらに本稿では，民主主義を擁護する有力な議論である「リベラルな手続き主義」を参照したい。むろん，各論者により微妙な差異が存在するが，その骨子は「正義の適合性」と「正義の不合意」という二つのテーゼをもって説明される(e.g. Waldron 1999: ch.5; Christiano 2008: ch.3 ; Valentini 2012a)。

(PE1) 政治的権力は正義に適っているべきである
(PE2) 正義の不合意という事実が存在する

(PE1)は，政治的権力の正当性として擁護されるリベラルな主張である。つまり，各人は善き生を追求する自律的な行為主体として平等な道徳的地位にあることから，政治的権力は，個人による正当化要求に耐えうるという意味において，正義に適っているべきである。(PE2)は，政治的権力の正統性を要請する背景的条件である。つまり，善き生が競合する多元的な社会では，例えばウォルドロンが「政治の情況(the circumstances of politics)」と呼ぶように，各人が誠実な形で議論し合っても，正義は単一の見解に収斂する見込みがない(Waldron 1999)。これは，社会が正義に適っているのかという認識レベルの不合意のみならず，どういった社会が正義に適っているのかという原理レベルの不合意を意味する。よって，(PE1)正義の適合性に関する諸見解は，満場一致を期待することはできず，

絶えず不同意者が存在することになる。このとき，特定の個人による見解を社会として採用するべき見解として特権化することは，その他の不同意者を不当に強制するという点において，彼らの道徳的地位を貶める。要するに，民主主義は，各人の平等な道徳的地位を担保する手続き的正統性として擁護される[5]。

　むろん，こうした議論にとって重要である(PE2)正義の不合意は，先行する母体集団を前提とした不合意である。例えば，民主的な社会が，独自の国境管理政策として，近隣諸国からの移住希望者を選別・排除することは正義に適っているのかという移民正義に関する不合意を想定されたい。正義の不合意が，問題となる社会内部の集団において存在することは言うまでもない。しかし，ここで決定的な論点は，対外的な政策が，誰にとって正義に適っているべきであり，そうした政策の意思決定が，どういった母体集団を特定するべきなのかにある。このように考えると，民主主義の境界画定とは，手続き的正統性が要請される射程(scope)を明らかにする課題であると言える。

　しかし，民主主義の境界画定は，当の社会を構成する集団の同意という現実の手続きをもって解決することができない。というのも，意思決定の母体集団は，その論理的先行性ゆえに，実際の意思決定をもって特定することができないからである。どういった境界画定が，民主的な社会を構成する集団にとって実際に受容されるのかという問題設定には，無限後退の罠が潜んでいる。

　むろん，こうした無限後退を回避するため，先行する母体集団を暫定的に仮定したとしても，問題は残り続ける。例えば，河川で隔てられる地理的に独立した居住空間において，異なる文化的なルーツをもって生活するマジョリティ集団Xとマイノリティ集団Yが，各集団の構成員全員に平等な投票権を付与することで，ひとつの母体集団として意思決定を行った。その結果，今後行われるすべての意思決定は，集団Xと集団Yの構成員全員を母体集団にすることに同意したとしよう。ところが，われわれの直観は，学校給食として豚肉を提供するべきか否かといったアジェンダのように，集団Yに特有の宗教的な信条に関わる意思決定の母体集団として，集団Xを包摂することは過剰包摂であると評価するだろう。このとき，集団Xと集団Yによる意思決定と集団Yのみによる意思決定は，平等な投票権

という手続き的正統性にとって無差別にも拘わらず、いずれかの母体集団が、不正な境界画定であると評価される余地が存在している。つまり、民主主義の境界画定は、同意という現実の手続き的正統性に還元できない問題である。

3. 境界画定の正当性

前節では、民主主義の境界画定は、現実の手続き的正統性には還元できないことを確認した。よって先行研究では、前節で整理した(PE1)正義の適合性に遡ることで、意思決定の母体集団を特定しようと試みてきた。つまり、民主主義は、どういった母体集団を特定することが正しいのか。このとき、正義が要請される「集団構成(composition)」に注目して境界画定の正当性を擁護する議論と、正義を実現する「行為主体性(agency)」に注目して境界画定の正当性を擁護する議論に分類することができる[6]。しかし本節では、こうした議論は、いずれも確定的な回答を与えられないことを明らかにする。

3.1 集団構成

集団構成に注目する議論では、正義がどういった規範的関係をもって適用されるのかという正義原理の解釈に関連して、「被服従原理」と「被影響原理」のあいだの論争がある。

被服従原理は、正義が個人に対する強制をもって適用されると主張する強制説に依拠する。その標準的な解釈は、決定への服従を法的に強制される個人を、意思決定の母体集団に包摂することを要請する。つまり、被服従原理は、いわゆる治者と被治者のあいだの一致による自己支配(self-rule)という民主主義像から、意思決定の母体集団を、治者による行為許容性のみならず被治者による服従義務をもって捉える強い意味での正統性概念を問う「法的関係」から特定する。例えば、古代ギリシャ以来の古典的な民主主義が排除してきた女性や障碍者といった人々は、法的関係から母体集団に包摂することが正しい。

しかし、正義原理の解釈として強制説を採用するとしても、意思決定の母体集団は、果たして法的関係から特定するべきなのか。例えばアビザデは、入国管理政策といった対外的な政策は、移住希望者がたとえ移住先の

社会とのあいだで法的関係になくとも，そうした政策の意思決定への服従を事実として強制していると指摘する（Abizadeh 2008）[7]。よって，民主的な意思決定が，法的関係を越えた個人を事実として強制している場合，そうした人々も意思決定の母体集団に包摂することが正しい。

被影響原理は，正義が個人に対する影響をもって適用されると主張する影響説に依拠する。よって，被影響原理は，決定に影響を受ける個人を，意思決定の母体集団に包摂することを要請する。というのも，強制を伴う決定が，個人の自律的な善き生に重大な影響を与えることは疑いえないが，そのことは，強制なき決定が，個人に影響を与えないことを意味しないからである。実際に，国際組織やNGO，私企業といった脱領域的な権力主体による決定もまた，金融・環境・人権といったアジェンダに関連して，個人に影響を与えていることは疑いえない。つまり，被影響原理は，国際社会における権力主体の多様化による治者と被治者のあいだの齟齬を回避する不支配（non - rule）という民主主義像から，意思決定の母体集団を，権力主体による行為許容性から捉える弱い意味での正統性概念を問う「影響関係」から特定する[8]。

ここまで，被服従・被影響原理を整理した[9]。しかし，被服従・被影響原理のいずれも，民主主義の境界画定にとって確定的な回答を与えられない。確かに，被服従原理が依拠する強制説は，アビザデが指摘する国境管理政策のように，法的関係を越えた強制をもって個人を包摂することが正しいと評価できる事例の存在を明らかにする一方，例えば国家による自衛行為といった物理的強制をもって開戦の意思決定に包摂することが正しいと主張することは馬鹿げている。同様に，被影響原理が依拠する影響説であっても，例えば私の結婚が第三者の人生に重大な影響を与えるとしても，私に結婚する自由があることは疑いえないだろう。結局のところ，強制や影響といった規範的関係が存在するにも拘わらず，個人や集団が権利や自由をもって排他的な行為を許容されるような反証事例を想起することは容易である[10]。

3.2　行為主体性

行為主体性に注目する議論では，正義がどういった行為主体性をもって実現されるのかという主体条件を争っており，大枠としては，合理性と実

行可能性という二つの基準に分類できる[11]。

　合理性という基準によれば，意思決定の母体集団は，合理的な決定を行う集団として特定することが正しい。むろん，こうした集団の合理性は，「集団の行為主体性（group agency）」という論争的な概念に関連しており，どういった個人の集合が，単一の集団として一貫した選好や信念を持ちうるのかという点から議論される[12]。そこで提示される主体条件は，社会選択理論で議論される形式的条件の他，例えば言語のような社会的事実を踏まえる実質的条件まで幅広い（Miller 2009; List and Koenig - Archibugi 2010）。

　実行可能性という基準によれば，意思決定の母体集団は，意思決定や決定の履行を実行できる集団として特定することが正しい。この基準は，上記の社会的事実のみならず，より一般的な事実を織り込む経験的条件として記述されるが，具体的に言えば，人数・規模・領域性・密集性といった物理的条件の他に，代表制といった制度的条件に及ぶ場合もある（e.g. Altman & Wellman 2009; Song 2012; Stilz 2015）。

　しかし，行為主体性に注目する議論もまた，民主主義の境界画定にとって確定的な回答を与えることができない。例えば，グローバルなアジェンダに対する民主的な解決を期待するリストとコエニグ・アーキブーギは，合理性が意思決定の母体集団を地球規模で特定するための決定的な基準になると主張する（List and Koenig - Archibugi 2010: 103-109; cf. Koenig - Archibugi 2011）。一方で，ナショナルなアジェンダに関連して，個人の集合を自律的かつ責任を果たしうるナショナルな集団として再構成することに関心がある論者にとって，地球規模の母体集団はそうした主体性を担保しえないと指摘するだろう（e.g. Miller 2009; Song 2012; Stilz 2016）。さらに安全保障のように，特定のアジェンダが，合理性や実行可能性という基準を厳格な形で要請する場合があれば，子供や障碍者のように，そうした基準をもって特定される母体集団から排除される人々を代表するべき場合が存在することもまた否定できない。

　このように民主主義の境界画定に関連する先行研究は，正義が要請される集団構成や，正義を実現する行為主体性に注目することで，民主主義が，どういった母体集団を特定することが正しいのかを明らかにしようと試みてきた。しかし，こうした境界画定の正当性は，意思決定のアジェン

ダごとに変化する考慮事項に耐えられず確定的な回答を与えられない点において問題がある。

3.3　小括

　以上の議論から明らかになったことは，正当性と正統性の区別に拘泥した場合，次のようなジレンマに陥るということである。同意という現実の手続き的正統性は，その個別性ゆえに，正しいと評価できない母体集団を特定する一方，集団構成や行為主体性に注目する境界画定の正当性は，その一般性ゆえに，アジェンダごとの考慮事項に耐えられる母体集団を特定することができない。ここには，例えば分配的正義という問題系では，分配パターンが満たすべき原理の正当性を事実に非感応的な形で志向する余地が存在するのだが，境界画定という問題系では，特定の境界線を引くという点において，その正当性を事実に感応的な形で志向する必要があるという制約が働いているという独自の事情がある[13]。

　そこで本稿では，こうしたジレンマを回避するため，アジェンダごとの考慮事項を織り込む手続きが，意思決定または境界画定の正当性を担保するものとして擁護できることを明らかにしたい。以下では，そうした手続きの候補のなかでも，「グローバルな利害関係者による民主主義(global stakeholder democracy)」（GSD と省略する）という比較的に知られた議論が提示する授権または答責性という手続き的正統性の問題を指摘した上で，それに代わる「適格な受容可能性」という仮説的な手続き的正統性の妥当性を擁護する[14]。

4．授権または答責性

　GSD の問題意識は，国際組織や NGO，私企業といった脱領域的な権力主体による意思決定が，特定のアジェンダに関連して，伝統的な国家に匹敵するほどに個人に影響を与えているという事実を受けて，そうした意思決定の正統性を要請する構想を擁護することにある。よって，GSD は，被影響原理を念頭に置いており，各アジェンダに関連した権力主体による意思決定から影響を受ける人々を「利害関係者(stakeholder)」と呼ぶ。その上で，問題となる意思決定の正統性は，各アジェンダの利害関係者による授権(authorization)または利害関係者に対する答責性(accountability)という

手続きをもって担保される。つまり，GSDの骨子は，国際社会における権力主体の複数化に対して，各アジェンダの利害関係者による脱領域な代表制をもって対処することにある（Macdonald 2008）。

　GSDは，とりわけ国際社会における意思決定の母体集団は，事実として，国家という偶然的な権力主体を所与とせず，アジェンダごとの利害関係者として構成されているという重要な指摘をしつつ，そうした意思決定が満たすべき手続き的正統性を提示している。それにも拘わらず，こうした議論は，民主主義の境界画定にとって適切な議論を提供するとは言えない。というのも，GSDが，民主主義という概念に相応しい手続き的正統性を提示しているか疑わしいからである。

　GSDの代表的な論者マクドナルドによれば，GSDが提示する手続き的正統性は，意思決定を行う脱領域的な権力主体の正当性に関連しており，各アジェンダの利害関係者が問題となる権力主体を受容するように動機付けられる，または，正当化される道徳的理由をもって把握される。このとき，権力主体を担う集団は，授権または答責性という手続きを通じて，各アジェンダの利害関係者が実際に受容する理由に対して感応的であることが要請される（Macdonald 2012: 57; 2015: 418）。

　しかし，授権または答責性という手続き的正統性は，善意的な専門家支配という非民主的な制度と両立可能である。まず，地球環境といったアジェンダの利害関係者が受容するように動機付けられる，または，正当化される道徳的理由，例えば「地球環境を保護すること（の正しさ）」が存在するとしよう。その上で，以下のような「環境志向の集団」という仮想事例を想定されたい。

　　環境志向の集団：
　　あらゆる意思決定は，地球環境の保護に関する正しさという理由から評価されることを実際に受容する個人から構成される環境志向の集団Xが存在する。幸運なことに，こうした集団Xは，地球環境を保護することの正しさに関する知識を獲得した専門家から構成される下位集団Yを含んでいた。よって，集団Xによる意思決定は，集団Xを代表する集団Yを意思決定の母体集団として特定した。

　奇しくも，環境志向の集団は，各アジェンダの利害関係者から構成され

る集団と重なる。こうした仮想事例は，たとえNGO，国際組織，私企業といった各アジェンダに関する専門家から構成される集団Yが，授権や答責性という手続きを通じて，利害関係者から構成される集団Xが実際に受容する理由に対して感応的であるとしても，集団Xは善意的な専門家支配を採用していることを示唆する。このとき，集団Xが集団Yに代表されるという事実は，必ずしも「民主的」に代表されるという事実を含意するわけではない[15]。つまり，GSDが提示する授権または答責性という手続き的正統性は，民主主義の手続き的正統性たりえないと評価されることになる[16]。

5．境界画定と受容可能性

5.1　適格な受容可能性

　授権または答責性という手続き的正統性が専門家支配と背中合わせである最大の理由は，環境志向の集団のように，アジェンダごとの母体集団（利害関係者）が特定の道徳的理由を実際に受容している状況を想定していることにある。これに対して，本稿が参照する「リベラルな手続き主義」によれば，民主主義の手続き的正統性が要請される背景的条件として，アジェンダごとの母体集団もまた，正義に関して単一の見解を受容していない状況を想定するべきである。

　むろん，こうした正義の不合意をもって，ただちに専門家支配から自由になるわけではない。というのも，たとえアジェンダごとの母体集団内部において正義の不合意が存在するとしても，こうした多元的な社会における意思決定に関してメタ的な原理が存在しており，そうした原理に関する知識を獲得した専門家，いわば「政治に関する専門家」という下位集団が存在している状況を想定できるからである。よって，民主主義の手続き的正統性は，アジェンダごとの母体集団が，集合的な意思決定の手法として，あらゆる下位集団を特権化することそれ自体を論理的に排除する手続きをもって記述されなくてはならない。

　そこで本稿では，そうした手続きを以下のように定式化したい（Estlund 2009: ch. 3）。

意思決定の適格な受容可能性：

　集合的な意思決定は，アジェンダごとの母体集団における，あらゆる適格な見解にとって受容可能である場合のみ正統である

　意思決定の適格な受容可能性は，集合的な意思決定が，「適格性」という一定の参入資格を満たす，アジェンダごとの母体集団にとって，同意または受容しうる理由を提示しているという意味で「理に適っている（reasonable）」ことを要請する。むろん，この適格性が，例えばロールズによる「リベラルな」正統性のように，自由や平等という実質的条件を含意するべきか否かはいくつかの立場に分かれるが，本稿では，考慮するべき事実を踏まえて適切に推論するという最低限の認識的条件だけを含意すると考えたい[17]。よって，集合的な意思決定は，アジェンダごと（の認識）に含まれる考慮事項を織り込み，最低限の認識的条件を満たす見解をもつ母体集団であれば，誰にとっても同意または受容することが理に適っている場合にのみ正統であると評価される[18]。

　具体的な事例で説明しよう。わたしが，特定のアジェンダに関連して，ある下位集団——政治に精通した政治学者という専門家集団——を母体集団として特定することが正しいとする適格な見解をもっていたとしよう。しかし，こうした適格な見解は，その見解が（客観的には）正しいとしても，異なる下位集団——社会に精通した社会学者という専門家集団——を母体集団として特定することが正しいとする適格な見解をもって拒絶するような不同意者を生み出す可能性がある。よって，適格な受容可能性は，理に適った意思決定として，あらゆる下位集団の特権化それ自体を排除するような，民主的な意思決定を採択するだろう[19]。

　このとき，適格な受容可能性は，次のような特徴を備えた仮説的な手続きである。集合的な意思決定は，アジェンダごとの母体集団にとって，適格な不同意者を生み出さないという意味で，意思の役割を重視する正統性を問題にしながら，同時に，同意することが理に適っているという意味で，理性の役割を重視する正当性を問題にしている。むろん，同意という現実の手続きは，人間の推論に不可避な可謬性ゆえに不正な決定を生み出す「不完全な手続き」であるが，受容可能性という仮説的な手続きもまた，そのことから逃れられるわけではない。しかし，集合的な意思決定

が，アジェンダごとの母体集団にとって，同意に足る理に適った理由を提供しているという閾値を満たしているという意味で，少なくとも正しい決定を志向するものであると評価される。この点において，意思決定の適格な受容可能性とは，アジェンダごとの母体集団にとって理に適っているが，(客観的には)不正を含む意思決定を許容する手続き的正統性であると言える[20]。

5.2　適格な受容可能性の自己適用

むろん，民主主義の境界画定は，適格な受容可能性という仮説的な手続きをもって，ただちに解決するわけではない。というのも，アジェンダごとの意思決定は，誰にとって受容可能でなければならないのかという手続き的正統性の射程こそが，ここで問題になっているからである。

そこで本稿では，こうした受容可能性という仮説的な手続きは，自己適用されるべきであると主張したい。このことは，受容可能性という手続きそれ自体に特有の論理的な要請である。というのも，この手続きは，集合的な意思決定が，アジェンダごとの母体集団にとって同意に足る理に適ったものでなければならない以上，この手続きそれ自体もまた，同意に足る理に適ったものでなければならないからである(Estlund 2009: 53)。よって，アジェンダごとの意思決定は，誰にとって受容可能でなければならないのかという手続き的正統性の射程もまた，同意に足る理に適ったものでなければならない。このとき，アジェンダごとの母体集団を，自分たち(だけ)が利害関係者であると自己言及して特定したり，既存の権力主体を問い直さずに絶対化することは，論理的に言って，民主主義の手続き的正統性が排除するべき下位集団の特権化に等しい。

以上の議論から，適格な受容可能性は，アジェンダごとの母体集団内部における手続き的正統性としてのみならず，意思決定の母体集団それ自体を構成する作業に適用されるべきである。こうした境界画定の手続き的正統性は，以下のような手続きとして定式化される。

母体集団の適格な受容可能性：
意思決定の母体集団は，アジェンダごとのあらゆる適格な見解にとって受容可能である場合のみ正統である

意思決定の母体集団は，アジェンダごと（の認識）に含まれる考慮事項を織り込み，最低限の認識的な条件を満たす適格な見解であれば，誰にとっても同意・受容することが理に適っている場合にのみ正統であると評価される。

　わたしが，特定のアジェンダに関連して，ある利害関係者Xを意思決定の母体集団として特定する適格な見解をもっていたとしよう。しかし，こうした適格な見解は，その見解が（客観的には）正しいとしても，異なる利害関係者Yを意思決定の母体集団として包摂するべきであるとする適格な見解をもって拒絶する不同意者を生み出す可能性がある。このとき，問題となる不同意者による適格な見解には，(i) Yは実際には包摂されるべきでないが包摂されるべきであると主張する見解，(ii) Yは包摂されるべくして包摂されるべきであると主張する見解という二つの候補が考えられるが，それらが同意に足る理に適ったものであるという閾値を満たしている場合，Yは意思決定の母体集団として包摂されるべきである。この点において，母体集団の適格な受容可能性とは，特定のアジェンダにとって，実際に包摂されるべき利害関係者を排除する過小包摂を避ける形で，理に適っているが（客観的には）不正を含む過剰包摂を許容する手続き的正統性であると言える。要するに，民主主義の境界画定は，適格な受容可能性の自己適用をもって「理に適った境界画定」として構成されるべきである。

5.3　理に適った境界画定

　最後に，本稿が擁護する民主主義の理に適った境界画定という議論の特徴を整理した上で，いくつかの批判に応答したい。

　理に適った境界画定の最大の特徴は，アジェンダごと（の認識）に含まれる考慮事項を織り込む受容可能性という仮説的な手続きに訴えることで，法的関係を先取する被服従原理や，無制限に包摂する被影響原理とは一線を画する，境界画定の正統性条件を提示している点にある。むろん，手続き的正統性は，歴史的に言えば，母体集団を単一の国家や自治体に紐づける地理的な境界画定という発想に絡め取られてきた。しかし，仮説的な手続きの自己適用は，そうした発想からの解放を可能にする。このとき，安全保障や社会保障のように，アジェンダごとの考慮事項が比較的明白で

ある場合，現行制度の存在を先取せずとも，例えばローカルなアジェンダはローカルな母体集団，グローバルなアジェンダはグローバルな母体集団といった形で，多元的かつ重複的な意思決定を担う母体集団を，アジェンダごとに相応しい境界画定の近似値として組み替えることができる。

むろん，境界画定という問題系は，事実感応的に対処せざるをえない。よって，理に適った境界画定における「適理性」の内容を，その手続きを越えた一般的な形で記述することは困難な作業である[21]。とはいえ，アジェンダごとの母体集団が，同意に足る理由を提示していないという意味で，もはや正当性を志向していないと評価できる事例は，以下のように記述できるだろう。

第一に，意思決定の圏域に関する不正義である。宗教的な信条に関わる意思決定のように，排他的な決定が個人や集団の権利をもって許容されることが論争的でないアジェンダの場合，当事者以外を包摂することそれ自体が不正義であると評価されるだろう。第二に，明らかな過小包摂という不正義である。ナショナルな税制度に関わる意思決定のように，社会の構成員全員が利害関係者であることが論争的でないアジェンダの場合，個人や集団を例えば性別や民族などを理由にして母体集団から排除することは，社会の構成員として認められるべき平等な地位を貶めている点において不正な過小包摂と評価されるだろう[22]。

それでもなお，理に適った境界画定という議論には，次のような批判が考えられる[23]。まず，民主主義の境界画定を問い直すことは，意思決定の母体集団を流動化させることで意思決定の意義を弱めないのか。確かに，理に適った境界画定は，明らかな過小包摂を避ける形で過剰包摂を許容する議論であり，現行制度を担う集団を越える形で包摂する場合がある。しかし，民主主義の境界画定は，手続き的正統性の射程を問うことであり，この射程の絶対化は，民主主義の手続き的正統性と両立しないことを思い出されたい。よって，意思決定が民主主義たるためには，意思決定が誰にとって意義ある決定であるべきなのかを問い直すことが不可欠な条件なのである[24]。

次に，理に適った境界画定という議論は，アジェンダごと（の認識）に含まれる考慮事項に依存していることから，何がアジェンダであるのかというアジェンダの内容に関する不合意は，アキレス腱にならないのか。むろ

ん，本稿が擁護する議論は，こうしたアジェンダそれ自体の不合意を端から排除しているわけではない。例えば，原子力による電力供給の是非という意思決定は，ある人にとっては経済に関するアジェンダであるかもしれないが，別のひとにとっては環境に関するアジェンダであるかもしれない。このとき，2人のあいだの選好や理由に関する見解の不合意は，アジェンダの不合意を反映している。それでも2人は，原子力による電力供給の是非という問いそれ自体を共有しているとは言えるだろう。このとき，こうした問いに対して(正当性を志向する)理に適った回答を与えるためには，やはり問いそれ自体を構成する考慮事項を適切に踏まえなければならないのである[25]。

6．終わりに

本稿が明らかにしたことは僅かである。つまり，適格な受容可能性は，アジェンダごとの母体集団内部の意思決定のみならず，意思決定の母体集団それ自体を構成する作業が満たすべき手続き的正統性として，理に適った境界画定を構成する。このことは，「(民主主義の)パラドックス」が，民主主義を採択する手続きに内在的な形で解消されるべきことを示唆している。

残された課題を一つだけ指摘したい。本稿では，民主主義の境界問題を，手続き的正統性のいわば「空間上の」射程を明らかにする課題として引き受けた。しかし，民主主義は，世代といった「時間上の」射程をどのように捉えるべきなのだろうか。この点において，本稿が擁護する適格な受容可能性という手続きは，何か意味のある見立てを提示することができるのか。この点は別稿の課題としたい。

〔謝辞〕　本稿は，着想から執筆に至るまで，多くの方からコメントを頂戴した。とりわけ，井上彰先生(東京大学)，齋藤純一先生(早稲田大学)，各ゼミ関係者，そして数名の匿名査読者には記して感謝したい。

（1）　典型的な論者として，(Simmons 2001)を参照。
（2）　民主主義の境界画定に関する解決の困難さに言及するものとして，(e.g. Dahl 1970; Whelan 1983; Benhabib 2004=2006)を参照。政治学者河野勝も，この点を念頭に置いて「民主主義は，政治システムとして自己完結し

ない」と指摘する(河野 2018: 175-176)。

（3）　境界画定をめぐる論争を検討する近年の文献として，（e.g. Abizadeh 2012; Erman 2014; Valentini 2014; Whitt 2014)を参照。

（4）　現実の手続きは，日常的な条件において当事者が受容しているという事実としての正統性を問題にするが，仮説的な手続きは，条件や当事者に関して理想的な制約が存在する場合には受容するだろうという規範としての正統性を問題にする。

（5）　正義の不合意は，例えば政治理論の教科書で言及される程度に論争的でない議論である(田村et al. 2017)。しかし，こうした条件は，民主的な意思決定の規範的な擁護にとって完備な議論というわけではない。このことは，民主主義を前提とする本稿に対して，さしあたり大きな影響を与えないが，「民主主義の正当化」問題と呼ばれる重要な論点である。数少ない邦語研究として，(小林 近刊)が詳しい。

（6）　類似した整理として，(Miller 2009; List and Koenig - Archibugi 2010; Valentini 2014)を参照。

（7）　入国管理政策は移民希望者を事実として強制するか否かに関する論争を扱ったものとして，(岸見 2014)を参照。

（8）　正統性概念の強い・弱い意味という区別は，(Buchanan 2009: ch. 6)を参照。また社会構造としての支配関係を回避するという問題意識は，共和主義的自由による不支配(non - domination)という概念と重複するが，必ずしも共和主義に還元されない。

（9）　他にも遠藤(2011)は，正義は社会的な協働関係をもって適用されると主張する協働説に依拠することで，協働関係にある個人を意思決定の母体集団に包摂することが正しいと議論する。ただし，こうした議論は，その関係の解釈によって法的関係とそれほど相違がない。

（10）　筆者は，いずれの原理が境界画定の正当性を擁護する議論として妥当であるのかを検討することに関心を持っていない。しかし，非服従原理は既存の法的関係を先取する一方，被影響原理は比較的に望みある立場として知られてきた。そこで以下では，被影響原理に関して補足しておきたい。

　　まず，被影響原理は，論理的に言って，ほぼ無制限な包摂原理として解釈される(Goodin 2007: 52-53; Miller 2009:215)。というのも，意思決定から実際に影響を受ける集団は，問題となる母体集団の選好や信念に依存することから，先行する母体集団は，意思決定から影響を受ける可能性のある集団として解釈されるべきであるからだ。よって，被影響原理は，ほぼすべての意思決定は，ほぼすべての個人を母体集団として包摂することが

正しいと主張する(Goodin 2007:55)。むろん，ほぼ無制限な包摂原理こそ，境界画定の正当性として妥当かもしれない。しかし，その妥当性は，以下二つの疑念がある。

第一に，ほぼ無制限な包摂原理は，過剰包摂という難点を抱える(Saunders 2012: 284-286)。被影響原理は，過小包摂を問題とする一方，過大包摂を問題にしていない。というのも，グッディンによれば，意思決定の影響を被らない個人はランダムに投票することから決定内容を左右しないと考えるからである(Goodin 2007: 58-59)。しかし，影響を被らない個人がランダムに投票することの根拠が不明瞭であるばかりか，一定の閾値を越えた過大包摂が，集団の自由や権利を貶める事例は存在すると思われる。

第二に，ほぼ無制限な包摂原理は，独立した意思決定の複数性を説明できない。たとえ被影響原理が擁護できるとしても，実際に存在する民主的な審級の複数性は放棄されるべきでない。実際にグッディンも，被影響原理は，理想的な制度としてグローバルな民主主義を擁護するとしながらも，次善的な制度として，独立した民主的な社会から構成される世界連邦制が提案できると主張する(Goodin 2007)。さらに言えば，被影響原理を好意的に言及することで国境を越えた民主主義を提示する論者もまた，民主的な社会が複数存在することを認めている(e.g. Young 2002; Benhabib 2004=2006)。

(11)　行為主体(agency)概念によるデモス構想は，潜在的に多くの先行研究で前提とされてきたが，とりわけ自覚的に展開するものとして(List and Koenig - Archibugi 2010)を参照。

(12)　集団の行為主体に関しては，(List and Pettit 2013)を参照。

(13)　事実感応性(fact - sensitivity)は，正義論の方法論では知られた論点である(e.g. Valentini 2012b)。

(14)　GSDは，マクドナルド(Macdonald, Terry)が代表的な論者であるが，ナショナルな代表制民主主義の機能不全に対して，非公式的な意思決定を担う市民社会やネットワークのグローバルな展開に期待するという問題意識から我が国の政治学者も好意的に評価している(e.g. 高橋 2015; 松尾 2016)。

(15)　代表論における民主的正統性の重要性を主張するものとして，(田畑 2017)を参照。

(16)　批判の主眼は，GSDが提示する授権や答責性という手続き的正統性は，民主的正統性たり得ないということにある。例えばエルマンは，政治的平等と政治的強制を要請する被服従原理を念頭に置いて，GSDが，利害関係者に対して政治的権力を行使する公正な機会を保障しておらず，意思決定

に服従するように強制しない点をもって，民主主義の最低限の定義を満たさないと批判する（Erman 2013）。筆者は，エルマンによる批判は妥当であると考えているが，本節のGSD批判が，民主的正統性の内容について論点先取を起こさぬよう直観に訴える議論として展開した。

むろん，GSDを擁護する論者は，次のように応答するかもしれない（高橋 2015; 松尾 2016）。脱領域的なガバナンスは，個人の自律的な善き生に影響を与えているにも拘わらず，ナショナルな代表制民主主義はこれを捕縛しているとは言えない。よって，ガバナンスに要請される授権や答責性は，各アジェンダの利害関係者が「自己決定」に訴える政治的回路の選択肢を増やすことで，民主主義に関する最低限の条件を満たしていないか。

しかし，こうした応答は十分ではない。というのも，ここでの論点は，GSDが民主主義たるか否かであり，GSDの批判者は，GSDが特定の民主的正統性（e.g. 政治的平等）からして民主主義たりえないと主張する以上，GSDの擁護者は，異なる民主的正統性を明らかにした上で，とりわけ増えた政治的回路が，その正統性を満たすことを明らかにする必要があるからである。補足すれば，GSDのような非形式的な民主主義像は，手続き的正統性とは距離がある以上，例えば言説的正統性（discursive legitimacy）といった実質的正統性を擁護する議論が不可欠である。

むろん，いくつかのアジェンダに関して，一般的に受容される決定の正しさが存在しており，そうした決定を政策として機能的に実現するガバナンスの正統性は問われるべきである。しかし確認するべきは，ガバナンス論が民主主義論と相容れないことにある（押村 2011）。

(17)　よって本稿の議論は，ロールズの議論（e.g. Rawls 1993）とは異なる。

(18)　織り込まれる考慮事項とは，不変的なものとして，可謬性といった人間に備わる認識的条件，可変的なものとして，科学技術や資源の希少性の他，アジェンダごとに実際に受容される事実や規範が挙げられる。むろん，こうした考慮事項の「認識」については，例えばプラグマティズムやミニマリズムといった真理条件を完備する認識論の立場に踏みこむ必要がある。さしあたり筆者は，‘P’が真であるのは，Pである場合，かつその場合に限る（‘P’ is true if and only if P）という引用解除図式（disquotational schema）——e.g. ‘雪が白い’が真であるのは，雪が白い場合，かつその場合に限る——のように，命題の真理性が最低限の論理性をもって担保されるとするミニマリズムを採用している。

(19)　受容可能性が，理に適った意思決定として，（本稿が定義する）民主主義を採択しない可能性は残される。例えば，エストランドは，下位集団の特権化を排除する理由を「公正さ（fairness）」として定式化する。その

242

上で，民主主義が，公正さにおいて，くじ引きやコイントスによる意思決定と無差別であることを指摘する(Estlund 2009: ch. 4)。この点はロトクラシーの位置づけを含む問題であるため，これ以上扱わない。

(20)　こうした正当性を一定の形で担保する手続き的正統性は，ロールズにおいて「準・純粋的な手続き的正義(quasi‑pure procedural justice)」，エストランドにおいて「認識的手続き主義(epistemic proceduralism)」として言及されている(Rawls 1999:318=2010: 478; Estlund 2009:ch.9; cf. Beckman 2017)。

(21)　筆者は，特定のアジェンダにおいて考慮されるべき理由を列挙することで，理に適った決定や判断と評価するためのいくつかの条件を記述することは可能であると考えている。ただし，それは本稿の目的を越える企図である。

(22)　これらの評価はアジェンダごとの考慮事項に依存する。しかし筆者は，本稿の議論を通じて，あらゆるナショナルな意思決定に関して外国人参政権を認めない境界画定は，理に適っていないと評価する。むろん，手続き的正統性が生み出す不正義の問題は，境界画定に特有の論点というより，例えば違憲審査制に関連した民主主義の限界として捉え直すこともできる(Christiano 2008: ch.7; Estlund 2009: ch. 7)。

(23)　以下二つの批判は，匿名の査読者からのコメントに基づいている。

(24)　現在，理に適った境界画定を実現する民主的制度が存在しないことは，既存の意思決定が正統性を欠損しているという評価を下すという点においても，本稿の議論の規範的な欠陥を示すものではない(cf. Valentini 2014; Archibugi 2016)。むろん，具体的な問題として，どういった制度が望ましいかという問題は残る。例えば，手続き的正統性が要請される射程としてグローバルな母体集団が特定された場合，受け皿となる制度は，グローバルな民主主義，トランスナショナルな民主主義の他，制度構想として投票や熟議を通じた代表制等が考えられる。さしあたり筆者は，制度選択の基準として手続き的正統性に還元できない認識的価値が重要であると考えている。

(25)　最後に，どんなアジェンダでも，その考慮事項は比較的に論争的であることから，民主主義の境界画定は，適格性という穏当な制約の下で確定的な同意が担保され難いと考えるかもしれない。例えば，社会保障というアジェンダは，従来はローカルなアジェンダであったが，移民の増加を踏まえて複数の国家による協定を要請するグローバルなアジェンダと捉えられるという適格な見解が考えられる。しかし，本稿の主張は，民主主義の境界画定が，正当性に関する議論ではなく，民主主義を採択する仮説的な

手続きをもって，最低限の閾値を満たす正統性に関する議論として展開されるべきである，ということである。よって，社会保障というアジェンダに関する既存の境界確定が，例えば上記の見解をもつわたしにとって，実際に同意が担保し難いものであったとしても，同意が担保されうるような理由が備わっている限りで正統であると評価できるのである。なお，こうした主張の着想は，国家の地理的な境界画定に関する拙稿(福原 2017)が刊行された2017年春頃に遡る。しかし，脱稿に際して，本稿に類似した問題意識に基づく最新の研究(Beckman 2017)に接したことに触れておく。

参考文献

Abizadeh, Arash 2008 "Democratic Theory and Border Coercion: No Right to Unilaterally Control Your Own Borders." *Political Theory* 36 (1): 37–65.

Abizadeh, Arash 2012 "On the Demos and Its Kin: Nationalism, Democracy, and the Boundary Problem." *American Political Science Review* 106 (04): 867–82.

Altman, Andrew and Wellman, Christopher Heath 2009 *A Liberal Theory of International Justice*. Oxford: Oxford University Press.

Archibugi, Daniele 2016 "Cosmopolitan Democracy and Its Critics: a Review." *European Journal of International Relations* 10 (3): 437–73.

Archibugi, Daniele. Koenig - Archibugi, Mathias and Marchetti, Raffaele 2012 *Global Democracy: Normative and Empirical Perspectives*. Cambridge: Cambridge University Press.

Beckman, Ludvig. 2017 "Deciding the Demos: Three Conceptions of Democratic Legitimacy." *Critical Review of International Social and Political Philosophy* 21 (3): 1–20.

Benhabib, Seyla 2004 *The Rights of Others: aliens, residents, and citizens*. Cambridge: Cambridge University Press = 2006 向山恭一訳『他者の権利』、法政大学出版

Buchanan, Allen 2009 *Human Rights, Legitimacy, and the Use of Force*. New York: Oxford University Press.

Christiano, Thomas 2008 *The Constitution of Equality: Democratic Authority and Its Limits*. Oxford: Oxford University Press.

Dahl, Robert 1970 *After the Revolution? : Authority in Good Society*. New Haven: Yale University Press.

Dahl, Robert 1989 *Democracy and its Critics*. New Haven: Yale University Press.

Erman, Eva 2013 "In Search of Democratic Agency in Deliberative Governance." *European Journal of International Relations* 19 (4): 847–68.

Erman, Eva 2014 "The Boundary Problem and the Ideal of Democracy." *Constellations* 21 (4): 535–46.

Estlund, David 2009 *Democratic Authority: a philosophical framework*. Princeton: Princeton University Press.

Goodin, Robert 2007 "Enfranchising All Affected Interests, and Its Alternatives." *Philosophy & Public Affairs* 35 (1): 40–68.

Koenig - Archibugi, Mathias 2011 "Is Global Democracy Possible?." *European Journal of International Relations* 17 (3): 519–42.

List, Christian and Koenig - Archibugi, Mathias 2010 "Can There Be a Global Demos?: an Agency - Based Approach." *Philosophy & Public Affairs* 38 (1): 76–110.

List, Christian and Pettit, Philip 2013 *Group Agency: the possibility, design, and status of corporate agents*. Oxford: Oxford University Press.

Macdonald, Terry 2008 *Global Stakeholder Democracy: power and representation beyond liberal states*. New York: Oxford University Press.

Macdonald, Terry 2012 " Citizens or stakeholders? Exclusion, equality and legitimacy in global stakeholder democracy" in Archibugi, Daniele. Koenig - Archibugi, Mathias and Marchetti, Raffaele (eds.) *Global Democracy: Normative and Empirical Perspectives*. Cambridge University Press.

Macdonald, Terry 2015 "Political Legitimacy in International Border Governance Institutions." European *Journal of Political Theory* 14 (4): 409–28.

Miller, David 2009 "Democracy's Domain." *Philosophy & Public Affairs* 37 (3): 201–28.

Rawls, John. 1999 *A Theory of Justice: Revised Edition*. New York: Harvard University Press = 2010 川本隆史ら訳『正義論』紀伊國屋書店

Rawls, John 1993 *Political Liberalism: Expanded edition*. New York: Columbia University Press.

Saunders, Ben 2012 "Defining the Demos." *Politics, Philosophy & Economics* 11 (3): 280–301.

Simmons, A John. 2001 *Justification and Legitimacy: Essays on Right and Obligations*. New York: Cambridge University Press.

Song, Sarah 2012 "The Boundary Problem in Democratic Theory: Why the Demos Should Be Bounded by the State." *International Theory* 4 (01): 39–68.

Stilz, Anna 2015 "Decolonization and Self - Determination." *Social Philosophy and Policy* 32 (01): 1–24.

Stilz, Anna 2016 "The Value of Self - determination." in Sobel, David, Vallentyne, Peter and Wall, Steven (eds.) *Oxford Studies in Political Philosophy: Volume 2*.

Oxford: Oxford University Press.

Valentini, Laura 2012a "Justice, Disagreement and Democracy." *British Journal of Political Science* 43 (01): 177–99.

Valentini, Laura. 2012b "Ideal vs. Non - Ideal Theory: a Conceptual Map." *Philosophy Compass* 7 (9): 654–64.

Valentini, Laura 2014 "No Global Demos, No Global Democracy? : a Systematization and Critique." *Perspectives on Politics* 12 (4): 789-807.

Waldron, Jeremy 1999 *Law and Disagreement*. Oxford: Oxford University Press.

Whelan, Frederick 1983 "Prologue: Democratic theory and the boundary problem," in Rennock, J.R and Chapman, J.W (eds.) *NOMOS XXV: Liberal Democracy*, New York University Press.

Whitt, Matt 2014 "Democracy's Sovereign Enclosures: Territory and the All - Affected Principle." *Constellations* 21 (4): 560–74.

Young, Iris Marion 2002 *Inclusion and Democracy*. Oxford: Oxford University Press.

遠藤知子 2011「社会的協働と民主主義の境界」『年報政治学』62 (1): 187-207

押村高 2011「トランスナショナル・デモクラシーはデモクラティックか:―脱領域的政治における市民的忠誠の行方―」『年報政治学』62 (1): 49-68

岸見太一 2014「移民選別とデモクラシー――法的強制を基準とする境界画定論の検討」『年報政治学』2013-2: 252-273

河野勝 2018『政治を科学することは可能か』中央公論新社

小林卓人 近刊「政治的決定手続きの価値――非道具主義・道具主義・両立主義の再構成と吟味」

高橋良輔 2015「国境を越える代表は可能か?」山崎望・山本圭『ポスト代表制の政治学:デモクラシーの危機に抗して』ナカニシヤ出版

田畑真一 2017「代表関係の複数性――代表論における構築主義的転回の意義」『年報政治学』2017-1: 181-202

田村哲樹，松元雅和，乙部延剛，山崎望 2017『ここから始める政治理論』，有斐閣

福原正人 2017「領有権の正当化理論:国家は何をもって領土支配を確立するのか」『法と哲学』(3): 109-132.

松尾隆佑 2016「影響を受ける者が決定せよ:ステークホルダー・デモクラシーの規範的正当化」『年報政治学』2016-2: 356-375.

事前分配(pre-distribution)とは何か

―政策指針と政治哲学的構想の検討―

大庭　大*

要旨：社会保障構想の新たな潮流として「事前分配(pre-distribution)」というアイディアを検討する。事前分配をめぐっては「どのような政策を実施すべきか」という実践的政策指針としての議論と，「そもそも事前分配とは何か，どのようなものであるべきか」という哲学的・規範的議論が混在している。本稿ではこの両方の位相における議論を扱い，次のことを行う。第一に，事前分配政策と既存の社会保障アプローチとの異同を明らかにし，事前分配政策を社会保障のひとつのモデルとして提示する。第二に，J・ロールズの財産所有のデモクラシーを事前分配の政治哲学的構想を示すものとして位置づけ擁護する。本稿は事前分配の政策類型としての特徴を明確化すると同時に，それを評価するための視点としてどのような規範的構想が望ましいかを明らかにするものである。特に，曖昧に語られている「事前」という言葉の意味に焦点を当てる。また，本来つながっているはずでありながら分離して論じられがちな，実践的政策提案の議論とあるべき政策をめぐる規範的考察の二つを接続し直すことも意図している。

キーワード：事前分配(当初分配)，社会保障，福祉国家，
財産所有のデモクラシー，ロールズ

1　はじめに

　2010年ごろから英米を中心に，社会保障構想の新たな潮流[1]として「事前分配(pre-distribution)」というアイディアが論じられている。それは，2008年の世界金融危機とそれに対する根本的対策の不在，中間層の没落を伴う格差の拡大，経済の低迷に由来する政府歳入の減少といった状況を背景として，新たな中道左派の政策指針を案出しようとしたものである。大

---

　*　早稲田大学大学院政治学研究科　日本学術振興会特別研究員DC

まかに言えばそれは，事後救済的な所得の再分配ではなく事前分配の平等化を目指す政策構想である。さしあたり課税前所得の平等化がその中心的要素であるといえるが，のちに論じるように事前分配平等化政策[2]にはアクティベーションなどに通じる要素も含まれ，強調点は論者によって異なる。事前分配政策の対象は，公共的な財やサービスから，就労機会の供給，経済活動に対して与えられる報酬のあり方を規定する市場のルールに及ぶ。

本稿では最も顕著な事例として英国に焦点を当てるが，事前分配は米国や欧州で一定の影響力のある構想として注目されている。R・ライシュ，J・スティグリッツ，T・ピケティなど政治的影響力もある学者がこの構想に言及しているほか(Reich 2015; *The New York Times* 2015; Piketty 2016)，フランス首相のM・ヴァルスも事前分配を自分の政策路線を表すものとして語っていた(*Le Monde* 2014)。

事前分配をめぐっては「どのような政策を実施すべきか」という実践的政策指針としての議論と，「そもそも事前分配とは何か，どのようなものであるべきか」という哲学的・規範的議論が混在している。本稿ではこの両方の位相における議論を扱い，次のことを行う。第一に，事前分配政策と既存の社会保障アプローチとの異同を明らかにし，事前分配政策を社会保障のひとつのモデルとして提示する。第二に，J・ロールズの財産所有のデモクラシーを事前分配の政治哲学的構想を示すものとして位置づけ擁護する。事前分配政策は複数の異なる政治哲学的立場から注目されているが，本稿は現実の政策提案の実践に有意義な示唆を与えうることを基準として哲学的構想を評価する。

本稿の意義は，事前分配についてバラバラに論じられてきた議論[3]を整理し見取り図を与えることである。政策類型としての特徴を明確化すると同時に，それを評価するための視点としてどのような規範的構想が望ましいかを明らかにする。特に，曖昧に語られている「事前」という言葉の意味に焦点を当てる。また本稿は，本来つながっているはずでありながら分離して論じられがちな，実践的政策提案の議論とあるべき政策をめぐる規範的考察の二つを接続し直すことも意図している。

以下，2節では選挙政治にも関わる事前分配政策提案の経緯に触れつつ，提案内容を素描する。事前分配の提唱者であるJ・ハッカーの提案と

それを政党アジェンダとして提示したE・ミリバンドの提案を扱う。3節では，社会保障政策のほかの類型との比較で事前分配政策を位置づけ，その特徴を確認する。また，事前分配政策に対する重要な批判を検討する。4〜5節では，事前分配政策がどのように構想されるべきかについて示唆を与える事前分配の政治哲学的構想を検討する。4節でロールズの理論に引きつけて事前分配政策を理解する立場を説明し，5節では共和主義とリバタリアニズムに依拠する論者による対抗的解釈を検討する。

2　事前分配：政策提案の経緯と内容

本節では，事前分配政策が提案され中道左派政党の新たなアジェンダとして注目されていった経緯を紹介しつつ，その提案内容を説明する。

2.1　米国政治分析からの処方箋：ハッカーの提案

事前分配という構想を最初に提示したのは，米国の政治学者ハッカーである。彼はP・ピアソンとの共著で，米国における不平等の拡大過程を描写している(Hacker and Pierson 2010)。彼らは不平等拡大の主たる原因を，1970年以降生じた課税再分配以前に位置する市場のルールの変更に見出す。すなわち，課税前所得の格差の拡大を許すような規制の変更，高等教育をはじめとする公共サービス費用の増大，労働者保護の後退などである。ハッカーはこれらの要因を事前分配とよび，事前分配における不平等拡大を是正する施策を提案している(Hacker 2011)。

ハッカーの事前分配政策の提案は，市場のルールが格差拡大をもたらす一方で中間層の利益に適わないものとなってしまったことに鑑み，その変化を可能な限り巻き戻すことを目指している。社会保障政策としてのその特徴は，再分配強化ではなく政府による規制と市場介入に焦点を当てることである。その中身を，四つの政策グループにまとめて見ていこう(cf. Hacker 2011; 2013; 2015a; Hacker, Jackson and O'Neil 2013)。

グループ1は公共投資の拡充である。これは，マクロ経済政策により安定的な就労の機会を増やすことで賃金水準の上昇を目指すものである。就労機会保障が需要を安定させ，資産バブル崩壊など市場の負の局面における緩衝材となることも期待されている。

グループ2は普遍的公共サービスの拡充である。その目的は所得の不平

等がもつインパクトの緩和である。生活必需品や医療サービスが無理のない価格で入手できることは，所得格差の存在を比較的無害なものにする。また公的な教育や職業訓練を充実させることは，中流層および貧困層がひろく充分な機会にアクセスできるようにする。

　給付が普遍主義つまり非選別的であり，また金銭ではなく現物給付を中心とすることは，制度の安定性に資するとされる。普遍的公共サービスはあらゆる人に利益をもたらすので，一部の人への施しとして反感を招くことが少ない。また，給付される財とサービスの使途が限定されている方が，給付の利益と税負担の意義をイメージしやすく，市民からより安定的に支持されうる。政府政策の適切さと有効性に対して市民が強い不信を持つ状況を踏まえ，ハッカーは市民による受容可能性の高い政策デザインを重視している。

　グループ3は労働市場の公正化，すなわち政府の規制と基準設定能力を活用した雇用・労働条件の改善である。政府は直接的な規制の適用，または政府関連事業の契約条件設定を通じて，市場慣行を労働者にとってより公正なものとすることができる。具体的施策としては，最低賃金や有給休暇，柔軟な労働スケジュールなどの労働者の権利保障の徹底と，一般雇用者の利害を適切に代表する労働者の組織化の促進などである。特に労働者の組織化は市場における資本に対する拮抗力（countervailing power）として重視されるが，その具体的な促進策は示されていない[4]。

　グループ4は富の過度の集中の緩和，すなわち超富裕層への富の集中をもたらす市場の仕組みの修正である。これは主に二つの要素にかかわる。まず，エグゼクティブ給与に関してコーポレート・ガバナンスの改革が必要とされる。具体的には，株主からの短期的成果要求の過熱がエグゼクティブへの過度のインセンティヴ報酬付与をもたらしていることに対して，企業の総合的・長期的利害の視点がより適切に代表される仕組みが要請される。もうひとつの要素は金融市場規制である。過度に規制緩和された金融市場は，超富裕層をうむだけでなく，高レバレッジの投機的取引により長期的な資本の最適配分を阻害してしまう。その是正のために金融取引税などの施策が必要となる。

　以上が事前分配政策の概要であるが，前述の通りハッカーは実現可能性の観点からこの政策の受容可能性を重視している。加えて彼は，財政緊縮

路線を受け入れるわけではないとしつつも，事前分配政策（特にグループ3と4）が大規模な歳出増を必要とせずに平等を促進することをその魅力のひとつとしている（Hacker 2015b, xxi-xxii; Hacker, Jackson and O'Neil 2013, 56, 63）。こうした主張の背景には，2008年の金融危機とその後の改革の挫折をうけて，英国や米国の政府は深刻な不信と歳入減に直面しているという認識がある。

2.2　中道左派政党のアジェンダへ：英国の事例

　ハッカーのこの構想は，英国労働党のミリバンドによって政策アジェンダとして採用される。ミリバンドは2010年の党首就任以来，不平等の問題をより正面から扱うべく，ブレア＝ブラウン時代のニュー・レイバー路線の転換を目指していた（Shaw 2018, 156-157）。ミリバンド陣営の課題は，新自由主義的な金融資本主義による格差拡大と，それを矯正する手段としての伝統的再分配政策の限界という二つの問題に取り組むことであった。そこでミリバンドは，不平等拡大の再分配以前の段階に焦点を当てる事前分配というアイディアに共鳴する。事前分配政策の中でミリバンドが特に重視したのは，高スキル・高賃金の職を増やすことである（Miliband 2012）。そのためには教育・職業訓練と就労支援の強化が特に重要となるが，適切な住宅供給，インフラへの公共投資，金融市場規制などを通じた市場が健全に機能するための条件整備も必要とされる。またこれらの施策によって，所得再分配への依存を減らすことも可能になる。

　この考えは，2015年の総選挙においてミリバンド労働党のマニフェストに反映されていく。だがミリバンドは党内基盤が弱く，親ビジネスで緊縮派のニュー・レイバー派の異論に直面したことに加えて，世論調査での人気も低迷していた（Shaw 2018, 157-158）。そうした状況を反映して，マニフェストは党内右派に配慮した抑制的なものになっている[5]。それでもそこでは事前分配的政策が多く採用されている。それらを上で整理した事前分配の四区分に沿って挙げてみよう（Labour Party 2015; Hacker 2015a）。

　まずグループ1の公共投資に関して，労働党は政府債務の縮減計画を緩やかなものにすることで教育やインフラへの支出規模維持を目指している。

　次にグループ2では，普遍的公共サービスの強化が提案されている。すなわち，NHSのサービス拡充，勤労子育て世帯の無料保育サービス拡充，

大学の学費削減，住宅供給の増加などである。また，住宅や生活基盤サービスの料金規制を通じたアクセス保障も図られている。

グループ3では，労働環境の改善に向けた施策が提案されている。すなわち，ゼロ時間契約の禁止，最低賃金の増額，生活基盤として適切な雇用条件（生活賃金など）の政府購買を通じた促進などである。

グループ4では，まず金融市場の短期利益主義の是正策として，株式投資において長期利益が重視されるような仕組み（企業買収に関する株の長期保有者の発言権増大など）の導入が挙げられる。またエグゼクティブ給与について，パフォーマンス連動の強化やファンドによる投票内容の開示，報酬委員会への労働者代表の参加が提案されている。さらに労働党は，豪邸税などの課税強化も提案している。

まとめると，ミリバンドの事前分配政策の提案はハッカーの提案を踏襲しているものの，より消極的である。まず公共投資（グループ1）は，その拡充ではなく削減を緩やかにすることが目指されている。またグループ3のうち市場の拮抗力，すなわち組織化を通じた労働者の利害の効果的な代表の促進は政策メニューに含まれていない。ミリバンドの提案は，緊縮財政への支持が強い状況下での実現可能性に配慮したものになっているといえる。

本節では事前分配政策とその支持者に焦点を当てた。次節では事前分配政策をより広い文脈上に位置づける。事前分配の平等化というアプローチの特徴をより明確にすべく，隣接する社会保障類型との異同の確認と批判の検討を行う。

3　類型的整理と批判の検討

社会保障政策は，レジーム論を典型として一定のまとまりをもった政策群として論じられることが多い（e.g. Esping-Andersen 1990）。本節ではまず，社会保障のほかの政策類型との比較から事前分配政策の特徴を明らかにする。次に，C・グローバーが事前分配に対して提起している批判を検討し，事前分配政策は反平等主義的な政策にもなりうることを指摘する。

3.1 類型的整理：
伝統的福祉政策，第三の道，アクティベーション，BIとの関係

　事前分配政策の類型的特徴を明らかにするために，四つの政策類型と事前分配政策との異同を確認する。四つの類型とは，ハッカーが特に意識している「第三の道」と伝統的な福祉政策，そして近年有力視されている社会保障構想であるアクティベーションとベーシック・インカム（以下BIと略記）である。

　まず事前分配政策においてとりわけ意識されているのが，90年代中ごろ以来中道左派の有力な政策指針となっていた「第三の道」路線との対比である。第三の道は，政府規制を減らし市場原理を強化する一方で，その帰結として生じる不平等については所得再分配により是正すると同時に，福祉給付に就労要件を付加することで福祉依存を減らしていくこと（ワークフェア）を目指すものであった。ハッカーはそのような政策は市民の長期的支持を期待しえないことを指摘する（Hacker 2013; Hacker, Jackson and O'Neil 2013）。なぜなら，それは規制緩和された市場が勝者と敗者に大きな差がつくように分配した所得を政府があとから分配しなおすという，強制的と感じられやすい分配アプローチだからである。また，それは就労機会と再分配のための財源が市場で充分に創出されることに依存している点で，経済の安定成長を前提としたモデルでもある（Miliband 2012）。したがって，そのような政策は経済危機と低成長の時代においては適切に機能しえず，人々の政府への反感をあおることになりやすい。

　これに対して事前分配政策は，市場における分配と政府による再分配について第三の道の逆をいく。つまり，市場を通じた所得と富の分配がより平等なものとなるような仕方で市場のルールを設定し，事後的再分配は最低限にとどめるというのがその理念である。また，事前分配政策は人々の就労を通じた自立を目指す点ではワークフェアに通じるが，就労支援のアプローチは異なっている。ワークフェアが選別主義的な所得補填に就労要件を組み込むのに対して，事前分配政策は，就労のための機会を開くことをひとつの目的として普遍主義的な現物給付を行う。就労支援は普遍主義的サービスのひとつとして提供されるが，給付に就労要件を課すというアプローチはとられない。

　次に伝統的福祉政策との関係を検討する。ハッカーは，主に米国を念頭

に1970年代までの資本主義が中間層の利益にかなうものだったとしている（Hacker 2011）。その中心要素は，ケインズ主義的なマクロ経済政策による雇用創出，効果的な労働者の代表と権利保障，社会保険と所得補填，公共サービスである。事前分配政策はこの伝統的福祉政策のモデルへの部分的な回帰を志向している。両者の間で大きく違う点は再分配の位置づけである。困窮者を救済するための所得補填による垂直的再分配と社会保険を通じた水平的再分配は福祉国家の最重要機能とみなされている（宮本2011; cf. Barr 2001）。事前分配政策はこのうち前者になるべく依存しない仕方で不平等の縮減を目指す点で特異である[6]。

　第三の道とワークフェアのほかに近年注目されている社会保障政策として，アクティベーションとBIがある。これらと事前分配政策の異同を検討しよう。まず宮本太郎によればアクティベーションの目的は，所得保障と並んで職業訓練や保育サービスなどの公的支援の提供を通じて，人々が就労を通じた連帯を担えるようにすることである（宮本2011, 125-126）。それがワークフェアと異なるのは，就労を義務的要件としない点，そして労働市場と企業への規制を通じて雇用自体をより良質のものにしていく点である（Ibid.; 宮本2009, 125）。このように理解されたアクティベーションは，その目的と内容において事前分配政策と親和的である。ただし，アクティベーションは生活保障を所得補填によって行うことを問題視しない点が事前分配政策とやや異なる。また，事前分配政策には公共投資や富の過度の集中の緩和など，アクティベーションの範囲を超える要素が含まれており，アクティベーションは事前分配政策のひとつの要素と位置づけるのが適切である。

　最後にBIは，普遍主義という共通点はあるものの，（少なくとも無条件の定期的金銭給付という純粋な形においては）事前分配政策と折り合いが悪い。事前分配政策は給付の形態として公共財や公的サービスという現物給付を重視するからである。またBIは就労支援的性格をもたず，むしろ就労に限らない幅広い活動に従事する自由の促進が目的とされることが多い（宮本2009, 124; cf. van Parijs 1995）。一方で事前分配政策は，基本的に就労を中心とした社会的に価値のある活動の促進を重視しており，給付内容もその目的に規定される側面が強い[7]。

　まとめよう。事前分配政策は，伝統的福祉政策とは所得補填以外の要素

図1 社会保障の政策類型と主要構成要素の重なり

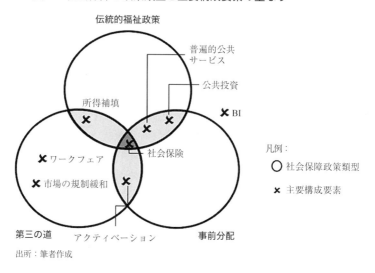

出所：筆者作成

において共通している。第三の道とは就労支援を重視する点で共通しているが，第三の道における就労支援がワークフェア寄りであるのに対して，事前分配政策においてはアクティベーション的就労支援が重視される。また，純粋・十全なBIは事前分配政策とは重ならない（図1）。

3.2 グローバーの事前分配批判

次にグローバーが提起する批判を検討し，事前分配政策が抱える問題について考えてみたい。グローバーは次のように事前分配政策を批判する（Grover 2016）。すなわち，所得再分配を抑制しつつ賃金の底上げにより所得の平等化を図ることは，最貧層の勤労者や失業者の境遇を悪化させることになりかねない。この批判の要点は，事後的再分配を伴わない事前分配的な賃金保障は家計ニーズの多様性に対応できないということである（Ibid., 698-699）。実際に，英国において適切な生活を送れるための賃金水準として設定されている「生活賃金」は，フルタイム雇用の稼ぎ手のいる二人親世帯を想定している。たとえばシングルマザー世帯のように，稼ぎ手の労働可能時間やニーズがこの類型から外れる家計では，生活賃金の保障は充分ではないかもしれない。そのような賃金保障とひきかえに所得補

填のような再分配政策が切り詰められるとすれば，そうした人々は基礎的ニーズを満たすことさえ困難な状況に置かれかねない。

ここで示唆されているのは，政治的な妥協の可能性を視野に入れたときに事前分配政策が反平等主義的なものとなってしまう危険性である。たとえば予算制約などのために，再分配の抑制が先行し事前分配を平等化する施策が充分に行われない場合，事前分配政策は相対的に不利な立場にある人の境遇をより悪化させるものになりかねない。さらに悪いことには，事前分配はそのような帰結を正当化するレトリックを提供してしまうかもしれない。実際グローバーは，英国の2015年夏の予算案において，そのような事態が起きていると見ている（Grover 2016, 696）。保守党政権はミリバンド労働党の事前分配の主張を部分的に取り込む形で，最低賃金の増額と所得補填の削減を行ったからである。つまりミリバンドの提案は部分的に実現され，一部の低賃金労働者の境遇を改善する一方で，一部の所得補填を必要とする世帯にとっては境遇の悪化をもたらしたことになる。

これは重要な批判であり，事前分配政策が充分に練り上げられていないことを示唆している。この批判から事前分配政策を救うことは可能だろうか。ひとつの方法は，保守党流の切り詰められた政策を事前分配政策のあるべき姿から逸脱するものとすることである。しかしそのためには事前分配政策の「あるべき姿」とは何かを明確にしなければならない。そうすることではじめて，逸脱的な政策の採用に対して規範的な歯止めを効かせることができる。以下に，明確化の必要な項目を三つの問いとして示す。

第一に，そもそも「事前」の分配とは何を意味するのか。一方で「課税前」所得の平等化を最重要視するなら，グローバーが指摘するような実質的福祉切り下げを伴う一面的な平等化を招きかねない。他方で，事前分配政策の提案には，賃金格差の生活への影響を縮減し人々の機会へのアクセスを保証する普遍的公共財・公共サービスの提供（グループ2）も含まれる。この意味での「事前」の分配を重視するなら，非標準的なニーズを有している人々やフルタイム就労が困難な人々を放置してしまうという危険は軽減されるだろう。この意味での事前分配，すなわち人生における価値ある機会への実質的アクセスの確保を「各人の生の展望を開く」分配として課税前所得の分配と区別しておきたい（厳密には後者は前者の一要素になる）。

第二に，事前分配と再分配はどのような関係にあるのか。それらはトレードオフないし互換的関係にあり，一方を充実させるなら他方を縮減するべきなのだろうか。ハッカーやミリバンドは再分配の重要性を否定はしないものの，再分配への依存を減らせることを事前分配政策の利点としていた。だが，そのような主張は再分配のいきすぎた縮減の容認につながる可能性もある。

　第三に，実現可能性の考慮事項はどこまで，またどのような仕方で事前分配政策の内実を規定すべきだろうか。ハッカーやミリバンドは市民による受容可能性や歳出抑制への配慮を重視していた。これらは政策の実現可能性のための考慮事項であり，事前分配の構想にとって本質的なものとは考えにくい。受容可能性や歳出削減への配慮もまた福祉切り下げを招きうる要素であり，事前分配政策を平等に反するものにしてしまいかねないからである。政策は実現されてこそ意味があるが，それは「どのような形であれ実現すべき」ということではない。グローバーの批判が示すように実現可能性の追求に対しては歯止めが必要である。実現可能性をどのようにして追求するのか(しないのか)について示唆を与えることが，政策のあるべき姿についての考察に期待される。

　政策のあるべき姿に関するこれらの問いは，現実的な政策提案の分析だけからではうまく答えることができない。現実的な前提や制約を問い直すことが必要になるからである。そこで次節ではこれらの問いに，政治哲学的な議論から回答を与える[8]。それにより事前分配のあるべき姿が明らかにされるならば，グローバーが批判するような反平等主義的な政策を，事前分配の妥当な形態とみなすべきか否かも明らかになる。

4　政治哲学的構想としての事前分配

　ここまで本稿は，現実の政治的文脈に即して提案された事前分配政策について分析してきた。重要な批判として，事前分配の提案がその本来の目的に反するような政策を正当化してしまう要素を含んでいることが示唆された。事前分配をこうした批判に対して堅牢なものとして再構築する方向性を示すことが本節の課題である。具体的には，前節の最後に提示した事前分配のあるべき姿に関する三つの問いに取り組む。政治哲学(規範的政治理論)の観点から事前分配政策がどのようなものであるべきかの議論を

検討することで，政策実践を適切に導きうる構想を探る。まずはロールズの「財産所有のデモクラシー（property-owning democracy）」の構想を検討する。

4.1　財産所有のデモクラシー

　経済学者のJ・ミードは，資本所有の格差が所得格差と「権力と地位の不平等な分配」をうみつつ拡大しつづけることに，早くも1960年代初頭に警鐘を鳴らしていた（Meade 2012, 27, 33-39）。福祉国家が看過するその問題への解決策として提示されたのが財産所有のデモクラシーである[9]。本稿では，その構想をさらに哲学的深化させたロールズの構想に焦点を当てる。ロールズは哲学的な正義の理論の一部として財産所有のデモクラシーを提示しており，その制度的特徴も彼の正義原理に基礎づけられたものとして理解することができる。抽象的な正義原理に接続可能であることには，具体的政策の設計や評価に際して，個別の文脈を離れても妥当しうる正しさの基準を参照できるという意義がある。

　だが，事前分配政策について考えるためになぜ財産所有のデモクラシーを参照するのか。二つの構想の間に必然的な結びつきがあるわけではなく，財産所有のデモクラシーにひきつけて事前分配政策を理解することは，事前分配のひとつの解釈にすぎない。だが，両者は問題認識と解決アプローチにおいて共通しており，この際立った類似性ゆえに財産所有のデモクラシーは事前分配政策の有力な哲学的対応物といえる[10]。まず財産所有のデモクラシーは，所得再分配に依拠する福祉国家は資本主義における格差拡大への対応として不充分であるとの認識から出発している（Meade 2012, 38-39; Rawls 2001, 139）。これに対して，より有効なアプローチとして富と所得の「各期の初めにおける（at the beginning of each period）」ないし「始めからの（from the outset）」分配施策が提示される（Rawls 2001, 139, 140; cf. Meade 2012, 53-63）。事前分配の提唱者であるハッカーも，財産所有のデモクラシーの要素をそのまま事前分配政策に取り入れることは現実的でないとしながらも，それが長期目標になりうることは認めている（Hacker, Jackson and O'Neil 2013）。

　さて，ロールズの財産所有のデモクラシーの詳細を確認していこう。その目的は「自由で平等なものとみなされた市民の間の公正な協働のシステ

ムという社会の観念を，基本的諸制度として実現すること」である（Rawls 2001, 140）。そのための施策が「各期の初めにおける」分配である。以下，その具体的機能を四つに分類し，ロールズの正義の二原理に対応させながら説明する[11]。

まず，第一原理は基本的諸自由の平等な保障を規定する。第一原理から要請される財産所有のデモクラシーの重要な機能は政治的自由の公正な価値の保障である（機能ⅰ）。それはすなわち，社会的・経済的影響力の政治的影響力への転換を防ぐことである（Rawls 2001, 148-150）。そのための制度的規制（政治献金規制など）なしでは，社会的・経済的に優位な地位にある人たちがその力を利用して，民主的な公共政策過程を特定利益のために歪めてしまうかもしれない。

次に第二原理は，社会的・経済的不平等が次のふたつの条件を満たすことを要請する（Rawls 2001, 42-44）。まず，そうした不平等が公正な機会均等の条件下ですべての人に開かれた役職や地位に帰属させられること（公正な機会均等原理）。これは単なる形式的な機会ではなく，能力と意欲に応じた実質的機会の平等を要請するものである。次に，社会的・経済的不平等が社会のもっとも不利なメンバーの生の展望を最大限よくするようなものであること（格差原理）。たとえばある種の能力の持ち主に高い報酬を与えるなどの不平等は，それがもっとも不利な人の生涯を通じた予期を最大化するものである場合に限って，公正なものとして正当化される。

第二原理から財産所有のデモクラシーの次の三つの機能が導かれる。まず，生産資本と人的資本の広く行き渡った所有の実現（機能ⅱ）。物的資本，金融資本と並んで，自分の資質に見合った教育や職業訓練により人的資本を開発しうることが，公正な機会均等実現のために求められる[12]。次に，社会的協働に参加する実質的機会の保障（機能ⅲ）。この要請は，仕事が市民の自己尊重の社会的基盤――社会的・経済的不平等の尺度である基本財のうちもっとも重要なものとされる――として重要であるという認識を反映している。それゆえ仕事は当人が意味を見出しうるものでなければならない。そのためには，使用者に対して隷属的立場に置かれたり，精神を蝕むような単純労働の機会しかないといった事態は避けられなければならない（Rawls 1999a, 258, 463-464）。加えて，充分な仕事が存在しない局面では，社会の責任で雇用機会が創出される必要がある（Rawls 2005, lvii）。

最後に，富の過度の蓄積とりわけ世代を超えた有利（advantage）の継承の阻止（機能iv）。経済的力が社会の一部に偏り固定化するなら，それは社会のほかのメンバーに対して支配的な影響力を行使しうる特権階級をつくりだしてしまう。そこで資産の蓄積と継承に関する規制が必要となる。具体的には，受贈者を対象とした遺産・相続への課税と，富と所得に対する累進課税といった政策が必要となる（Rawls 2001, 148-150, 160-161）。

4.2 三つの問いとグローバーの批判への応答

続いて，ロールズの財産所有のデモクラシーの構想に基づいて前節終わりに提起した三つの問いに答えることで，事前分配政策のあるべき姿を明らかにしていこう。

第一に，事前分配はどのような意味で事前的なのか。ロールズが「各期の始めにおける」分配を要請したのは，事後救済的な再分配との対比においてであった。財産所有のデモクラシーが「意図するのは，事故や不幸によって損失を被った人々を単に支援することではなく（それもなされねばならないのだが），むしろ，適切な程度の社会的・経済的平等を足場として自らの事柄を成し遂げられるような地位にすべての市民を置くことである」（Rawls 2001, 139）。重要なのは自立を可能にする足場としての平等であり，それは各人が自分の生を展望する際にあらかじめ保障されているべきものである。

そのように「各人の生の展望を開く」ことは，より細かくは次の諸機能を通じて実現されることを確認した。すなわち，富の過度の蓄積や公共政策決定過程の独占により社会的協働のあり方が歪められることなく（機能iv，ⅰ），自由で平等なものとしての市民一人ひとりに社会的協働に参加する実質的機会とそれを活用するための人的および物的資本を保障することである（機能iii，ⅱ）。これらは，各人が自分の生の計画を形成しそれを追求するうえで重要となる各要素において必要となる資本と機会をあらかじめ適切に分配するという意味で「事前的」である。これに対して所得補填は，生の計画を充分に成し遂げられず社会による救済に頼らなければならない人を対象にする点で「事後的」である。

第二に，事前分配と再分配はどのような関係にあるのか。先の引用部分からもわかるように，財産所有のデモクラシーは事後的な所得再分配の必

要性が減じられる社会を目指している。だが同時に、その主要機能には資産の分配（ⅱ）や富と所得の累進課税（ⅳ）も含まれている[13]。つまり事前分配政策のあるべき姿とはこうである。それは市民が自由と平等を脅かされることなく社会的協働に参加できるようにするものであり、その目的に資さない再分配は事前分配によって置き換えられるが、その目的に資する再分配は強化される。また、救済的・調整的な再分配が必要であること自体は否定されない（Rawls 2001, 139）。

　第三に、事前分配政策は実現可能性にどのような配慮を払うべきだろうか。まずロールズの理論における実現可能性の考慮について、ここでの議論に関係する範囲で、異なる段階における二種類の実現可能性を区別しう　る（Gilabert and Lawford-Smith 2012をもとに再構成）。ひとつめは「安定性の考慮」である。これは経済、制度、文化、人々の動機などに関わるが、可能な範囲で望ましい社会の状態を想定したうえで、どのような制度が安定性をもちうるかが問われる。二つめは「狭義の実現可能性」とよぶことにする。これはひとつめと同じ要素に関わるが、現状の社会を前提として望ましい制度にどのように到達するかを問う。ここではより偶然的な要因も考慮対象となる。たとえば市民の受容可能性という同じ要素について、安定性の考慮は社会のある程度不変の特徴と人間本性に根ざす動機との関連で検討するのに対して、狭義の実現可能性はその時どきの社会の経済状況や人々に広く共有された気分のようなものも変数として考慮する。

　このうち、正義にかなった社会の構想としての財産所有のデモクラシーが関わるのはひとつめの安定性の考慮である。そこでは政治や経済の諸法則や、自由で平等なものとしての市民にとっての理にかなった受容可能性に照らした制度の安定的維持可能性が問われる（Rawls 1999b, 133; 2005, 446）。また、社会がどのような歴史状況や政治的伝統に規定されているかといった要素も考慮される（Rawls 1999a, xv-xvi）。これは比較政治学における経路依存性に通ずる要素といえるが、ここでの対象は安定的要因のみである。経済危機や政府不信の蔓延といった偶然的要因に左右される事柄は財産所有のデモクラシーの規定要因としては考慮されない。だがそれは、これらの狭義の実現可能性を無視するということではない。それは「あるべき姿」の問題とは切り離されてそれをどのように実現するかという実践的な問いとして検討される。

以上の考察をまとめるならば，事前分配政策は，各人の生の展望があらかじめ開かれうるような制度編成を要請するという意味で「事前」的である。そしてそれは，事後的な所得再分配の必要性を低下させるが，人的・物的資本の分配を含む広義の再分配を削減しようとするものではない。最後に，実現可能性は段階を分けて検討される。たとえば社会を深く規定する歴史的経験や政治的伝統，市民の本質に照らして理にかなった受容を期待しうる原理は事前分配のあるべき姿を規定しうる。他方で，より細かい政策の経路依存性や市民のより個別的な利害への配慮は，あるべき姿の実現のためにどのような手段・経路をとるべきかという狭義の実現可能性に関わる。後者の事情がどれほど変化しても，あるべき姿は変更されない。

さて，このようにロールズの財産所有のデモクラシーをそのあるべき姿として事前分配政策を理解したとき，グローバーの批判は退けられるのだろうか。厳密には批判は部分的にのみ回避できる。彼の懸念は，政治的な妥協によって事前分配政策が平等の観点から問題のあるものになりかねず，さらには事前分配のレトリックがその正当化に使われかねないことであった。一方で，財産所有のデモクラシーを事前分配政策の目指すべきモデルと定めても，狭義の実現可能性が否定されない以上，政策提案の切り詰めが避けられない状況は起こりうる。他方で，そのような妥協を規範的観点から批判することは可能となる。つまり，妥協が事前分配政策実現のために必要であるとしても，規範的に重要である「各人の生の展望を開く」分配が犠牲にされている場合には，それは重大な逸脱として批判されうる。

4.3　オニールとウィリアムソンによる提言

次に，ロールズの財産所有のデモクラシーの観点からの事前分配政策に対する批判的提言の一例としてM・オニールとT・ウィリアムソンの議論をとりあげる。オニールらはハッカー，ミリバンドの提案をより規範的に望ましいものにするための提言をしている。彼らはその際，財産所有のデモクラシーをモデルとして議論をしている（O'Neil and Williamson 2012a; O'Neil and Williamson 2012b）。

オニールらの主な提案は三つにまとめられる。まず，グループ2の領域では，人的資本の分配を通じて高賃金の就労機会を増やすだけでは不十分

であるとして，生産資本の分配を要求している。生活の財政的基盤となるような一定額の資産を権利として人々に付与することが，平等な社会を実現するうえで必要とされる。次に，グループ3の拮抗力の形成に関連する目標としてオニールらは，ドイツの共同決定の仕組みをモデルとした施策の導入を主張している。最後に，富裕層への資本の集中の阻止を目指すグループ4の政策として，世代を超えた富の局在化を是正するための積極的な資産課税が提案されている。オニールらは事前分配は伝統的な課税再分配政策の置き換えではなく拡張であるべきとして，資産課税の強化を訴えている。なおこれらの提言はそれぞれ，財産所有のデモクラシーの機能 ii，iii，iv からひきだされる。

　このように，事前分配政策を批判的かつ建設的に導く提言を財産所有のデモクラシーの構想から示すことができる。ただし，実践的な政策の提案やその評価は規範的観点からの提言だけでは完結しないことを付言しておく。それは実現可能性の制約にも依存する。さらに，政策の総合的な評価が規範的望ましさと実現可能性の関数であるとして，その二要素間の関係を規定することも必要となる。これは重大な問題であるが，本稿が扱えるのは事前分配政策の規範的評価のための適切な観点の特定までである。次節では，事前分配についての異なる政治哲学的構想を検討することでこの課題の仕上げとしたい。

5　事前分配の異なる構想

　本節では共和主義とリバタリアニズムに親和的なものとして事前分配の構想を理解する議論を紹介し，それに対してロールズの構想を擁護することを試みる。

5.1　リベラルな共和主義（トマス）

　最初に検討するのはリベラルな共和主義の立場から事前分配について論じているA・トマスである。哲学的にはトマスはロールズの正義の理論をほぼ全面的に支持するとしつつも，そこに共和主義的自由の実現という論理を付け加えるべきとする（Thomas 2017）。共和主義的自由とは，他者からの支配（恣意的な干渉の可能性）にさらされない状態のことである[14]。トマスの議論はロールズに依拠するところが大きく，その主張はロールズの

構想とかなりの程度共通するものの，事前分配政策の評価の仕方について重要な違いもある。先にあげた事前分配のあるべき姿についての三つの問いに沿ってトマスの見解を確認しよう。

第一の問いについては，トマスの見解は前節で見たロールズのそれと基本的に同じである。よってこの点については別して検討することはしない。

では第二に，事前分配と再分配はどのような関係にあるのか。この点でもトマスはロールズと同じく，資産課税を必要とする立場である（Thomas 2017, 162）。だが彼は，再分配を不要にするような条件をつくるべきことをロールズ以上に強調する（Ibid., ch. 5, 208）。再分配は多数者の善意に基づく支配とみなしうるからである（Ibid., 310）。

第三に，事前分配政策は実現可能性にどのような配慮を払うべきか。トマスは政策のあるべき姿について安定性のみを考慮する点ではロールズと共通するが，ロールズが狭義の実現可能性を考慮する実践段階にも同じ基準を適用しているようである。トマスは，実践的な政策提案においても狭義の実現可能性を考慮して財産所有のデモクラシーから逸脱することは許容されないとするからである（Thomas 2017, 95, 316）。部分的にのみ正義にかなった制度は，すでに優位な力関係にある人々によって自らの利益を促進するために活用されてしまいかねないというのがその理由である（Ibid., 64-66, 335-336）。トマスの実践的処方箋は財産所有のデモクラシーを非妥協的な形で導入するための条件を整えることに注力すべしというものである（Ibid., 316, 369）。

トマスの構想をロールズとの違いを確認しつつまとめよう。第一に，トマスは事前分配政策の実施が所得再分配を不要とする度合いをロールズ以上に大きく見積もっている。ロールズは事後的再分配の救済的・調整的役割を完全には否定していないのに対して（Rawls 2001, 139），トマスはこれを理想的には廃止すべきものとみなしている。第二に，トマスは事前分配政策を実現するためにそのあるべき姿から逸脱することを一律に否定する。これに対してロールズは非理想的状況下で正義の要請を緩和することを否定はしておらず，あるべき姿によって一定の統制をしつつ実現可能性に配慮した実践的判断の余地を認めている。

事前分配政策を導く規範的立場として，トマスの構想には今見た二点において問題がある。第一に，事後的再分配を不要にするという目論見につ

いてはその限界を重視すべきである。なぜなら，社会の基礎構造を正義に
かなった仕方で設計できたとしても，予期できない正義の欠損や救済すべ
き不利は生じうるからである。第二に，理想からの逸脱を一切否定するな
らば，その議論は現実の政策実践にとってほとんど意味のないものになっ
てしまう。確かに，理想からの逸脱が不利な立場にいる人に対してもたら
す影響には注意する必要がある。だが妥協の危険を認識することは，妥協
を否定することと同じではない。トマスの立場からは狭義の実現可能性の
制約を踏まえながらも規範的に意味のある政策を探ることができなくなっ
てしまう[15]。それは実践を導く規範として適切でなく，ロールズの構想が
より望ましい。

5.2　リバタリアニズム／新古典派リベラリズム（カー）

　近年，経済的自由を重視するリバタリアン的主張を行う政治哲学者は
自分の立場を「新古典派リベラリズム」とよぶことが多い（Brennan and
Tomasi 2012）。この潮流に基づいて事前分配について論じているのがG・
カーである。カーが重視するのは，経済学でいうレント（特定の主体に帰
属しえない仕方でうみだされる価値）を課税を通じて分配することである。
より具体的には，彼は土地の賃貸価格の値上がり部分に課税する「地価
税」を提案する。

　まずは土地のレントについて簡単に確認しよう。一般に土地の賃貸価値
は，周辺の商業活動など広範な社会活動の関数である。土地の所有者がレ
ントを占有できる制度のもとでは，賃貸による利益にレント分が加わるこ
とになるほか，土地の供給が有限であることもあいまって，値上がりを見
越した投機的取引が加熱し土地の価格は高騰する（Kerr 2017, 113-114）。結
果として価格は適正価格を上回り取引量は適正値を下回るため，非効率性
が生じる（Ibid., 118-119）。

　この土地の賃貸価値におけるレントを課税し分配しようというのがカー
の地価税の提案である。だがなぜ土地のレントだけを問題にするのか。詳
細は割愛するが，土地は，価値のレント部分をほぼ純粋に課税対象とする
ことができる（Kerr 2017, 242）。課税は経済活動の自由を制限し非効率をう
むが，地価税の場合，レントの占有を阻止することによる効率性の向上分
がそれを大きく上回るとされる。

カーのこの構想はどのような事前分配政策のあるべき姿を示しているだろうか。第一に「事前」という言葉は，カーによれば「経済活動以前」という意味で理解すべきである(Kerr 2017, 230-231)。それは特定の主体の経済活動に帰責しえないということであり，平たくいえば自分がつくりだしていないもののことである。そのような価値創出に対する課税こそが事前分配的であるとされる(Ibid.)。

第二に，そのように理解された事前分配と再分配はどのような関係にあるのか。カーは，所得課税や財およびサービスの公的供給といった再分配に対しては，市場の効率性を阻害しない範囲でのみ支持するという立場をとっている。再分配は人々の広範な支持があるならば効率を阻害せずにおこなえるため，その場合のみおこなうのが望ましいというのである(Kerr 2017, 225-226)。つまり，再分配は否定はされないものの，積極的に支持もされない。

第三に，事前分配政策は実現可能性にどのような配慮を払うべきか。カーは安定性についてはほとんど語っておらず，むしろ狭義の実現可能性を重視しているようである。その考慮事項として彼が重視することのひとつが効率性である。というのもカーは，あらゆるレントの占有を，課税対象とすべき不当なレントの占有としているわけではない。課税することで経済活動の自由を増大し効率性に資するような財のみが適切な課税対象なのである[16]。またカーは事前分配政策として貨幣発行益の国有化も検討しているが，そこでは市民による受容可能性の観点から低い評価を与えている(Kerr 2017, 239-240)。

まとめると，カーは特定の主体に帰責しえない経済的価値としてのレントの分配を事前分配とみなしており，そのうちでも課税が効率性に資するもののみを妥当な課税対象としている。また，市民による受容可能性も優先的に実行すべき施策を選定する際の基準となる。そして注力すべきはあくまで事前分配政策であり，再分配については積極的に支持する理由は示されていない。

さて，カーの構想は，事前分配政策を導く規範的構想として適切だろうか。ひとつの懸念は，再分配を完全にオプショナルなものとしており，グローバーが懸念するような性急な再分配削減を招きかねないことである。とはいえカーはハッカーやミリバンドの提案とは全く異なる政策を構想し

ているため，この批判はやや的外れともいえる。だが，むしろそのことこそが本稿の関心からすればより大きな問題である。というのも，カーの構想からすると本稿で見てきたおそらくすべての政策が事前分配ではないことになるからである。典型的な非稼得所得である相続・贈与への課税すら例外ではない。相続税は贈与者の観点からは稼得所得への課税であり，その限りで非効率的だからである（Kerr 2016, 73）。カーは「事前」という言葉を独自の意味で用いており，本稿で扱ったほかの論者のいう事前分配とは根本的に異なるプロジェクトに携わっていると考える方が適切である。そうだとすると，現実政治の文脈で政策指針として提示されてきた事前分配政策を導く規範的参照点としての役割はカーの構想には期待しえない。

6　結論

本稿では事前分配の構想について，その政策内容と哲学的基盤のふたつの観点から議論してきた。本稿の積極的主張は以下のように要約できる。第一に，事前分配政策は積極的な公共投資や普遍主義的公共サービスの充実など伝統的福祉政策と共通する要素をもちつつも，所得再分配の役割を縮小させるような社会保障の類型として位置づけることができる。同時にそれは福祉削減を志向するものではなく，アクティベーションとも親和的である。だが事前分配は課税前所得の平等化のみに焦点を当てて狭く理解することも可能であり，とりわけ政策の受容可能性や歳出抑制が強調されるならば反平等主義的なものにもなりうる。第二に，そのような逸脱を批判し望ましい方向に導くための事前分配政策のあるべき姿を，ロールズの財産所有のデモクラシーの構想によって規定すべきことを論じ，その含意を検討した。また，トマスおよびカーによる事前分配の構想は，規範的観点を踏まえつつ現実の事前分配政策の提案について建設的に論じるための適切な視点を提示しえないことを示した。

ではロールズの構想を用いることで，その実現可能性にも配慮しつつ事前分配政策についてどのような実践的示唆を与えうるのか。本稿では，オニールらの議論をその一例として紹介したが，筆者自身の構想を展開することはできなかった。これについては別の機会を期したい。

[付記]　貴重なコメントをくださった二名の匿名査読者にこの場を借りてお礼申

し上げたい。なお，本稿はJSPS科研費特別研究員奨励費17J09542の研究成果の一部である。

（1）　新規性は政策内容よりもその組み合わせと強調点にある。社会保障の観点からの課税前所得の重要性もかねてから指摘がある（e.g. Barr 2001, 270）。

（2）　以後，事前分配政策と表記する。また，単に事前分配という場合には分配のあり方についての構想を指すものとする。

（3）　たとえば事前分配政策として様々な要素を論じている論集としてChwalisz and Diamond（2015）を参照。

（4）　事前分配政策を支持する政治経済学者のR・ライシュも拮抗力を重視している。彼は富裕層の過大な政治的影響力を削ぐための政治資金規制改革を拮抗力回復のための第一の施策としている。（Reich 2015）。

（5）　おそらく同様の理由で，マニフェストでは事前分配という言葉も使われていない。

（6）　社会保険も再分配的政策だが，事前分配政策は社会保険をほかの政策で置き換えることはしない。これは事前分配と再分配の関係をどう考えるべきかという問題を提起するが，それについては4節以降で検討する。

（7）　事前分配政策を支持するライシュはBIも擁護している。ただし給付額は品位ある生活に必要な最低限のものと想定されている（Reich 2015, 376-381）。

（8）　社会科学における規範的理論の役割についてはダナーマークほか（2015）を参照（103-109, 177-182）。

（9）　財産所有のデモクラシーの概念史についてはJackson（2012）を参照。

（10）　ロールズの正義の原理に整合的な分配アプローチとして事前分配について論じている近著としてScanlon（2018）を参照。

（11）　機能の分類はO'Neil（2012），Freeman（2006），齋藤（2007）を参考にした。

（12）　教育や職業訓練を通じた人的資本の分配には，自分の目的を追求しうる存在として，また社会的協働への能動的な参加者としての市民の自己尊重を育てる意味もある。

（13）　ロールズはさらに，正義に適った社会においては所得課税を廃止して控除つき比例支出税によって置きかえることが適切でありうることも示唆している（Rawls 2001, 161）。

（14）　共和主義的自由の観念の詳細についてはPettit（1997）を参照。

（15）　実際にトマスはハッカーの提案を不適切としている（Thomas 2017, 170）。

(16) 地価税が効率的であるのは，土地が代替性が低く需要が非弾力的な財であることにもよる(Kerr 2017, 128-129)

参考文献

Barr, Nicholas. (2001) *The Welfare State as Piggy Bank: Information, Risk, Uncertainty, and the Role of the State*, New York: Oxford University Press.

Brennan, Jason, and Tomasi, John. (2012) "Classical Liberalism," in Estland, David (eds.) *Oxford Handbook in Political Philosophy*, New York: Oxford University Press.

Chwalisz, Claudia and Diamond, Patrick eds. (2015) *The Predistribution Agenda: Tackling Inequality and Supporting Sustainable Growth*, London and New York: I. B. Tauris.

Esping - Andersen, Gøsta. (1990) *The Three Worlds of Welfare Capitalism*, Cambridge: Polity Press.

Freeman, Samuel. (2007) *Rawls*, New York: Routledge.

Gilabert, Pablo and Lawford - Smith, Holly. (2012) "Political Feasibility: A Conceptual Exploration," *Political Studies*, Vol. 60, 809-825.

Grover, Chris. (2016) "From Wage Supplements to A 'Living Wage'? A Commentary on the Problems of Predistribution in Britain's Summer Budget of 2015," *Critical Social Policy*, Vol.36 (4), 693-703.

Hacker, Jacob S. (2011) "The institutional Foundations of Middle - Class Democracy," Policy Network, 〈http://www.policy-network.net/pno_detail.aspx?ID=3998&title=The+institutional+foundations+of+middle-class+democracy〉(最終アクセス：2015/10/27)

Hacker, Jacob S. (2013) "How to Reinvigorate the Centre-Left ?: Predistribution," The Guardian, 〈http://www.theguardian.com/commentisfree/2013/jun/12/reinvigorate-centre-left-predistribution〉(最終アクセス：2015/07/12)

Hacker, Jacob S. (2015a) "Jacob Hacker: Miliband's Not Talking About 'Predistribution' but He Has Embraced My Big Idea," New Statesman, 〈http://www.newstatesman.com/politics/2015/04/jacob-hacker-miliband-s-not-talking-about-predistribution-he-has-embraced-my-big〉(最終アクセス：2016/10/18)

Hacker, Jacob S. (2015b) "The Promise of Predistribution," Claudia Chwalisz and Patrick Diamond eds. The Predistribution Agenda: Tackling Inequality and Supporting Sustainable Growth, London and New York: I. B. Tauris, xxi-xxx.

Hacker, Jacob S, Jackson, Ben, and O'Neill, Martin. (2013) "The Politics of Predistribution: Jacob Hacker Interviewed by Ben Jackson and Martin O'Neil," *Renewal*,

Vol.21, 54-64

Hacker, Jacob S. and Pierson, Paul.（2010）*Winner-Take-All Politics: How Washington Made the Rich Richer-And Turned Its Back on the Middle Class*, New York: Simon and Schuster.

Jackson, Ben.（2012）"Property-Owning Democracy: A Short History," in O'Neill, Martin and Williamson Thad（eds.）*Property-Owning Democracy: Rawls and Beyond*, West Sussex: Blackwell Publishing, 33-52.

Kerr, Gavin.（2016）"'Predistribution', property-owning democracy and land value taxation," *Politics, Philosophy and Economics*, Vol. 15, No.1, 67-91.

Kerr, Gavin.（2017）*The Property-Owning Democracy: Freedom and Capitalism in the Twenty - First Century*, Oxon: Routledge.

Labour Party.（2015）Britain Can Be Better: The Labour Party Manifesto 2015, 〈http://www.labour.org.uk/page/-/BritainCanBeBetter-TheLabourPartyManifesto2015.pdf〉（最終アクセス：2016/10/19）

Le Monde.（2014）"Manuel Valls veut « sortir du logiciel des Trente Glorieuses »," 〈http://www.lemonde.fr/politique/article/2014/12/10/manuel-valls-veut-sortir-du-logiciel-des-trente-glorieuses_4538187_823448.html〉（最終アクセス：2015/10/27）

Meade, J.E.（2012）*Efficiency, Equality and the Ownership of Property*, Oxon: Routledge.

Miliband, Ed.（2012）"Labour's New Agenda," Policy Network, 〈http://www.policy-network.net/uploads/media/27/8053.pdf〉（最終アクセス：2015/10/27）

O'Neill, Martin and Williamson, Thad.（2012a）"The Promise of Pre - distribution," Policy Network, 〈http://www.policy-network.net/pno_detail.aspx?ID=4262&title=The+promise+of+pre-distribution〉（最終アクセス：2015/10/27）

O'Neill, Martin and Williamson, Thad.（2012b）"Beyond the Welfare State: Rawls's Radical Vision for a Better America," *Boston Review*, 〈https://bostonreview.net/us/beyond-welfare-state〉（最終アクセス：2015/10/27）

Pettit, Philip.（1997）*Republicanism: A Theory of Freedom and Government*, Oxford: Oxford University Press.

Piketty, Thomas.（2016）"Capital, Predistribution and Redistribution," *Crooked Timber*, 〈http://crookedtimber.org/2016/01/04/capital-predistribution-and-redistribution/〉（最終アクセス：2015/10/27）

Rawls, John.（1999a）*A Theory of Justice: Revised Edition*, Cambridge: Harvard University Press.

Rawls, John.（1999b）*The Law of Peoples*, Cambridge: Harvard University Press.

Rawls, John. (2001) *Justice as Fairness: A Restatement*, Kelly, Ellen. (ed.), Harvard University Press.

Rawls, John. (2005) *Political Liberalism: Expanded Edition*, New York: Columbia University Press.

Reich, Robert B. (2015) *Saving Capitalism: For the Many, Not the Few*, New York: Alfred A. Knopf.

Scanlon T. M. (2018) *Why Does Inequality Matter?* Oxford: Oxford University Press.

Shaw, Eric. (2018) "Labour Party and the Egalitarian Project," in Fée, David and Kober-Smith, Anémone. (eds.) *Inequalities in the UK: New Discourses, Evolutions and Actions*, Bigney: Emerald Publishing,

The New York Times. (2015) "Report by Clinton Adviser Proposes 'Rewriting' Decades of Economic Policy," 〈http://www.nytimes.com/politics/first-draft/2015/05/12/report-by-clinton-adviser-proposes-rewriting-decades-of-economic-policy/?_r=0〉(最終アクセス：2016/10/24)

Thomas, Alan. (2017) *Republic of Equals: Predistribution and Property - Owning Democracy*, Oxford: Oxford University Press.

van Parijs, Philippe. (1995). *Real Freedom for All*, Oxford: Oxford University Press.

齋藤純一(2007)「排除に抗する社会統合の構想――ロールズとハーバーマスにおける相互承認をめぐって」,『年報政治学』, 2007年II号, 木鐸社, 103-121。

ダナーマーク, バースほか(2015)『社会を説明する――批判的実在論による社会科学論』佐藤春吉監訳, ナカニシヤ出版。

宮本太郎(2009)『生活保障――排除しない社会へ』岩波書店。

宮本太郎(2011)「社会保障の再編構想と新しい争点」, 齋藤純一, 宮本太郎, 近藤康史編『社会保障と福祉国家のゆくえ』ナカニシヤ出版, 117-140。

2017年 学 界 展 望

日本政治学会文献委員会

政治学・政治理論　　2017年に公刊された政治学の研究業績を，政治理論と実証分析という区分のもとに整理する。政治理論に関する研究として，**中谷義和『国家論序説』**(お茶の水書房)は「関係論」の観点から国家を被説明項とし，自由主義の系譜をたどる作業を展開した。そこではグローバル化と結びつけ，ネオポピュリズムのシンドローム化が論じられた。**菊池理夫・有賀誠・田上孝一編著『政府の政治理論──思想と実践』**(晃洋書房)では，現代コミュニタリアニズムの政治論・政府論が「共通善」の概念を通じて議論された。**犬塚元**「政治思想の『空間論的転回』──土地・空間・場所をめぐる震災後の政治的課題を理解するために」(『立命館言語文化研究』)では，東日本大震災以降の言説や理論的課題が「空間論的転回」として整理された。**田村伊知朗**「戦後ドイツにおける自動車中心主義の形成──その政治的根拠」(壽福眞美監修『知の史的探究』)は，自動車の発展の歴史をドイツ政治思想に定位し，近代における一元化という思想が社会生活においてどのように現実化されたのかを議論した。また翻訳書として，**チャールズ・E・メリアム(森眞砂子訳)『デモクラシーとは何か』**(志学社)も公刊された。現代のアメリカにおけるドナルド・トランプ政権の帰趨を読み解く上で，鍵となる文献への邦語でのアクセスが可能となった。他にも翻訳書として，**ジョン・キングダン(笠京子訳)『アジェンダ・選択肢・公共選択』**(勁草書房)の公刊により，政治過程分析の基盤的業績に再び焦点があてられた。

　続いて実証分析においては，国内外のデータ・資料を利用した研究が多く公刊された。まずは有権者に注目した研究を見よう。**山田真裕『二大政党制の崩壊と政権担当能力評価』**(木鐸社)は，09年時に政権担当能力よりも政策評価を重視したスウィング・ヴォーターの意思決定が，12年時には民主党の政権担当能力に対する疑義へと変化していたことを明らかにした。**Taniguchi, Masaki** "The Multi - Store Model for Economic Voting: Rome Wasn't Built in a Day" (*Electoral Studies*)は，2013年参議院選挙時のJapan Election Studiesデータの収集時に，サーヴェイ実験を組み込むことによって，日本の有権者の中長期的な経済評価が政府の業績評価に影響していることを示した。**Miwa, Hirofumi and Masaki Taniguchi** "Heterogeneity in Voter Perceptions of Party Competition in Multidimensional Space: Evidence from Japan" (*International Political Science Review*)は2012年の衆議院選挙データを用いることで，イデ

オロギーの手がかりの問題に注目し，有権者の政策空間に対する認識は均質なものではなく，その多様性が有権者の政治的態度や属性によってもたらされていることを示した。また近年の選挙も分析の対象となっている。村上弘「2016年参議院選挙と改憲—保守，リベラル，右派ポピュリズム」（『立命館法学』）は，自民党の戦術の巧みさ，維新による民進党への投票の吸収，与党による「一方的改憲」よりも「合意的改憲」を望む傾向等がデータから見てとれることを示した。

そして，より広範な政治・社会意識に関する調査データを用いた研究として，**Inoguchi, Takashi**, *Exit, Voice and Loyalty in Asia: Individual Choice under 32 Asian Societal Umbrellas*（Springer）と **Inoguchi, Takashi and Yasuharu Tokuda eds.**, *Trust with Asian Characteristics: Interpersonal and Institutional*（Springer）が公刊された。いずれもアジア全域での大規模な調査をもとに，前者では「生活の質」を軸に市民が退出，抗議，忠誠の選択を行うメカニズムが明らかにされ，後者では信頼から見たアジア社会の類型分析が展開された。また意識調査以外のデータを用いた分析として，三輪洋文「Twitterデータによる日本の政治家・言論人・政党・メディアのイデオロギー位置の推定」（『選挙研究』）はTwitterによる大規模なデータをもとに，政治家，言論人，政党，メディアのイデオロギー位置を推定し，特に政治家に関して既存調査との間の整合性が高かったことを明らかにした。

次に議会政治，議員行動を取り上げた研究として，久保谷政義「都道府県議会選挙とM+1法則：法則の適合度と競争環境との関係」（『年報政治学』）は，中選挙区単記非移譲制下における潜在候補者数をめぐる理論である「M+1法則」の有用性を確かめるために，都道府県議会選挙のデータを用いた分析を行った。また，久保谷政義「国会議員公設秘書と議会活動」は，国会議員公設秘書の議会外活動に焦点を当て，日本においては大統領制下における公設秘書の運用とは異なる形態が予測されることを示した。松本俊太『アメリカ大統領は分極化した議会で何ができるか』（ミネルヴァ書房）は，アメリカにおける議会内の分極化の起源がアイゼンハワー政権期にさかのぼることを歴史資料による手厚い過程分析により特定し，分極化の態様について量的手法により検証した。笹部真理子『「自民党型政治」の形成・確立・展開』（木鐸社）は，自民党をめぐる制度・組織の配置を詳細に検討することにより，他党とのカルテル構造と地方組織の自律性を許容した紐帯が同党の組織的特徴であることを論じた。

近年の政治学方法論においては，その中核に，因果効果を推定するための厳密な研究設計が位置づけられている。自然実験に焦点を絞って，その研究設計の有効性をまとめたものに，福元健太郎「自然実験を用いた選挙研究」（『オペレーションズ・リサーチ』）が挙げられる。福元自身が各種の選挙

における疑似実験(quasi - experiment)的な状況を分析に反映させてきた経験を踏まえ，関連研究がまとめられ実験と比較しての長短が議論された。また実験的な手法を導入した研究として，**池田謙一・小林哲郎**「オンライン・ディスカッションは政治的寛容性をもたらすか―意見と世代の異質性に関する実験研究」(『レヴァイアサン』)では，インターネット上で政治に関する話題を議論する手法が導入され，政治的寛容性や議論の活性・抑制に対する意見と世代間の異質性の効果が検証された。分析からは，政治的寛容性に影響を与える要因は十分に確認されなかったが，世代間の異質性が議論の抑制をもたらすことが明らかにされた。また，同じ『レヴァイアサン』の「熟議をめぐる実証研究」特集では実験的手法を用いた熟議に関する検証結果が，複数報告されている。**善教将大・秦正樹**「なぜ『わからない』が選択されるのか：サーベイ実験による情報提示がDKに与える影響の分析」(『年報政治学』)は，意識調査における「わからない(DK)」回答に注目し，従来，政治知識の制約がDK率の上昇をもたらすと考えられていたのに対して，政治知識を実験的に付与することがDK回答を促す可能性があることを明らかにした。また**善教将大・坂本治也**「何が寄付行動を促進するのか― Randomized Factorial Survey Experimentによる検討」(『公共政策研究』)では，寄付行動を促す／阻む要因を特定するために，属性に関する複数の水準をランダムに提示することによって，特定に要因の効果を推定することに主眼が置かれた。

　最後に先駆的な試みに触れよう。**酒井大輔**「日本政治学史の二つの転換：政治学教科書の引用分析の試み」(『年報政治学』)は，引用分析の手法を用いることで，戦後に刊行された70冊の政治学教科書を定量的に分析し，1945年に戦前・戦後の断絶，80年代のレヴァイアサン・グループの登場という２度の転換点が認められることを示した。また，数理的な系統の研究として，**武居寛史**「エージェント・ベース・モデルによる討議と合意形成に関する分析」(『年報政治学』)は，エージェント・ベース・モデルに依拠しながら，集団による討議と２者間討議の場合でどちらが合意形成に至りやすいのかをシミュレーションによって分析した。また，**加藤淳子・境家史郎・武居寛史**「行動分析としての政治学と脳神経科学」(『年報政治学』)は，人々が「無知のヴェール」のもとでの平等と効率性のトレードオフに直面する際の脳神経の動きをfMRIによって観察した。態度や行動として表出される意思決定ばかりではなく，生物学的なアプローチからヒトの内的メカニズムと政治行動の関係を探る試みが，2010年代初頭の黎明期を経て本格的な研究蓄積の段階に至っている。

（文責　大村華子）

日本政治・政治過程　　政治改革論議に端を発した55年体制崩壊から

ちょうど四半世紀が経過した。選挙制度改革に始まる一連の改革が政党，政治家，有権者，メディア等にもたらした変化や諸アクター間の相互作用を析出し，考察する研究が数多く刊行された。また『年報政治学2017-Ⅱ』において「政治分析のフロンティア」が特集に組まれたことに象徴されるように，計量分析の他，ゲーム理論や実験など，多様かつ洗練されたアプローチを導入する動きも活発であった。

砂原庸介『分裂と統合の日本政治─統治機構改革と政党システムの変容』（千倉書房）は，選挙制度改革と地方分権改革という異なるレベルで展開された改革の結果，政党システムレベルでは首長を党首とする地域政党の新規参入を招いたとする。政党組織研究としては，建林正彦『政党政治の制度分析─マルチレベルの政治競争における政党組織』（千倉書房）は，衆議院の選挙制度改革が党本部への集権化をもたらした反面，参議院と地方政治レベルではその効果が抑制されているとする。また，笹部真理子『「自民党型政治」の形成・確立・展開─分権的組織と県連の多様性─』（木鐸社）は自民党都道府県連の組織構造を類型化し，その多様性と柔軟性を明らかにしている。森本哲郎「55年体制崩壊後の自民党の組織問題─理念の展開と実態─」（『法学論集』67巻2号）は自民党が"メディアポリティクス対応型政党"に変化しながらも，個人後援会に代わる組織力を有していない点を指摘している。上條諒貴「多数状況における内閣総辞職：政策決定の集権性と党内支持」（『選挙研究』33巻1号）は与党の集権性が高まることで，支持率の低下に対して内閣はむしろ脆弱になるとする仮説を数理モデルから導出し，検証を試みている。

国会改革について，久保谷政義「国会議員公設秘書と議会外活動」（『公益学研究』16巻1号）は政策秘書制度が立法活動の活性化に十分に寄与していないことを公設秘書の議会外活動の実態から示した。政官関係については，内閣法制局長官人事を分析した西川伸一「『アベノ人事』を検証する─異例の人事はこうして行われた」（『葦牙』43号）の他，西川伸一「裁判官幹部人事・2010年以降の傾向分析─いかなる変化がみられるか─」（上石圭一ほか編『宮澤節生先生古希記念 現代日本の法過程』上巻，信山社）は従来の慣行とは外れた裁判官幹部人事の実態を明らかにしている。

政策過程研究では，安全保障政策の転換を対象とする研究が目立った。集団的自衛権の行使容認への転換を平時，危機の2つのステージからなる数理分析から示した栗崎周平「集団的自衛権と安全保障のジレンマ」（『年報政治学』2017-Ⅱ），冷戦後の外交政策転換をいわゆる「国際貢献」論の定着過程から検討した大山貴稔「自衛隊派遣をめぐる政治転換1990年8月〜91年4月─『国際貢献』概念の流布を糸口に─」（『筑波法政』69号），転換のキーパースンとされる外交官に焦点を当てた庄司貴由「外交官柳井俊二とPKO

―戦後日本外交における国際平和協力のパイオニア」（『二松学舎大学東アジア学術総合研究所集刊』47集）がある。

社会保障政策分野では，日英米の診療ガイドライン政策の成否を専門職集団の影響力構造から比較分析した**石垣千秋『医療制度改革の比較政治―1990～2000年代の日・米・英の診療ガイドライン政策』**（春風社），与野党が雇用者の支持を競い合った結果，配偶者控除制度が拡充されていく過程を論じた**豊福実紀**「配偶者控除制度の変遷と政治的要因」（『社会保障研究』第1巻4号）がある。

選挙・投票行動研究では，**山田真裕『二大政党制の崩壊と政権担当能力評価』**（木鐸社）が「選挙の全国化現象」をスゥイング・ヴォーターによる政権担当能力評価から解明し，野党の政権担当能力に対する評価の低さが自民党の一党優位政党制の維持をもたらしているとする。**Hirofumi Miwa, and Masaki Taniguchi,** "Heterogeneity in voter perception of party competition in multidimensional space: Evidence from Japan," (*International Political Science Review,* vol.38, No.5)は有権者による政策空間の認識の不均質性とその要因を分析している。経済投票については，**大村華子**「サーヴェイ実験による操作変数を用いた経済投票の分析―日本の有権者の経済評価に関する考察」（『年報政治学』2017-Ⅱ）がインターネットを用いたサーヴェイ実験から社会志向の経済評価が内閣支持率に影響を与えていることを検証した。また，**福元健太郎**「自然実験を用いた選挙研究」（『オペレーションズ・リサーチ』vol.62, No.10）は実験的手法を用いることが困難な選挙研究において，あたかも無作為割当したかのようにみなせるものを利用する自然実験を用いた研究の動向を紹介し，その長短を論じている。投票参加については，投票義務感の決定要因を有権者自身の「エピソード記憶」から接近を試みた**岡田陽介『政治的義務感と投票参加：有権者の社会関係資本と政治的エピソード記憶』**（木鐸社）の他，**塩沢健一**「選挙区域の拡大が投票率に及ぼす影響―鳥取・島根両県における『合区選挙』実施を踏まえて」（『選挙研究』33巻2号）は2016年参院選から導入された合区の影響について，**松林哲也**「期日前投票制度と投票率」（『選挙研究』33巻2号）は投票所設置と投票率の関係についてそれぞれ検証している。地方選挙では，選挙区定数と有効候補者数との関係を小・中・大選挙区が混在する都道府県議選を対象に分析した**久保谷政義**「都道府県議会選挙とM＋1法則：法則の適合度と選挙の競争環境との関係」（『年報政治学』2017-Ⅱ）の他，増加傾向にある無投票を対象とした**茨木瞬**「県議選1人区における無投票選挙区」（『公共選択』67号），**鷲見英司**「首長選挙における無投票当選の発生要因」（『公共選択』68号）がある。

英国のEU離脱をめぐる国民投票や米国やフランス大統領選でも顕在化したポピュリズムについては，**谷口将紀**「二重の政治的疎外をいかに乗り越え

るか」(『中央公論』131巻5号)は，2016年参院選との共通点として中間層の不安定化に加えて，有権者と政党双方に二重の疎外が生じていたと指摘する。また，**村上弘**「2016年参議院選挙と改憲―保守，リベラル，右派ポピュリズム」(『立命館法学』369・370号)は保守政党がリベラル政党との競争において優位となった原因を考察している他，"Measurement of Comparative Social Attitudes: From a Perspective of Japan and Osaka," (*Ritsumeikan Law and Review*, No.34)ではポピュリズムの比較分析に際し，公／私の各場面における自律性と合理性が鍵概念となると論じている。

　規範的な議論と経験的な分析を架橋する試みとして，他者との討議を通じて合意形成を見出す討議型民主主義や熟議を対象とする研究が見られた。**田中愛治・齋藤純一・西澤由隆・田部井滉平**「熟議と熟慮―市民のニーズを探る新たな方法の模索―」(『レヴァイアサン』61号)はミニ・パブリックス，CASI型世論調査結果を比較し，それぞれの理論的な意義を検討する。**武居寛史**「エージェント・ベース・モデルによる討議と合意形成に関する分析」(『年報政治学』2017-Ⅱ)はシミュレーションの結果，2者間の討議の方が集団よりも相互作用をもたらし，合意形成を導きやすいことを明らかにしている。一方で，**池田謙一・小林哲郎**「オンライン・ディスカッションは政治的寛容性をもたらすか―意見と世代の異質性に関する実験研究―」(『レヴァイアサン』61号)はオンライン・ディスカッション実験の結果，世代の異質性がもたらす議論の抑制効果を示した。

　メディア研究，政治コミュニケーション研究では，**大森翔子・平野浩**「娯楽化したニュースと政治的有効性感覚―戦略型フレーム報道への接触に注目して」(『選挙研究』33巻2号)が政治家に対する批判的なトーンを中心とするニュース報道が有権者の政治的有効性感覚に負の影響を与えるとしている。**梶居佳広**「日本国憲法をめぐる新聞論説―施行70年の憲法記念日を中心に―」(『社会システム研究』35号)は憲法記念日における新聞社説を概観した。インターネット，SNSなどのニューメディアを対象とした研究として，**岡本哲和『日本のネット選挙―黎明期から18歳選挙権時代まで』**(法律文化社)は2000年以降，インターネットが政治に定着していく過程を示すとともに，インターネットが候補者，有権者の双方に与えた影響について体系的な分析を行っている。**白崎護**「公示期間における党派性を帯びたメディア環境が政治意識へ及ぼす影響―インターネットとマスメディアの比較」(『選挙研究』33巻2号)は選挙期間中のマスメディア，インターネットの党派性が異なる意見を持つ他者に対して抱く感情に与える効果を検証している。**三輪洋文**「Twitterデータによる日本の政治家・言論人・政党・メディアのイデオロギー位置の推定」(『選挙研究』33巻1号)はTwitterのフォロワーのデータを用いて国会議員を含む政治的アクターのイデオロギー位置の推定を試み

ている。

（文責　森正）

行政学・地方自治　2017年度には，現代の政治と行政の関係を捉えた「忖度」という言葉が広く社会で流布したように，政治家と官僚制の関係性が問われた年となった。以下では，自己申告された研究業績を紹介する。

まずは，行政学の研究成果を見てみたい。一つには行政理論に関する研究成果がある。古典的から現代までの豊かな研究が公刊された。**千草孝雄**「行政史に関する若干の考察(2)」（『駿河台法学』第31号）では，行政学の創生期の議論を克明に分析している。行政学はガバメント研究としての創生期以降，さまざまな学問分野から貪欲に理論的な視座を受容してきたが，近年の理論的な関心がガバナンスへの研究にも拡張している。**堀雅晴『現代行政学とガバンナンス研究』**（東信堂）では，ガバナンスを「新天地開拓型の行政学」と注目し，ネットワーク型・ボトムアップ型の自己統治システムに関する理論的な検討を進めている。また，ガバナンスは，特定の時代での静的な均衡状態ではない。むしろ，変化しながらも動的な均衡をする。**Masahiro, Mogaki**, "*Governance,Japan*" Farazmand,A.（ed.）Global Encyclopedia of Public Administration, Public Policy, and Governance, Springerでは，戦後日本における政治行政，国地方関係を射程におき，日本のガバナンスの変容を論じた。

行政学の主たる研究対象としては官僚制，公務員制がある。**笠京子『官僚制改革の条件』**（勁草書房）では，1970年代以降に日英それぞれが行った官僚制改革がなぜ異なる結果になったのかを問いにおき，新制度論から分析した。また，行政の活動は公務員制に限るものではない。さまざまな組織が広い分野で行政活動に関わっており，行政学の研究対象の射程や手法を拡げている。**金子優子編著『独自開発データによる公益法人改革の推移分析』**（山形大学人文社会科学部）では，基幹統計調査の個票データ及び行政内部の行政報告の個票を完全照合し，2008年に行われた公益法人制度改革による公益法人の活動実態を分析した。

行政活動に対する統制は，古典的でありながらも，現実の官僚制の行動を察すると現代的な行政学上の研究テーマの一つである。その際，広く政治学では立法的統制が分析されてきたが，司法統制からの研究も深められている。**田畑琢己『公共事業裁判の研究　−技術基準論−』**（志學社）では，公共事業を進めるうえでの技術基準（道路構造令，河川砂防基準，環境基準，耐震基準）を対象として裁判の判決を分析している。さらに，**田畑琢己**「耐震設計審査指針の研究　−原発訴訟の時系列による分析」（『臨床政治研究』第8号）では，裁判判例を時系列的に分析し，2006年の耐震設計審査指針改正への影響を明らかにした。

近年，政府の政策形成や社会的な問題関心の対象になっているテーマに，行政が保有するデータの保存や活用，公表方法がある。現実の行政課題に対して行政学でも積極的に研究対象として摂取を試みている。**古矢一郎**「政府における「証拠に基づく政策立案(EBPM)」への取組について」(『季刊行政管理研究』第160号)では，「根拠に基づく政策形成(Evidence - Based Policy Making)」の検討から導入までの過程を丁寧に記述している。また，官民データ活用推進法の制定後の自治体によるオープンデータ活用をするうえでの課題を，**湯淺墾道**「地方公共団体における官民データ活用の法的課題」(『情報法制研究』第2号)が論述した。

なお，政策過程の翻訳書として，**ジョン・キングダン(笠京子訳)『アジェンダ・選択肢・公共政策　政策はどのように決まるのか』**(勁草書房)が刊行された。

次いで，地方自治である。まず，地方自治制度の研究には，**小西敦**「地方自治法の改正における議員立法の意義と課題」(『自治研究』第93巻第4号)がある。同論考では1947年〜2014年までの全地方自治法改正(446件)における議員立法による改正を対象におき，同法の重要な改正となる「典型的自治法改正法」の相対的な割合の高さなどから，議員立法がもつ役割と意義と課題を示した。

地方自治制度のなかでも大都市制度は，地方自治の研究のなかでもこれまでさまざまなアプローチから研究が蓄積されてきた。**和足憲明**「政令指定都市の財政赤字の比較分析 −予備的検討−」(『いわき明星大学研究紀要人文学・社会科学・情報学篇』第2号)が，地方財政赤字の決定要因を明らかにする予備的作業として，政令指定都市の財務等のデータ分析を進めた。また，しばしば，大都市制度のなかでも政令指定都市への研究に偏りがちであったなか，中核市，特例市を含めた大都市制度全般を対象として，質的・量的研究手法双方からの研究も進められている。**爲我井慎之助**「我が国基礎自治体の大都市制度移行に関する実証研究」(高崎経済大学地域政策研究科博士(地域政策学)学位論文)では，各都市区分への移行を主たる対象に，制度選択のメカニズムを明示した。全ての都市が一般市から中核市へ，そして，政令指定都市への移行を指向しているわけではない。それは，なぜだろうか。**爲我井慎之助**「県庁所在都市における中核市・特例市のブランド的価値」(『日本地域政策研究』第18号)は，中核市，特例市に移行しない県庁所在都市を観察対象におき，3都市のアンケート調査の結果等を用いながら，制度移行を選択しない理由を提示した。

地方自治制度の国際比較も進められている。**芦田淳**「日伊比較による地方自治の論点 −道州制導入論議を契機として」(『自治総研』第463号)では，主に憲法学説と裁判判例の分析により，日本とイタリアにおける国と地方間

の立法権限配分の共通性と対照性を導きだしながら，国会での地域代表化の可能性を考察した。また，1980年代以降，世界的に広がった参加型予算制度の比較事例研究がある。**中田晋自**「フランスの都市自治体における参加型予算の実践 −レンヌ市における地域民主主義改革（2014−15年）の事例−」（『愛知県立大学外国語学部紀要（地域研究・国際学編）』第49号）では，フランスのレンヌ市への現地調査結果を踏まえて，同市の参加型予算の実施状況を解明した。

　今年度は個別自治体への研究も多く蓄積された。**藤本一美『戦後青森県の保守・革新・中道勢力』**（志學社）では，戦後の青森県における国会議員を，保守，革新，中道勢力に区分し，出生，学歴，職歴を中心とした政治家活動の特徴から青森県政史を叙述した。また，著者自らが各種選挙の候補者選定過程に関与し，または，行政組織への助言者としての関わりをもった結果をもとにまとめた参与観察的ともいえる研究成果がある。前者は，**佐々木寛『市民政治の育てかた』**（大月書店）であり，参議院選挙，新潟県知事選挙での政治的経験を記述している。後者は，**礒崎初仁『知事と権力　神奈川から拓く自治体政権の可能性』**（東信堂）であり，2003年〜2011年の神奈川県政に関与した著者が，同県で進められたマニフェストに基づく政策形成，組織運営の実態を分析し，さらには新たな地方自治上の概念としての「自治体政権」論の枠組みの可能性を提示している。

　地方議会に関しては，**久保谷政義**「都道府県議会選挙とM＋1法則：法則の適合度と選挙の競争環境との関係」（『年報政治学』2017年−Ⅱ）が，従来中選挙区を対象に実証されてきたM＋1法則を，1人区から定数10超の定数の幅が広い都道府県議会選挙を対象に検証を行った。また，個別自治体の議会に関しては，**進藤兵**「2017年東京都議会議員選挙の分析（上）（下）新自由主義都市に対抗する「ケアある社会」，社会的包摂，コミュニティ・オーガナイジング」（『月刊東京』388号，389号）では，2017年7月の東京都議会選挙での各会派の公約，選挙活動を分析した。

　個別政策に関しては，まずは，国が進める政策への自治体側の対応状況を分析することで，分権改革後の自治体の政策運営を検証する研究があった。**村上裕一・小磯修二・関口麻奈実**「「地方創生」は北海道に何をもたらしたか　道内自治体調査の結果とその分析を通して」（『年報公共政策学』Vol. 11号）では，北海道内の市町村へのインタビュー調査と質問紙調査の結果をもとに，国が進めてきた「地方創生」に対する市町村の自由度と国からの統制度を明らかにした。その他では，**村上裕一**「分権化の中の地方議員の役割：空き家特措法への対応状況からの一考察」（『社会技術研究論文集』Vol.14）が，空き家等対策の推進に関する特別措置法に対して，地方議員の役割の変容を提示した。その他の個別政策の研究では，**田村伊知朗**「戦後西ドイツにおけ

る自動車中心主義の形成 −その政治的根拠」（壽福眞美監修『知の史的探究−社会思想史の世界−』八千代出版社）が，戦後西ドイツの交通政策を分析した。

（文責　松井望）

　政治思想（日本・アジア）　この分野は教科書・概説書類が不足しているが，進展があった。原武史『日本政治思想史』（放送大学）は，天皇・朝鮮・出雲・鉄道など，著者の特色が生かされた教科書。苅部直『日本思想史への道案内』（NTT出版）は，和辻哲郎と丸山眞男という「読み」の名手を呼び出しつつ重要テーマについて考える入門書。米原謙『日本政治思想［増補版］』（ミネルヴァ書房）も刊行された。米原謙編『政治概念の歴史的展開・第10巻　「まつりごと」から「市民」まで』（晃洋書房）は，まつりごと・戦争・平和・経済・理と利・自由・近代・アジア・植民地・社会主義・市民を扱う。小島毅『宗教の世界史5　儒教の歴史』（山川出版社），「シリーズ・キーワードで読む中国古典」の伊東貴之編『治乱のヒストリア　華夷・正統・勢』（法政大学出版局），小倉紀蔵『朝鮮思想全史』（ちくま新書）も出た。

　時代を遡りながら研究動向を見よう。近現代については，大家から若手まで，優れた単著が相次いで刊行された。趙星銀『「大衆」と「市民」の戦後思想　藤田省三と松下圭一』（岩波書店）は若手の戦後政治思想史研究。究極的な目標は「国家に抗する社会」の構築という点で共通する藤田と松下は，普遍性と地域性，技術進歩に対するスタンスの違いなどから異なる結論に至ったとする。都築勉『丸山眞男，その人—歴史認識と政治思想』（世織書房）は，丸山および丸山論を読むことの意味を考えさせられる。飯田泰三『大正知識人の思想風景　「自我」と「社会」の発見とそのゆくえ』（法政大学出版局）は，大正期の「自我」志向と「社会」志向という非政治化の「経験」によって「政治」への関わり方にどのような新局面が開かれたかを問う。松本三之介『「利己」と他者のはざまで　近代日本における社会進化思想』（以文社）は，「利己」と他者をつなぐ人間の「知能」に注目するのが興味深い。

　共同研究の成果も貴重である。吉馴明子・伊藤彌彦・石井摩耶子編『現人神から大衆天皇制へ—昭和の国体とキリスト教』（刀水書房）は，象徴天皇制下の「内なる天皇制」の残存を問う。吉馴明子「天皇は人間宣言でどう変わったか」，千葉眞「神権天皇制から象徴天皇制への転換—大衆天皇制の成立」などを収める。南原繁研究会編『南原繁の戦後体制構想』（横濱大氣堂）は，大園誠「戦後教育改革への情熱—南原繁の人間形成と教育の理念」などを載せる。萩原稔・伊藤信哉編著『近代日本の対外認識Ⅱ』（彩流社）には，萩原稔「五・四運動以後の日本知識人の中国認識—矢野仁一と内藤湖南」，

伊藤信哉「国際問題評論家の対外認識―稲原勝治と米田実」のほか，**大木康充，尾原宏之，畑野勇，小宮一夫**らが執筆している。

　論文も見よう。**酒井大輔**「日本政治学史の二つの転換：政治学教科書の引用分析の試み」（『年報政治学』2017-Ⅱ）と**渡部純**「丸山眞男は役に立つのか―〈三・一一〉を素材として」（『政治思想研究』17号）が採用する方法は，政治思想史に有益な示唆を与える。**久野讓太郎**「戦時期恒藤恭における民族認識の特質と展開――九三〇年代後半期を中心に」（『政治思想研究』17号）は，恒藤恭の戦時期の民族認識は理想主義的性格が強く，戦後世界で積極的に展開されてゆくとする。**吉馴明子**「植村正久の日露戦争論―可戦論における文明・戦争・キリスト教」（国際基督教大学『人文科学研究（キリスト教と文化）』48号）は，植村正久の非「非戦論」を「可戦論」と捉え，キリスト教徒から見た戦争と文明化の関係を問う。**五百旗頭薫**「嘘の明治史」（『アステイオン』84〜86号）は，政治家の「横着な嘘」に対抗する「レトリック」に着目し，文芸の世界を政治思想史的に検討する。若手研究者による明治儒学の研究が活性化している。**杉山亮**「明治期における儒教言説に関する一考察―井上哲次郎『儒学三部作』について(1)」（首都大学東京『法学会雑誌』58巻1号）のほか，**水野博太，山村奨**らの論文が出た。

　東京女子大学の丸山文庫を拠点とする研究では，5年間の研究プロジェクトの報告書『20世紀日本における知識人と教養―丸山眞男文庫デジタルアーカイブの構築と活用―』が発行され，**『丸山眞男講義録[別冊一]　日本政治思想史1956/59』**（解説＝平石直昭・山辺春彦），**『丸山眞男講義録[別冊二]　日本政治思想史1957/58』**（解説＝宮村治雄・山辺春彦）（東京大学出版会）も刊行された。基礎資料の提供としては**川田稔編・解説『永田鉄山軍事戦略論集』**（講談社選書メチエ）が目を引く。陸軍統制派の指導者である永田が軍人に「自治自律・自主独立の精神」を要求するのは衝撃的。

　自己申告の業績がほとんどなかった前近代については，近代西洋文明を理解し共感できる要素が前近代の日本にふんだんに存在したことを示す**苅部直『「維新革命」への道　「文明」を求めた十九世紀日本』**（新潮選書）のほか，**藍弘岳『漢文圏における荻生徂徠　医学・兵学・儒学』**（東京大学出版会），**裵寛紋『宣長はどのような日本を想像したか　『古事記伝』の「皇国」』**（笠間書院），**高山大毅**「『良将達徳鈔』をめぐって―尚武の思想家としての古賀侗庵」（『駒澤国文』54号），**濱野靖一郎**「宰相の職掌―『周礼』に於ける王安石と太宰春台」（『日本思想史学』49号）が重要である。

　アジアに目を向けよう。**岡本隆司『中国の誕生　東アジアの近代外交と国家形成』**（名古屋大学出版会）は，朝貢・互市・藩部・属国・領土・主権などの漢語概念とその翻訳に着目する。乖離する現実に翻訳概念が働きかけ新たな事実を生み出してゆくという指摘は，「中国」の語義に無頓着な者を震

撼させる。**姜智恩『朝鮮儒学史の再定位　十七世紀東アジアから考える』**（東京大学出版会）は，17世紀の思想に近代化の芽を読み取るのは妥当でないとし，朝鮮儒学史を再検討する。**徐希慶「大韓民国憲法前文と大韓民国の正統性に関する議論」**（『政治思想研究』17号）は日本の憲法問題にも示唆を与える。**山室信一『アジアの思想史脈―空間思想学の試み』『アジアびとの風姿―環地方学の試み』**（人文書院）は，時空を越えて日本とアジアの人と地域を結ぶ思想連鎖を描き出す。壮大な試みに圧倒される。

（文責　相原耕作）

政治思想（欧米）　　紙幅の制約上，自己申告された研究業績のみに言及する方針を採らざるをえなかった。

　まず目についたのは，近年におけるデモクラシーの動揺・問い直しの動きを背景とした，英語圏を対象とする業績である。**井上弘貴**は「トランプをめぐるアメリカ保守主義の現在――旗幟を鮮明にする西海岸シュトラウス学派――」（『法学新報』第124巻1・2号）において，リベラル派の「ポリティカル・コレクトネス」を批判し，トランプを支持する保守派の一派の言動に着目する一方，「民主主義論――『当惑』の中に見出したJ.アダムズの実践」（加賀裕郎ほか編『プラグマティズムを学ぶ人のために』世界思想社）では，20世紀初頭に，専門家・知識人による上からの民主主義ではなく，民衆の経験に対する共感的理解に基づく改革を標榜したアダムズの議論を紹介する。**山田竜作**, "Manheim, Mass society, and Democratic theory", **D. Kettler and V. Meja eds. The Anthem Companion to Karl Mannheim**, *Anthem Press* は，1930年代以降にマンハイムが展開した，大衆社会におけるデモクラシーの改革構想をデューイやシュンペーターらの議論と比較しながら描き出す。初邦訳の**メリアム『デモクラシーとは何か』**（原著1941年，森眞砂子訳，志學社）もデモクラシーがナチズム・ファシズムに対抗して存続するための方途を論じて今日でもなお興味深い。他方，**遠山隆淑『妥協の政治学――イギリス議会政治の思想空間』**（風行社）はデモクラシー成立に先立つ19世紀イギリスにあってウィッグ派が擁護した，単純な多数決の論理ではなく「妥協」に基づく「自由な統治」論を，国制と国民性の相互的影響，議会と政党の在り様，あるいは政治指導者とフォロワーの関係などの観点から丁寧に描く。

　デモクラシーへの関心は，非英語圏の思想家を扱った論考にも見出される。**中谷猛『語りつぐトクヴィル――再生のための「デモクラシー」考』**（萌書房）はトクヴィルのデモクラシー論を簡明かつ多角的に描き，その現代的意味を問う。**長谷川高生「古代の危機――ローマ帝国衰退に関するオルテガの見解――」**（『神戸医療福祉大学紀要』第18巻1号）はオルテガにとって現代の大衆社会と類比されるローマ帝政期に関する彼の議論を考察し，政治共

同体を支える正統性の喪失，宗教の役割等について興味深い議論を展開している。

　デモクラシーと関連する形で，諸民族・文化の共生方法や，共同性の基盤を論じた研究も多い。**馬路智仁**「大西洋横断的な共鳴【アルフレッド・ジマーンとホラス・カレンの多文化共生主義】」（『社会思想研究』41号）は20世紀初期にイギリスとアメリカのユダヤ系知識人によって展開された，文化の相互浸透性を積極的に擁護するタイプの多文化共生構想を紹介している。また同「大ブリテン構想と古典古代解釈——E. A. フリーマンとアルフレッド・ジマーンのギリシア愛好主義」（『政治思想』17号）は，19世紀後半から20世紀初頭にかけてのイギリスにおいて，古代ギリシア世界をモデルとして，異なる諸国家によって構成されながらも，人種的・文化的絆に基づいて緩やかにまとまる「大ブリテン」を構想した二人の歴史家に注目し，ポーコックとの関係にも言及する。**犬塚元**は「歴史の理論家としてのポーコック：その知的軌跡における政治・多元性・批判的知性の擁護」（『思想』1117号）において，共和主義研究者・保守主義者といったポーコック理解を批判し，彼が問うてきたのは，政治的主体の存立条件たる歴史叙述の問題，複数の歴史叙述の間の対話に立脚する「連邦的」共同体の可能性，そしてそれを支える歴史家の実践的・批判的役割であると指摘する。そのうえで，「受容史・解釈史のなかのバーク」（中澤信彦・桑島秀樹編『バーク読本』昭和堂）で，バーク解釈の変遷の丹念な追跡を通じて，保守主義をはじめとする政治概念が常に複数の要素を内包することを指摘する一方，「政治思想の『空間論的転回』——土地・空間・場所をめぐる震災後の政治学的課題を理解するために」（『立命館言語文化研究』第29巻1号）では東日本大震災・原発事故のもたらしたディアスポラ状況をうけて，一歩踏み込んだ提言を行う。すなわち西洋政治思想史や現代の行政法において，政治共同体の二つの側面——人的関係性と領域的関係性——のうち，後者に対する警戒論が多いことを示したうえで，ディアスポラの苦難と正対し，人と領域の絆に関する政治学的考察を深めていくことが必要であるとする。**菊池理夫**「人間の尊厳と『共通善の政治学』」（『社会と倫理』第32号）は古代ギリシア以来，ラスウェルに至るまで，「共通善」や「人間の尊厳」が西洋政治学の中心的関心であったと主張し，現代コミュニタリアニズムを擁護する。

　現代デモクラシーの問題に回収されない，様々な時代・テーマに関する業績にも言及しなければならない。**松森奈津子**「初期近代スペインとスコラ学——反マキャヴェリズムにみる『有用な統治』と『善き信仰』」（堀之内出版『Ｎｕξ〔ニュクス〕』4号）は，マキャヴェリを批判し，「善き信仰に基づく善き統治」を通じてのみ「有用な統治」も実現されると主張した，16，17世紀スペインの思想家たちの議論を紹介する。また，**河野雄一**『エラスムス

の思想世界——可謬性・規律・改善可能性』（知泉書館）は，エラスムスの著作群を包括的に読み解いた労作であり，エラスムスが可謬性と改善可能性を前提とした人間論に基づき，権力作用の必要性を認めつつも，教育学や神学救済論とも結びついた「教導による政治性」を重視したと論じる。**鳴子博子**「ルソーのリプロダクション論と18世紀——授乳と戦争——」（『経済学論纂』第57巻5・6合併号）および同「ジェンダー視点から見たルソーの戦争論——ルソー型国家は膨張する国家なのか——」（『法学新報』第124巻1・2号）は，「女性＝授乳・男性＝戦争」というルソーの図式が，家父長制・男女不平等の擁護論でも，国家と侵略戦争の不可分性を認める議論でもなく，18世紀ヨーロッパのジェンダー秩序への根本的批判に基づく，家族と国の道徳的再生と国際平和を目指す構想であったと主張する。**遠藤泰弘**„Die Bundesstaatslehre Otto von Gierkes“, **Detlef Lehnert（Hrsg.）: *Verfassungsdenker. Deutschland und Österreich 1870–1970*,** Metropol Verlag は，第二帝政期ドイツの自由主義的団体法学者ギールケの連邦国家論を，ルソー的な人民主権論とは異なる観点から評価するとともに，同時代の支配的法学者ラーバントの連邦国家論と比較し，後者に軍配をあげるシュミットとは異なる評価が可能であることを説く。**田村伊知朗**「戦後西ドイツにおける自動車中心主義の形成——その政治的根拠——」（壽福眞美監修『知の史的探究——社会思想史の世界』八千代出版）は，交通の様態が政治共同体に大きな影響を与えることに鑑み，第二次大戦後のドイツにおいて，自動車の大衆化に伴い路面電車の軌道が撤去されていった経緯を思想史的に検討し，その変化の基礎にあった社会観・人間論を浮かび上がらせる。

（文責　古城毅）

政治史（日本）　日本の近代に関する課題をあらためて問うた**三谷太一郎『日本の近代とは何であったか—問題史的考察』**（岩波新書）に象徴されるごとく，本年は長いスパンの「時代」を視野に入れた研究が印象的であった。まずは中世から近世にかけての「アイヌ蜂起」等に関する呼称を検討した**坪田芳典**「北海道史における歴史事象の呼称について」（『北海学園大学大学院法学研究科論集』18号），古代から昭和期に至るまでの下御霊神社と出雲路家の関係を描いた**高橋暢雄**「京都出雲路家について」（『武蔵野学院大学大学院研究紀要』10輯）を紹介しておきたい。

　明治期に関しては「自由民権」に関連した成果が目立った。**小川原正道『西南戦争と自由民権』**（慶應義塾大学出版会）は土佐と薩摩の民権論に焦点をあて，**高島千代**「自由党と「虚無党」—『自由新聞』にみる「虚無党」言説」（『法と政治』68巻1号）は，自由党の底流に「義士烈女」たるナロードニキへの共感があったことを描く。地域の視点からは**友田昌宏編『東北の近**

代と自由民権―「白河以北」を越えて』（日本経済評論社），明治政府の実務家側の視点からは湯川文彦『立法と事務の明治維新―官民共治の構想と展開』（東京大学出版会）が参考になる。

　昭和戦前期に至るまでの政党政治に関連する研究では，西山由理花『松田正久と政党政治の発展：原敬・星亨との連携と競合』（ミネルヴァ書房）が原と並び称される存在であった松田正久を軸に政党政治の発展を論じた。伊藤陽平「自－国連合路線の展開と政友会の成立」（『日本歴史』835号），原口大輔「貴族院議長・近衛篤麿と貴衆両院関係の岐路」（『日本歴史』834号）は政友会成立期の議会・政党を理解するのにも有用である。吉田ますみ「戦時船舶管理令の運用をめぐる政治と海運業」（『史学雑誌』126編6号）は寺内内閣，政友会，海運業界の思惑の交錯を描き，前川友太「原敬のリーダーシップと臨時外交調査委員会―シベリア撤兵を中心として―」（『駒澤大学大学院史学論集』47号）は原敬の政治的手腕に着目する。萩原淳「昭和初期の枢密院運用と政党内閣」（『年報政治学』2017－Ⅱ）は枢密院と政党内閣が対立を深めていく過程を論じ，中澤俊輔「明治・大正期の出版警察と情報管理」（『日本史研究』653号）は原敬内閣下での出版法改正問題を明らかにした。

　久野洋「立憲国民党の成立」（『史学雑誌』126編12号），井上敬介「立憲民政党政権と北海道政治―戦前二大政党制と地域開発―」（『日本歴史』829号），同「斎藤実内閣期における北海道政治」（『史学雑誌』126編10号）も地域と政党の関係を詳細に描いた。手塚雄太『近現代日本における政党支持基盤の形成と変容』（ミネルヴァ書房）は，政党の経済政策を踏まえた上で大正期から1960年代まで活動した政治家加藤鐐五郎に焦点をあて，個人後援会や利益団体との関わりを明らかにしながら，戦前・戦後の政党と政党支持基盤の変容を論じた。

　戦時期については，大前信也『陸軍省軍務局と政治―軍備充実の政策形成過程』（芙蓉書房出版）が，陸軍の中枢たる軍務局の政策形成過程を予算編成に重点を置いて論じた。軍務局については髙杉洋平「「近衛新体制」前夜の国策研究会と陸軍省軍務局」（『史学雑誌』126編4号）も参考になる。戦時中の動員政策や社会の様相は，玉井清編『『写真週報』とその時代（上）（下）』（慶應義塾大学出版会）が，豊富な論点と画像を提供している。戦時期までの状況は，外務省および職業外交官の論理に注目して論じた佐々木雄一『帝国日本の外交 1894－1922: なぜ版図は拡大したのか』（東京大学出版会）が有益な成果である。このほか明治憲法については，久保田哲「伊藤博文における議会と予算」（『法学研究』90巻9号）が議会の予算議定権に関する伊藤の立場を明らかにし，官田光史「仮定としての憲法改正：補充選挙停止法に関する考察」（『日本歴史』825号）は，憲法改正の可能性を持ち出し補欠選挙の停止に抵抗する戦時議会の姿を描いた。

教育や学問に関連する研究では，**松谷昇蔵**「官僚任用制度展開期における文部省」(『史学雑誌』126編 1 号)が明治期文部省の官僚任用を実証的に描き，**佐々木研一朗**「1930年代後半における政治学をめぐる政府と東京帝国大学」(『政治経済学研究論集』 1 号)は，東洋政治思想史講座の設置過程を荒木貞夫文相などに注目しながら論じた。**笠松敬太**「青年学校制度の成立―文部省・陸軍省の交渉を中心に」(『ヒストリア』261号)も興味深い。**菅谷幸浩**「昭和戦前期という時代をどう捉えるか―歴史分野と公民分野を架橋する覚書として」(『亜細亜大学課程教育研究紀要』 5 号)は，歴史教育と公民教育の連携可能性を念頭に置きつつ論点の整理を行った。

　人物を中心にしたものでは，**真辺将之**『大隈重信―民意と統治の相克』(中公叢書)が多岐にわたる大隈の活動を冷静かつ魅力的に描き，**五百旗頭薫**「大隈重信の政党指導―大隈宛書簡の翻刻を受けて―」(『早稲田大学史記要』48巻)は，第二党としての大隈系政党を論じた。**伊藤之雄**「大隈重信と木戸孝允・木戸派」(『法学論叢』180巻 5 ・ 6 号)，**同**「大隈重信と征韓論政変(1)(2)」(同181巻 1 号， 2 号)からは，主導権を握れない大隈の立ち位置が浮き彫りになる。**小山俊樹**『評伝森恪―日中対立の焦点』(ウェッジ)は，森恪の生涯と政論を実証的に描いた評伝であり，**井竿富雄[他]編**『上山満之進と陳澄波』(山口県立大学)は，台湾総督であった上山の事蹟を描く。**筒井清忠編**『昭和史講義 3 』(ちくま新書)は関連文献への記述が厚い評伝集であり，**黒沢文貴・季武嘉也編**『日記で読む近現代日本政治史』(ミネルヴァ書房)は日記を二つ並べて比較した点に特徴がある。

　知識人については，**赤江達也**『矢内原忠雄 戦争と知識人の使命』(岩波新書)，**大園誠**「戦後教育改革への情熱」(南原繁研究会編『南原繁の戦後体制構想』(横濱大氣堂))，**菅谷幸浩**「清水澄と昭和史についての覚書―満洲国皇帝への御進講から日本国憲法制定まで」(『藝林』66巻 2 号)などの成果を得た。**萩原稔・伊藤信哉編著**『近代日本の対外認識Ⅱ』(彩流社)は，主として第一次大戦期から戦後までの知識人を取り上げた論考を収める。

　史料的なものでは，**尚友倶楽部史料調査室・西尾林太郎・松田好史編**『貴族院研究会の領袖水野直日記』(芙蓉書房出版)，**小宮京・中澤俊輔**「山川健次郎「遺稿」の基礎的考察」(『青山史学』35号)，**岩野美代治(著)・竹内桂(編)**『三木武夫秘書回顧録』(吉田書店)が刊行された。

　地域あるいは自治に関連する研究では，**池田真歩**「地方と国家の間の首都計画」(『史学雑誌』126編 3 号)が不燃化事業をめぐる立案主体の変容に着目し，**中西啓太**「明治期における選挙の実施と地方行政・地域社会」(『名古屋商科大学論集』61巻 2 号)は埼玉県を事例に論じた。**井竿富雄**「裕仁皇太子の宇部訪問と報徳会，一九二六年」(『山口県立大学学術情報』10号)は，山口県出身者による皇太子狙撃事件のあと，名誉挽回を期して皇太子奉迎に

あたった山口県宇部市の対応を描いた。

　戦後の自治については，**黒柳保則**「米軍政下の大東諸島における「自治」制度の施行と展開」（『沖縄法学』45号）が大東諸島の「自治」を琉球弧の視角から論じ，**村井良太**「佐藤政権と革新自治体：七〇年安保前後の東京と沖縄」（『年報政治学』2017－Ⅱ）は佐藤栄作政権と革新自治体が政策の方向性を共有していたことを指摘し，革新自治体が市民参加や自治体改善運動の場へと変化していく過程を示した。**手塚雄太**「戦後渋谷区の総合計画」（**上山和雄編『渋谷 にぎわい空間を科学する』**（雄山閣））は1970年代以降の渋谷区の総合計画を検討した。**天川晃『天川晃最終講義　戦後自治制度の形成』**（左右社）は2017年に逝去した著者の連続講義をまとめたものであり，現在の自治制度の課題を念頭に置いた最新の知見が語られている。

　戦後政治とくに安保問題に関しては，**中島信吾**「日米安保体制の形成」（防衛省防衛研究所編『平成28年度戦争史研究国際フォーラム報告書』），**楠綾子**「基地，再軍備，2国間安全保障関係の態様」（『年報政治学』2017－Ⅱ），**山本章子『米国と日米安保条約改定―沖縄・基地・同盟』**（吉田書店）といった成果が得られた。国内世論に注目した研究では，**梶居佳広**「日韓国交正常化(1965年)と主要紙社説」（『立命館経済学』66巻3号），**大山貴稔**「自衛隊派遣をめぐる政治転換 1990年8月〜91年4月―「国際貢献」概念の流布を糸口に―」（『筑波法政』69号）が示唆に富む。このほか，**五百旗頭薫・小宮一夫・細谷雄一・宮城大蔵[他]編『戦後日本の歴史認識』**（東京大学出版会）が刊行された。敗戦直後に幣原内閣が行った調査に焦点をあてた**井上寿一『戦争調査会 幻の政府文書を読み解く』**（講談社現代新書）と合わせて読んでおきたい。

（文責　佐藤健太郎）

　政治史・比較政治（西欧・北欧）　　地域的多様性と歴史的蓄積を持つヨーロッパは政治史・比較政治研究の沃野であり，今年も多様な成果を得た。

　本田宏『参加と交渉の政治学：ドイツが脱原発を決めるまで』（法政大学出版局）は，民主政治を7つの異なるサブシステム（競争，交渉，法治，参加，団体，討議，報道）が相互作用するものとした上で，それらの連関という視座からドイツ原子力政策の変遷を分析している。討議や団体といったサブシステムのあり方（参加する主体の範囲や扱われる政策課題など）を左右するはずの議題設定権力の分析がやや手薄に感じられた他，サブシステムという分析枠組み自体が多義的に見えてしまうことがある（政策過程の中で作用しているモードなのか，段階なのか，アクターなのか）といった点が若干気にはなるものの，これまでのドイツ政治分析が構造的な分権性と変化の抑制という特徴を強調しがちであったのに対して，サブシステムのかみ合い具合に

よっては政策変更を可能にするとした本書の指摘は興味深い。**神江沙蘭**「金融危機後の改革と政治：ユーロ圏におけるドイツ」（『国際政治』第189号）も，2つの多国間金融規制改革（バーゼルⅢと銀行同盟）を事例として，ドイツの対応に変化（規制強化反対から推進へ）が見られたと指摘し，その原因を文脈の違い（金融監督ルールの国際的標準化とユーロの信用回復）に求めている。歴史的文脈の重要性を示唆していると言えるだろう。

　政治の変容への関心は，**渡辺容一郎**「BREXITの政治学：イギリス保守主義の現状と課題」（日本大学『政経研究』第53巻第4号）にも共通しており，①議席獲得という点で保守党はイングランドの地域代表と化しており，伝統的な連合王国統一主義アイデンティティが揺らいでいる，②グローバル化に取り残された人々の不満が主流政党と欧州統合への反発を生む一方，欧州問題がアイデンティティ政治を惹起することから，アイデンティティに苦しむ保守党とも結びつきやすくなっている，と論じられている。右翼ポピュリズムの台頭と既成政党の変化というテーマは関心を集めており，研究の進展が期待される。また，**芦田淳**「イタリアにおける『大都市』設置等の地方団体の見直し：2014年法律第56号を中心に」（『外国の立法』第274号）は，1990年代以降のイタリア地方制度改革の動向を丹念に紹介している。

　他方，安定的なガバナンスを生み出す政治のあり方についての研究も見られた。**源島穣**「相互作用ガバナンスとしての社会的包摂：イギリスの近隣地域再生政策を事例に」（日本比較政治学会『比較政治研究』第3号）は，英国ブレア労働党政権による「近隣地域再生政策」が円滑かつ安定的に実施できた原因として，①地方アクターと共有できる政治目標を政府が設定して協働関係を構築したこと，②地方アクターに決定権限を与えて「発言」の機会を確保し，「退出」を防いで業績向上につなげたこと，③事業評価の基準設定を地方アクターに委ねつつも，最終的な監査は政府が担ってアカウンタビリティーを確立したことを挙げている。**石間英雄**「事前審査による政党の一体性」（『年報政治学』2017-Ⅰ）は，オーストラリア労働党議員の造反的投票行動が少ない理由を探求し，上下両院の党所属議員が構成するコーカスでの政府提出法案の事前審査が制度化されている点にその原因を求めている。日本の自民党との比較に興味が湧くところである。また，論文内での明示的な指摘はないが，事前審査制には，「発言」の確保による「退出」（とそれに伴う混乱）の防止というメカニズムが見られる。「発言」が象徴する民主的討議に対しては，近年，迅速な決定による統治の実効性を評価する観点から，夾雑物視するかのような主張も（特に一般社会では）見られるが，そう簡単に結論の出る問題ではないことを源島・石間両論文は示しているように思われる。

　そうした民主的政治の存否や根幹的原理に関連する研究も今年は得ることができた。**武藤祥**「ポルトガル『立憲的独裁』の成立」（日本比較政治学

会編『競争的権威主義の安定性と不安定性』ミネルヴァ書房）は，民主的外観・競争性と権威主義的実践が共存する政治体制を冷戦終結後の時代状況の産物とする競争的権威主義体制（CA）論を批判した上で，戦間期のポルトガルで成立したサラザール体制の前半期（1932〜58年）を「立憲的独裁」と位置付け，①その成立が19世紀後半以降のポルトガル政治に特徴的な共和主義に大きく影響され，②大統領公選制が残されたことで独裁構築に一定の歯止めがかけられ，大統領職をめぐる競争的な選挙が体制と反対派の主要な競合のアリーナとなっていった，と論じている。本論文はCAと「立憲的独裁」の峻別を主張しているが，冷戦後の時代状況と戦間期ポルトガルの共和主義の双方を規範的制約要因と位置付け，体制側の行動に影響する変数の1つとして統一的に理解した方が整合的なように思われた。**板倉孝信**「反革命戦争期の英国における財政請願運動の階層・地域的拡大」（世界史研究会『世界史論叢』第7号）は，①18世紀英国戦時財政の通例であった国債による戦費調達はナポレオン戦争で限界に達し，戦時増税によるプライマリー・バランス維持へと方針転換した，②厳しい制限選挙制の下，増税反対の請願活動は実らなかったが，その経験は階層間・地域間の連携を生み，運動が全国化する基盤を築いた，③全国的な財政請願運動の展開は陣笠議員の造反を呼び，戦時増税の平時延長法案は否決されて，英国は以後40年にわたる超均衡財政を強いられた，と論じた上で，累積債務の膨張という点で共通する現代日本との比較可能性を示唆している。両事例での累積債務の元凶（戦争と社会保障）が国民の受益感覚という点で大きく異なっているように思われるが，今後，有意義な比較が為されることを期待したい。最後に，**土屋光芳**「独裁政と法の支配」（明治大学『政経論叢』第75巻第3・4号）は，古代ローマ共和政末期のキケロとカエサルの対立を「法の支配」と「力の支配」という視点から論じている。政治史と政治思想の狭間とも言えるような研究であるが，引用されていた「この世は時には武器，時には法が支配する」という警句のメッセージは感じ取ることができた。

（文責　安井宏樹）

政治史・比較政治（北米）　　2017年はアメリカ政治に関する重要な業績が多く発表された。連邦議会については，**中林美恵子『トランプ大統領とアメリカ議会』**（日本評論社）が，自身の連邦議会での勤務経験を踏まえて，その機能や政治過程を巧みに紹介している。**松本俊太『アメリカ大統領は分極化した議会で何ができるか』**（ミネルヴァ書房）は，大統領の権限との関連を念頭に置きつつ，連邦議会と二大政党の分極化がもたらすインパクトを解明した秀逸な研究である。

　大統領に関しては，**山本章子『米国アウトサイダー大統領─世界を揺さ**

ぶる「異端」の政治家たち』(朝日選書)が，連邦政界経験のない大統領に注目し，大統領政治の新たな見方を提起している。**杉野綾子『米国大統領の権限強化と新たな政策手段─温室効果ガス排出規制政策を事例に』**(日本評論社)は環境エネルギー問題に関する政策研究としても優れている。**梅川健**「オバマ政権とテロとの戦争─『国家機密特権』と『標的殺害』を中心に」(『国家安全保障』45巻1号)も大統領権限についての問題提起を含んでいる。

アメリカ政治を支えるインフラについての研究も充実している。**宮田智之『アメリカ政治とシンクタンク─政治運動としての政策研究機関』**(東京大学出版会)はシンクタンクについて，**菅原和行**「行政国家の時代におけるスタッフ組織の機能不全に関する一考察─アメリカ大統領府を事例として」(『釧路公立大学地域研究』26号)は官僚組織に焦点を当てている。

2016年大統領選挙に関する論考も多い。『選挙研究』33-1号には，**西山隆行**「2016年アメリカ大統領選挙─何故クリントンが敗北し，トランプが勝利したのか」，**渡辺将人**「2016年アメリカ大統領選挙の選挙運動─集票戦略の効果をめぐる問題を中心に」，**前嶋和弘**「2016年アメリカ大統領選挙とメディア」が収められている。**前嶋和弘**「2016年選挙を振り返って─トランプ，サンダース現象とアメリカの反エスタブリッシュメント運動」(『国際情勢紀要』87巻)，**高橋義隆**「2016年米国大統領選挙における社会運動と投票行動」(『跡見学園女子大学文学部紀要』52号)など，重要論点を扱う論稿も多い。

トランプ現象に関する研究も多い。**神保哲生・宮台真司編『反グローバリゼーションとポピュリズム─「トランプ化」する世界』**(光文社)では，渡辺靖，佐藤伸行，西山隆行，木村草太，春名幹男，石川敬史が独自の観点から解明を試みている。トランプ現象を政治思想と関連させて論じる研究も多く，**会田弘継**「忘れ去られた異端者らの復権─トランプ政権誕生の思想史」(『立教アメリカン・スタディーズ』第39号)，**会田弘継『破綻するアメリカ』**(岩波現代選書)，**井上弘貴**「トランプをめぐるアメリカ保守主義の現在─旗幟を鮮明にする西海岸シュトラウス学派」(『法学新報』124(1・2))が興味深い。

従来研究が豊富でなかった選挙管理に関する研究が行われるようになったことは特筆に値する。**松本俊太**「アメリカ連邦レベルの選挙管理」(大西裕編『選挙ガバナンスの実態　世界編』ミネルヴァ書房)，**湯浅墾道**「選挙人登録と電子化の動向と課題」(『アメリカ法』2017-1号)は重要な研究である。

政党政治については，**岡山裕**「アメリカ二大政党政治の中の『トランプ革命』」(『アステイオン』第63号)が学術的にトランプ革命を位置付けている。**西山隆行**「[アメリカ]権力を持った保守の苦悩」(阪野智一・近藤正基編『刷

新する保守』弘文堂)は，共和党と保守の変容を歴史的に検討している。

移民問題と関わる研究として，**大津留(北川)智恵子** "U.S. Immigration Reform in a Historical Perspective," *Kansai University Review of Law and Politics*, No. 38，**安岡正晴**「聖域都市に対するトランプ政権の政策—大統領令第13768号とその問題点」(『近代』116)がある。

アメリカの内政と対外政策の関連を意識した研究として，**中山俊宏**「トランプのアメリカと日米関係」(『世界経済評論』2017年3・4月号)，**高原秀介**「アメリカ外交における理念と力—国際環境の変容とアメリカの位置」(東郷和彦他編『日本発の「世界思想」』藤原書店)，**森聡**「オバマ政権のリバランスの功罪」(秋山昌博・川口順子編『アジア太平洋の未来図—ネットワーク覇権』中央経済社)，**藤木剛康『ポスト冷戦期アメリカの通商政策—自由貿易論と公正貿易論をめぐる対立』**(ミネルヴァ書房)などがある。

政治史研究には，**斎藤眞『アメリカを探る』**(みすず書房)，**山岸敬和**「20世紀前半までのアメリカ病院制度の発展—「公共空間」の主導権をめぐる争い」(平体由美・小野直子編『医療化するアメリカ』彩流社)などがある。**遠藤泰生編『近代アメリカの公共圏と市民—デモクラシーの政治文化史』**(東京大学出版会)には，**中野勝郎**「『ザ・フェデラリスト』を読む—国家形成とデモクラシー」，**金井光太朗**「代表制と公共圏—被治者の同意から主権者市民へ」，**佐々木弘通**「公定教会制と公共圏・序説—1780年マサチューセッツ憲法典を読む」，**久田由佳子**「参政権なき女性の政治参加—1840年代マサチューセッツ州における10時間労働運動」などが収められている。

(文責　西山隆行)

政治史・比較政治(中南米)　ラテンアメリカ地域に，政治的民主化と新自由主義経済改革の波が押し寄せてから，約30年が経過した。2018年現在，域内では，定期的な選挙の実施と市場経済の存続については大まかな合意が成立しているといえるが，汚職，所得格差・貧困の蔓延，治安の悪化など，民主政権が取り組むべき問題は山積している。2017年は，ラテンアメリカ諸国の政治経済発展の軌跡を振り返り，長期的・中期的な観点から分析する研究が顕著であった。

長期的な視点からの分析を展開する論文集として，**後藤政子・山崎圭一編『ラテンアメリカはどこへゆく』**(ミネルヴァ書房)が挙げられる。20世紀との対比において，21世紀のラテンアメリカ諸国においては，米国を含まない地域協力を促進するとともに国際貿易関係の多角化を進めるなど「米国離れ」が進み，「左派政権」が相次いで誕生したことが一つの傾向として指摘される(**後藤政子**)。新自由主義への「異議申し立て」として台頭してきた新しい「左派」政権の多様性は，「国家−市民社会」関係，および社会運

動との関係から特徴づけられる(**松下冽**)。また，「ラテンアメリカで最も成長した運動」と称される先住民運動も，こうした政治経済的変化を受けて政治的影響力を増し，ボリビアでは2006年，史上初の先住民の大統領が選出されるに至った(**宮地隆廣**)。

　中期的な分析は，政治経済に関する研究と政治体制についての研究に分類が可能である。政治経済については，**仙石学編『脱新自由主義の時代？新しい政治経済秩序の模索』**(京都大学学術出版会)において，ラテンアメリカとほぼ同時期に政治・経済体制の変化を経験した中東欧諸国との比較の視点から，域内の政治動向が論じられる。具体的に，本書は，ラテンアメリカ・中東欧諸国では，「ポストネオリベラル」的な政策がどのように「継続」されているのか，その多様性を探る試みだといえる(**仙石学**)。こうした問題意識に立脚し，ウルグアイにおける拡大戦線率いる「穏健左派」政権への支持は，根強い党派性および「現職着目経済投票」によるものであることが，サーベイデータの分析により示される(**出岡直也**)。また，「左派勢力の台頭」を経験したラテンアメリカにおいて，2000年以降，ペルーの「急進左派」，およびホンジュラスの「左傾化」が「右旋回」したことは，両国の構造的・政治的要因から説明される(**村上勇介**)。

　他方，政治体制についての中期的な観点からの研究は，主に現存研究における政治体制の概念，理論について新たな視点から挑む。**上谷直克**「「競争的権威主義」と「委任民主主義」の狭間で―ラテンアメリカの事例から考える―」(日本比較政治学会編『競争的権威主義の安定性と不安定性』所収，ミネルヴァ書房)は，「競争的権威主義論」は，その判定基準や操作化には曖昧さが残る点を批判する。そして，ペルーのフジモリ政権，ベネズエラのチャベス政権，エクアドルのコレア政権，ボリビアのモラレス政権は，「競争的権威主義」ではなく「委任型民主主義」と特徴づける方が適切であると主張する。**豊田紳**「組織化された野党不在の下の競争選挙実施による支配政党の崩壊―ソ連とメキシコの比較分析―」(同上書所収)は，「政党独裁国家」であった旧ソ連とメキシコの事例を比較する。両国では，ともに一党支配下で競争的選挙が実施されていた。しかし，「組織化された野党」が存在したメキシコでは，複数政党制への移行とともに民主化した一方で，野党が組織化されていなかった旧ソ連においては，複数政党制への移行は国家解体をもたらしたことが論じられる。

(文責　高橋百合子)

　政治史・比較政治(ロシア・東欧)　　周知のとおり，2017年はロシア革命100周年であり，ソ連史を対象とする研究が多く公刊された。中でも，ロシア革命を正面から取り扱ったのは，**池田嘉郎『ロシア革命―破局の８か**

月』(岩波書店)である。十月革命それ自体をクライマックスにせず，十月に至る過程を鮮やかな人物描写とともに描いた。**富田武『日本人記者の見た赤いロシア』**(岩波書店)は，ソ連初期からスターリン時代に当地に滞在していた日本人記者たちを通してロシア革命の持った日本へのインパクトを分析した。

広くソ連史全体を再考察したのは，**松戸清裕，浅岡善治，池田嘉郎，宇山智彦，中嶋毅，松井康浩編『ロシア革命とソ連の世紀』1－5巻**(岩波書店)である。政治学的には1巻所収の**松里公孝**「総力戦社会再訪—第一次世界大戦とロシア帝政の崩壊」，3巻所収の**河本和子**「利益の同質性の中の齟齬—スターリン後のソヴィエト民主主義理念」，**油本真理**「ポスト冷戦時代のリベラル・デモクラシー—ソ連解体後のロシアにおける民主化とその帰結」，**松戸清裕**「統制下の『自由』—スターリン後のソ連における社会生活の一面」や，5巻所収の**小森宏美**「バルト三国の独立再考—ソ連解体への道程」，**塩川伸明**「ペレストロイカと民族紛争—ナゴルノ＝カラバフ紛争の事例」などが興味深かった。また『現代思想』45巻19号は，ソ連史特集号であり，**河本和子**「革命・家族・自由」，**松戸清裕**「ソヴェト民主主義という実験」，**塩川伸明**「ロシア革命100周年に寄せて」，**横手慎二**「ロシア革命とスターリン」などが掲載された。近年研究が進みつつあるフルシチョフ・ブレジネフ時代に関しては，**立石洋子**「『雪解け』とソ連の歴史学—1953－56年の『歴史の諸問題』誌の活動—」(『成蹊法学』87号)が，当時の歴史家の役割を考察したものであり，**松戸清裕『ソ連という実験—国家が管理する民主主義は可能か』**(筑摩書房)は，同著者による上記の諸論考とも関連した民主主義とソ連体制の関係を問うものであった。**下斗米伸夫『神と革命—ロシア革命の知られざる真実』**(筑摩書房)は，ロシア革命における正教古儀式派の役割に焦点を当てたユニークな著作であるが，様々な人物・事件の裏に古儀式派の影を見出しすぎているようにも感じられる。**富田武**による書評(『ロシア史研究』101号)も合わせて参照されたい。また**下斗米伸夫『ソビエト連邦史1917－1991』**(講談社)は，古儀式派とともにスターリンの側近であったモロトフに焦点を当てたソ連史である。

旧ソ連・東欧諸国での共産党体制の記憶を巡る政治に関しても論考が多く，**橋本信子**「「負の遺産」をどう伝えるか—旧東独のシュタージ(国家保安省)関連施設の事例—」(『流通科学大学論集』29巻2号)や**橋本信也編著『せめぎ合う中東欧・ロシアの歴史認識問題—ナチズムと社会主義の過去を巡る葛藤』**(ミネルヴァ書房)には，小森宏美，梶さやか，吉岡潤，森下嘉之，福田宏，姉川雄大，高草木邦人，立石洋子，重松尚，野村真理，百瀬亮司らの優れた論考が並んだ。

他方，現代政治に関しては，ロシアよりも東欧諸国研究で優れた研究が

多く発表された。**仙石学編『脱新自由主義の時代？新しい政治経済秩序の模索』**（京都大学学術出版会）には，**仙石学**「『ポストネオリベラル』期の年金制度—東欧諸国における多柱型年金制度の再改革」，**小森宏美**「危機意識に支えられるエストニアの『ネオリベラリズム』」，**中田瑞穂**「ネオリベラリズムと社会的投資—チェコ共和国における家族政策，教育政策改革への影響とその限界」といった社会経済政策に関する力作が並んだ。また，最近のポーランドのポピュリスト政治化に関して，**仙石学**「ポーランド政治の変容—リベラルからポピュリズムへ？」（『西南学院大学法学論集』49巻2・3合併号）が興味深い。

国際関係では，**小泉直美『ポスト冷戦期におけるロシアの安全保障』**（志學社），同「米ソ冷戦終結のプロセス—ロシア地域研究の視点から」（『国際政治』189号），**浜由樹子**「ロシアの『ユーラシア・アイデンティティ』の形成と展開—外務省周辺の実務家・専門家グループを中心に」（『国際政治』189号）が目立った成果であった。

（文責　大串敦）

政治史・比較政治（アジア）　　アジアでは経済的な活力が続くものの，社会・文化的な複雑さ，さらには国際関係の錯綜やアイデンティティの相克もある。それだけに着実な視座を求めて多くの研究成果が生み出されている。

現代アジア比較政治のデータ面での基盤を目指した大規模な試みとして，アジア29の社会及び3つの隣接社会に住む各1000～3000人を対象に，生活の質をインタビューした「アジア・バロメーター」がある。これを踏まえた**Inoguchi Takashi**, "Exit, Voice and Loyalty in Asia : Individual Choice under 32 Asian Societal Umbrellas"（Singapore : Springer）は，ハーシュマンの定義による組織への個人的選択，すなわち退出，抗議，忠誠といった概念に即して，アジアの諸社会と欧米・ロシアの比較を行ったものである。また，**Inoguchi Takashi, Tokuda Yasuharu ed.** "Trust with Asian Characteristics : Interpersonal and Institutional "（Singapore : Springer）は，医療・メディアといった社会資本の問題を題材に，制度への信頼という観点から，アジア各政治社会の特質を比較・分析したものである。いずれも，民主的な社会と権威主義的な社会を同列に置く難しさを踏まえつつ，なるべく共通の客観的基準に則して比較するという試みである。

中国について。中国は，近年の著しい経済大国化の結果，それに相応しい国際的な立場を求めるのみならず，過去の西洋中心の世界秩序が不完全で不公正なものであるという認識に基づき，「中国が主体となった真に公正な世界秩序の構築」を称する「中国夢」外交を展開している。しかし中国の内政と外交の質がはらむ多くの問題は未解決であるため，諸外国との摩擦が増

大する一方である。しかし，このような状況があるからこそ，印象論ではない多面的な中国政治論が求められていると言えよう。**小野寺史郎『中国ナショナリズム』**（中公新書）は，弱者認識で固めた近現代を送ってきた国家が突然大国に躍り出て，自らの振る舞いに惑うものとして中国を捉える。**阿南友亮『中国はなぜ軍拡を続けるのか』**（新潮選書）は，中国共産党が党の軍隊＝人民解放軍を肥大化させて内外で暴力依存に陥っている原因について，中国社会の巨大さ，党と民衆の著しい乖離から説き起こしている。

　中国のナショナリズムを考える時，とりわけ日中関係が問題となる。**中村元哉『対立と共存の日中関係史』**（講談社）は，中国が立憲政治を目指し挫折した歴史を通観する中で，日本が常に模範であり対抗相手であったことを踏まえて，重層的な中国史像・日中関係史像を描き出す。**国分良成『中国政治からみた日中関係』**（岩波書店）は，中国共産党における原理原則と現実主義の対立が不透明な状況のもと繰り返され，とりわけ日中関係が争点となりやすい問題を扱い，現代中国の政治体制そのものが難題であることを示す。

　朝鮮半島について。日本国内で韓国側の歴史認識や国際政治上の立ち位置，北朝鮮による核危機や極端な政治が強い批判の対象となる中，歴史研究・政治学研究の立場としては，事ここに至った歴史的背景を実証的に明らかにし，朝鮮半島をめぐる冷静な認識の増進に努めようとする姿勢が目立った。**李鍾元・木宮正史・磯崎典世・浅羽祐樹『戦後日韓関係史』**（有斐閣アルマ）は，日韓関係史を10年ごとに区切り，北東アジア国際関係の大状況や日韓の民間交流にも目配りしつつ，政治・経済関係の成熟と認識の相違を説き明かしている。**木宮氏は『世界歴史大系　朝鮮史』**（山川出版社）の中でも現代韓国政治史の部分を担当し，各共和制の特質を論じている。**森万佑子『朝鮮外交の近代　宗属関係から大韓帝国へ』**（名古屋大学出版会）は，華夷秩序と近代国際秩序の摩擦によって朝鮮半島が東アジア国際対立の焦点となる中で，近代朝鮮・大韓帝国外交が形成されざるを得なかった困難な過程を論じる。

　東南アジアをめぐっては，域内諸国の多様性や，経済・文化的な重層性に基づく活発な交流，その一方で近代の刻印を各国それぞれに受けてきたという事情を踏まえ，方法論的な豊かさがみられるが，そのことがさらなる研究の深化を促進しているように思われる。そんな東南アジア政治論のひとつの到達点として，**山本信人編著『東南アジア地域研究入門３　政治』**（慶應義塾大学出版会）が刊行された。南アジアをめぐっては，近年の日印関係の急速な進展・深化を，インド自身の経済発展や米国・中国のアジア太平洋地域におけるプレゼンスの変容との関連で多面的に分析する，**堀本武功編『現代日印関係入門』**（東京大学出版会）が刊行された。

（文責　平野聡）

政治史・比較政治（アフリカ）　　アフリカ政治に関する研究としては，まず，三須拓也『コンゴ動乱と国際連合の危機　米国と国連の協働介入史，1960〜1963年』（ミネルヴァ書房）を紹介したい。現在のコンゴ民主共和国（DRC）で独立後すぐに起きたコンゴ動乱が題材であるが，アフリカ研究だけではなく，国際関係史，アメリカ外交史，国連研究にも大きく貢献する大作である。コンゴ動乱に米国やベルギーが深く関与していたことはよく知られているが，本書は，ハマーショルド，アイゼンハワー，CIAや国務省，フルシチョフ，ルムンバ等の各アクターがどのように考え，どのように行動したかを明らかにし，国連（と国連コンゴ活動ONUC）がなぜ米国と「協働」し「介入」したのかという理由を詳細に教えてくれる。

　冷戦終結後にアフリカ諸国で相次いだ土地法改革が農村社会に与えた影響を検討したのが武内進一編『現代アフリカの土地と権力』（アジア経済研究所）である。土地問題は統治のあり方とも紛争とも直結するものであるが，本書では，シエラレオネ，ザンビア，エチオピア，南ア，タンザニア，モザンビーク，ケニア，ルワンダ，ブルンジ，DRCが事例として取り上げられている。遠藤貢は，"Democracy from Below? A Critical Perspective on Civil Society Support in Africa"（Michael R. Auslin and Daniel E. Bob eds., *U.S.-Japan Approaches to Democracy Promotion.* Sasakawa USA）において，「市民社会」という言説が，冷戦終結後の民主化要求と相まって，援助する側とされる側の双方に積極的に用いられている現状を説明し，2013年の第5回アフリカ開発会議（TICAD V）の準備段階における日本とアフリカのNGOの協力関係とその評価を行い，今後の対応として米国の政策に学ぶことなどを提言している。

　近年世界でますます深刻さを増している難民問題では，アフリカの事例から学ぶことが多い。杉木明子の2本の論文，「ウガンダの挑戦－難民の経済活動と新たな難民政策の可能性」（『歴史地理教育』No. 865）と「アフリカにおける強制移動民と「混合移動」－ソマリアの事例から」（『国際問題』No. 662）は，難民・国内避難民の現状を詳細に説明したうえで，「機能不全」に陥った国際難民レジームに対する政策提言を行っている。鈴木亨尚「副大統領をめぐる政治－アフリカを中心として－」（『亜細亜大学アジア研究所紀要』No. 43）は，ナイジェリア，ザンビア，マラウイ，赤道ギニア，南スーダン，ブルンジ，南アを事例として，民主主義と副大統領という政治制度の関係を検討している。

　オンライン・ジャーナルとなったアジア経済研究所の『アフリカレポート』No. 55には，高橋基樹「TICADの変遷と世界－アフリカ開発における日本の役割を再考する」，網中昭世「モザンビークにおける政治暴力発生のメカニズム－除隊兵士と野党の役割」，粒良麻知子「タンザニアの優位政党の

大統領候補選考と派閥政治」，**榎本珠良**「西欧近代とアフリカ－非国家主体への武器移転規制の事例から」等の論文に加え，DRC東部における住民殺戮に関する解説や資料紹介など，アフリカ研究の資料が豊富に揃っている。

　最後に，イスラーム地域を題材とする２本の論文を紹介する。**佐藤章**「イスラーム主義武装勢力と西アフリカ－イスラーム・マグレブのアル＝カイーダ（AQIM）と系列組織を中心に－」（『アフリカレポート』No. 55）は，アルジェリアで創設されマリ北部に進出・定着したAQIM（外来勢力），地元の同調者が主導する系列組織，イスラーム主義に反発するマリ北部の大多数の住民という３者の関係が，今後，西アフリカに本格的なイスラーム政治の時代が到来すか否かを決める鍵となると分析する。**鹿島正裕**「チュニジアの民主化はなぜ成功したか－失敗した他のアラブ諸国と比較して」（『放送大学研究年報』34号）は，2011年の「アラブの春」で唯一「成功」したと評価されるチュニジアを事例として，(1)国家のあり方(2)社会のあり方(3)外国の影響(4)移行様式の４点から分析し，「民主主義への移行と定着を可能とする要因についての一般理論」に有効性があることを示している。

（文責　戸田真紀子）

　国際政治・外交　　日本政治学会において，国際政治・外交分野を専門とする会員は多くはないが，豊かな研究成果がみられる。近年，国際政治・外交の基本的構図やその分析方法に関して，見直しを迫る研究が多数登場しているが，その動きは，本学会の会員の研究にも散見される。こうした見直しの試みは，特に分析方法の計量的・実験的手法などに鮮明であるが，本学会では，歴史的再検討と今日の現象に関する叙述的分析に顕著なようである。

　国際政治の基本的構造を規定するウェストファリア体制について，その歴史的実態や今日の構造的変化を指摘し，従来の見方の転換を図る研究は以前から存在した。**小田英『宗教改革と大航海時代におけるキリスト教共同体』**（文生書院）は，それらとは異なる観点から再考を迫る含意を伴っている。本書は，スペインの思想家フランシスコ・スアレスの政治思想を仔細に検討しながら，近代の領域的主権国家が成立する過程を，中世的なキリスト教共同体の崩壊過程としてではなく，むしろその逆方向から照らし出しているのである。当時，アメリカを典型とする地理的発見により，キリスト教共同体は拡大した側面があり，その共同体の防衛・再建論を考察している。

　日本外交については，研究上の空白を埋める試みがあり，まず**田嶋信雄『日本陸軍の対ソ謀略』**（吉川弘文館）が，不明確な点の多い日独防共協定の成立・実施過程に迫っている。その際に本書は，外務省ルートとは別に日本陸軍によって進んだ，ユーラシア大陸における諜報・謀略活動や対イスラーム政策などに着目し，また，その背景にある思想も視野に収めている。また，

戦後日本における核兵器持ち込み問題は，数年前の密約をめぐる検討を通じて史料公開と研究が進んだが，なお全貌が判明したわけではない。信夫隆司「小笠原返還における核持ち込み問題」（『政経研究』第54巻第2号）は，小笠原返還交渉の過程において佐藤栄作首相が施政方針演説で非核三原則を示した点と関連づけて，三木武夫外相・ジョンソン駐日大使の合意文書の作成過程を再検討した。ここで三木が非核三原則に厳格な立場をとったため，核持ち込みの扱いに関する合意に不明確さが残り，その不満が沖縄返還をめぐるアメリカ側の対応に影響した可能性を論じている。

　この小笠原返還交渉は，当時の日本が，戦後処理と冷戦との狭間で難しい外交対応を迫られたことを示唆しているが，それは日米関係のみならず近隣諸国との関係にも影を落とした。木宮正史「冷戦と経済協力」および「冷戦の変容と関係の緊密化」（李鍾元・木宮正史・磯崎典世・浅羽祐樹『戦後日韓関係史』有斐閣）は，教科書に収められてはいるが，概説を越えた優れた分析になっている。日韓関係について国際関係，日韓の政府間関係，経済関係，市民社会間関係の四次元の変動を鮮やかに示しながら，著者の従来の研究成果も活かして洞察に富んだ解釈を示している。その日韓関係については，梶居佳広「日韓国交正常化（1965年）と主要紙社説」（『立命館経済学』第66巻第3号）が，国交正常化をめぐる日本の新聞の論調を整理し，その多様な論議の配置状況を示している。全般的傾向としては，日本政府の交渉姿勢を譲歩しすぎだとし，日韓間の誤解や不信を問題視しながらも，主に韓国側の変化を期待する傾向を明確化している。

　問題状況をどのようにフレーミングするかは，歴史的現象に限らず，今日の現象の理解と対応を左右しうる。ヨーロッパで2015年に発生した難民危機について，土谷岳史「EUにおける『難民危機』とシェンゲンの再構築」（『高崎経済大学論集』第59巻第2・3・4合併号，第60巻第1号）は，「安全保障化」の観点からEUにおける言説を分析しており，興味深い。脅威や危機と保護すべき主体をめぐる言説の推移を追跡し，難民危機が国境・主権問題へと転換され，移民危機としての言説が優位になった結果，人の移動の国境管理へと問題が収束していった様相を指摘している。今日の現象を理論的な枠組みや概念に基づいて論じる作業は，有益であると同時に理論・概念運用上の難しさを必然的に伴う。この点について，宮下豊「IRは社会科学であるべきか？」（葛谷彩・小川浩之・西村邦行『歴史の中の国際秩序観』晃洋書房）は，H. J. モーゲンソーをはじめとする古典的リアリストが，現状分析に関して科学的アプローチの限界を認めていた点に注意を促している。

　移民・難民などの安全保障化ではなく，従来型の安全保障をめぐっても少なからぬ研究成果があった。同じく敗戦と複雑な国際環境のもとで，安全保障上の対外的関与に難しい選択を迫られた日本とドイツについて，庄司貴

由「外交官柳井俊二とPKO」(『二松学舎東アジア学術総合研究所集刊』第47集])と，**中川洋一**「90年代連合／緑の党とドイツ対外安全保障政策への主導的意味」(『ドイツ研究』第51号)が，示唆的な分析を試みている。前者は一人の外務官僚に照準を合わせて，PKO派遣をめぐる戦後日本の政治過程をオーラル・ヒストリーや外交史料に基づいて検討している。後者は，ドイツの対外派兵に関して，緑の党の役割に照準を合わせている。従来，同党は政権を支える必要上，派兵支持に受動的に対応したと論じられがちであったが，同党が独自の安全保障観に基づいて予防外交や平和構築を推進し，議題設定上，有意な役割を果たして与党の方針に影響を与えたと論じている。

神江沙蘭「金融危機後の改革と政治」(『国際政治』第189号)は，そのドイツの金融危機への対応を検討した。ドイツは経済的には欧州の大国として，一定の役割を果たしうるとはいえ，その選好と交渉力は一定ではない。2010年代の欧州銀行同盟の設立とバーゼルⅢという，金融規制改革をめぐる地域的・国際的交渉を事例として分析し，双方における選好と交渉力の相違，およびその背景を考察している。

2017年における国際政治上の焦点の一つは，やはりトランプ政権の誕生であろう。**山本章子『米国アウトサイダー大統領』**(朝日新聞出版)は，トランプ大統領のみならず，中央政界における政治経験を持たないアウトサイダー大統領としてアイゼンハワー，カーター等をとりあげ，彼等がアメリカで選出された状況を検討し，世論に関連づけて対外経済政策，中東介入，同盟関係などを論じている。トランプ政権のインパクトが注目されるのは，それが既存の国際規範を揺さぶる恐れを与えているからでもある。国際規範のあり方を考える際に手がかりを提供するのは，**西谷真規子編『国際規範はどう実現されるか』**(ミネルヴァ書房)であろう。本書は，人権や開発援助をはじめ，多分野の国際規範の形成・実施について，EUや企業，NGOなどの役割の新鮮な次元を検討しており，**山田高敬**「『企業と人権』をめぐる多中心的なガバナンスの試み」，**高橋良輔**「規範媒介者としてのNGO」，**臼井陽一郎**「規範パワーEUの持続性」などを収めている。

(文責　大矢根聡)

2018年文献委員会

本委員会は，次のような文献委員が各分野を担当し，「学界展望」を執筆した。大村華子〔政治学・政治理論〕，森正〔日本政治・政治過程〕，松井望〔行政学・地方自治〕，相原耕作〔政治思想(日本・アジア)〕，古城毅〔政治思想(欧米)〕，佐藤健太郎〔政治史(日本)〕，安井宏樹〔政治史・比較政治(西欧・北欧)〕，西山隆行〔政治史・比較政治(北米)〕，高橋百合子〔政治史・比較政治(中南米)〕，大串敦〔政治史・比較政治(ロシア・東欧)〕，平野聡〔政治

史・比較政治(アジア)〕，戸田真紀子〔政治史・比較政治(アフリカ)〕，大矢根聡〔国際政治・外交〕である。全体の調整などは委員長である五百旗頭薫が担当した。

分野名については，前年の委員会の枠組みを踏襲している。会員から自己申告された業績を中心に取り上げたが，紙幅の関係などから，すべてを紹介できたわけではない。会員各位のご海容を乞う次第である。また，自己申告されていない文献も適宜，取り上げている場合がある。あわせてご了承いただきたい。

なお，日本政治学会ホームページ，同メーリングリスト，『日本政治学会会報』(第74号，2017年12月)に掲載された「研究業績自己申告のお願い」に応じて本委員会に寄せられた業績は計148件，申告者数は計93名であった。

末筆ながら，業績自己申告に応じて下さった会員各位，各分野の文献委員各位に心より御礼申し上げる次第である。

（文責　五百旗頭薫）

2018年度日本政治学会総会・研究大会日程

日時　2018年10月13日（土）・14日（日）
場所　関西大学・千里山キャンパス（大阪市吹田市）

第1日　10月13日（土）
10:00～12:00　分科会（Ａ1～Ａ8）
Ａ−1　実験的手法による有権者の心理・行動の解明と外的妥当性の検討
（企画委員会企画）
司会：村上剛（立命館大学）
報告：荒井紀一郎（首都大学東京）「自然災害がもたらす有権者—政治家
　　　　関係の変化」
　　　岡田陽介（拓殖大学）「候補者の『声』と有権者の投票選択——2014
　　　　年衆院選立候補者の音声周波数とサーベイデー
　　　　タを用いた疑似実験」
　　　秦正樹（北九州市立大学）「改憲世論の高まりは『北朝鮮のおか
　　　　げ』？——フレーム実験とリスト実験の組み合
　　　　わせによる実証的検討」
討論：日野愛郎（早稲田大学）

Ａ−2　農業貿易政策の政治過程分析——日本と韓国の事例を通じて
（企画委員会企画）
司会：佐々田博教（北海道大学）
報告：城下賢一（大阪薬科大学）「農協農政運動はどのように行われている
　　　　か」
　　　柳蕙琳（名古屋商科大学）「韓国の農民団体の政治的影響力の変化と
　　　　FTA政策決定過程——米韓FTA交渉と米韓FTA
　　　　再交渉の比較を通じて」
　　　川口航史（東京大学大学院）「戦後日本の農業保護の分析——農業者
　　　　組織の維持過程」
討論：北山俊哉（関西学院大学）
　　　佐々田博教（北海道大学）

Ａ−3　規制制度改革と政治の役割（企画委員会企画）
司会：三田妃路佳（宇都宮大学）

報告：三船毅(中央大学)「規制緩和を巡る政治家の行動——契約理論による社会的規制の説明」

秋吉貴雄(中央大学)「規制改革の時間的配列とフィードバック効果」

松浦淳介(慶應義塾大学)「原子力規制委員会の独立性を検証する」

討論：松田憲忠(青山学院大学)

Ａ－４　ボーダースタディーズの新展開——欧米日の主権・統治・領域性をめぐって(公募企画)

司会：池炫周(北海道大学)

報告：前田幸男(創価大学)「惑星限界の系譜学——化石燃料から考えるヨーロッパ型主権国家システムの遺産」

川久保文紀(中央学院大学)「国境の『壁』をめぐる政治学——主権の空間変容」

古川浩司(中京大学)「『有人国境離島法』制定に見る日本のボーダーランズ政策における新展開」

討論：佐々木寛(新潟国際情報大学)

花松泰倫(九州国際大学)

Ａ－５　２０１７年衆院選と地域政治(現代地域政治研究会)

司会：白鳥浩(法政大学)

報告：河村和徳(東北大学)「無所属候補の善戦にみる野党共闘の鍵——東北の事例から」

芦立秀朗(京都産業大学)「立憲民主党なき三つ巴の選挙——京都府選挙区の事例から」

岡田浩(金沢大学)「大臣就任と候補者投票——石川1区の分析」

討論：丹羽功(近畿大学)

堤英敬(香川大学)

Ａ－６　権威主義体制から民主主義体制へ(自由論題)

司会：鎌原勇太(横浜国立大学)

報告：大澤傑(防衛大学校研究科)「個人支配体制の崩壊——クライエンテリズムの視点から」

長辻貴之(早稲田大学大学院)"Unpredictable Social Movements and State Repression: Analysis of Student Movements and Student Participants in Senegal"

Wint Wint Aung Khaing（早稲田大学大学院)「ミャンマーの権威主義体制から民主化への移行——1990年と2010

年の総選挙の比較分析」

討論：鷲田任邦（東洋大学）

A－7　議員の選挙・立法活動と政党規律（自由論題）

司会：上神貴佳（岡山大学）

報告：小川寛貴（高知大学）「参議院議員の議会活動──委員会活動と請願
　　　　　　　　の分析」

　　　吐合大祐（神戸大学大学院）「制度不均一が国会議員の利益誘導に与
　　　　　　　　える影響──『集票組織』としての地方政治家
　　　　　　　　に注目して」

　　　谷圭祐（神戸大学大学院）「議員の政策選好と役職配分──政策実
　　　　　　　　現と一体性維持の観点から」

討論：大村華子（関西学院大学）

A－8　近現代日本の立憲政治空間（自由論題）

司会：福永文夫（獨協大学）

報告：萩原淳（三重大学）「治安警察法・治安維持法の立法過程と外国法」

　　　佐々木雄一（首都大学東京）「戦前・戦後日本の首相と内閣」

　　　篠原新（広島修道大学）「日本社会党による国会質問の検証──楢崎
　　　　　　　　弥之助による『非核三原則』への追及を中心と
　　　　　　　　して」

討論：大山礼子（駒澤大学）
　　　奥健太郎（東海大学）

第1日　10月13日（土）

12:00〜13:30　政治学のフロンティア

F－1　政治学のフロンティア（ポスターセッション）

報告：山本雄美（福岡大学大学院）「公共放送に対する政治権力介入の歴史
　　　　　　　　的展開」

　　　山谷清秀（浜松学院大学）「日本におけるオンブズマン制度の受容と
　　　　　　　　展開」

　　　須川忠輝（大阪大学大学院）「地方分権の制度設計と政党間競争──
　　　　　　　　1990年代の東欧を事例に」

　　　小林由紀男（立教大学大学院）「市民的コンセンサスに基づく住民運
　　　　　　　　動の有効性──『三島・清水・沼津コンビナー
　　　　　　　　ト反対闘争』を事例として」

　　　小島望（明治大学）「三王国戦争期イングランドにおけるネーション

概念の一断面——ニュースブックを手掛かりとして」

加藤博章（東京福祉大学）「ねじれ国会と国際貢献——湾岸危機以降の公明党の役割について」

及川智洋（法政大学大学院）「1970年代の公明党と共産党——政権への助走と野党内の孤立」

浅井直哉（日本大学大学院）「日本の政党助成制度における配分額の上限撤廃をめぐる政治過程」

正田浩由（鎌倉女子大学）「林銑十郎内閣期における『反撥集団』としての既成政党」

宮本悟（聖学院大学）「多国間条約に対する北朝鮮のアプローチ」

第1日　10月13日（土）

13:20 〜 15:20　分科会（Ｂ１〜Ｂ８）

Ｂ－１　The Hollowing out of the Middle: Electoral De-alignment and the Future of the Representative Liberal Democracies（国際交流委員会企画）

司会：今井貴子（成蹊大学）

報告：Tilley, James（University of Oxford）"Divided by the Vote: Affective Polarization in the Wake of Brexit"

　　　Hieda, Takeshi（Osaka City University）"Comparing the Class Bases of Left-wing and Right-wing Populist Parties"

　　　Seo, Jungkun（Kyung Hee University）"New Crises and Old Coalitions: South Korea's Foreign Policy Dilemma in the Era of Polarized Politics"

討論：堀江孝司（首都大学東京）

Ｂ－２　国際政治学と比較政治学の関係性と相互補完性（企画委員会企画）

司会：多湖淳（早稲田大学）

報告：伊藤岳（人間文化研究機構/富山大学）"When Do Colonial Legacies Matter? Unpacking the Long-Term Determinants of Civil Conflicts"

　　　小浜祥子（北海道大学），大槻一統（早稲田大学）「戦時における兵器選択とレントシーキング——カンボジア内戦での空爆と地雷の使用」

　　　湯川拓（大阪大学），阪本拓人（東京大学）「選挙監視をめぐる国際政治と国内政治」

討論：多湖淳（早稲田大学）

B－3　２０１７年衆院選の分析（企画委員会企画）
司会：平野浩（学習院大学）
報告：松林哲也（大阪大学）「社会構造の変化と有権者の投票選択」
　　　茨木瞬（横浜市立大学）「2017年衆院選における連動効果の分析」
　　　上ノ原秀晃（文教大学）「2017年衆院選とソーシャル・メディア──
　　　　　　　　　　　　　　オンラインでは何が議論されたのか」
討論：秦正樹（北九州市立大学）
　　　小川寛貴（高知大学）

B－4　文部科学省の行政学的研究（公募企画）
司会：青木栄一（東北大学）
報告：曽我謙悟（京都大学）「サーヴェイ調査にみる文部科学省官僚の認識
　　　　　　　　　　　　　と行動」
　　　河合晃一（金沢大学）「文部科学省と内閣官房の関係構造」
　　　村上裕一（北海道大学）「科技庁はどこへ行ったのか──『総合調整』
　　　　　　　　　　　　　　から『司令塔』への進化？」
討論：牧原出（東京大学）

B－5　リベラル・デモクラシーと政治理論の再検討（公募企画）
司会：齋藤純一（早稲田大学）
報告：田村哲樹（名古屋大学）「『リベラル・デモクラシーを越えて』の多
　　　　　　　　　　　　　　　様性」
　　　乙部延剛（茨城大学）「＜政治的なもの＞とデモクラシー」
　　　山崎望（駒澤大学）「ケアの倫理論とラディカルデモクラシー論の可
　　　　　　　　　　　　能性──新自由主義と権威主義の時代に」
討論：森川輝一（京都大学）

B－6　安全保障とジェンダー──フェミニズム・批判理論・ジェンダー主流化（ジェンダーと政治研究会）
司会：三浦まり（上智大学）
報告：岡野八代（同志社大学）「批判的安全保障研究とケア──フェミニズ
　　　　　　　　　　　　　　ム理論は『安全保障』を語れるのか？」
　　　和田賢治（武蔵野学院大学）「女性・平和・安全保障アジェンダの包
　　　　　　　　　　　　　　　　摂／排除の境界線のポリティクス」
　　　アレキサンダー　ロニー（神戸大学）「ジェンダー化される安全保障

———グアム島の『安全安心』から学ぶ」

本山央子(お茶の水女子大学大学院)「安全保障のジェンダー化から
ジェンダーの安全保障化へ？」

討論：申琪榮(お茶の水女子大学)

佐藤文香(一橋大学)

B-7　大統領制下における変化の可能性———大統領制下のバリエーション（現代政治学研究会）

司会：岩崎正洋(日本大学)

報告：浜中新吾(龍谷大学)「イスラエル政治における『大統領制化』———
首相公選制廃止後を中心に」

岩坂将充(同志社大学)「議院内閣制の『大統領制化』から『大統
領制化』された大統領制へ———トルコにおける
執政制度の変容」

三澤真明(日本大学)「ブレア後の大統領制化———イギリス政治は大
統領制化し続けているのか」

討論：西岡晋(東北大学)

杉浦功一(和洋女子大学)

B-8　税制をめぐる政治経済学(自由論題)

司会：木寺元(明治大学)

報告：田中雅子(東京大学大学院)「All for all は税負担感を軽減するか？」

Zakowski Karol（ウッジ大学)「安倍官邸による消費増税延期をめぐ
る決定過程」

鈴木淳平(早稲田大学大学院)「グローバル化と経済政策をめぐる党
派政治———新しい理論枠組みの創出と法人税政
策を対象とした実証分析」

討論：木寺元(明治大学)

豊福実紀(お茶の水女子大学)

第1日　10月13日(土)

15:40 ～ 18:00　共通論題

共通論題　世代と政治———もう一つの「静かなる革命」？

司会：品田裕(神戸大学)

報告：中西寛(京都大学)「『世代』は国境を越えるか———国際政治から見
た世代概念」

鹿毛利枝子(東京大学)「参加における世代効果———『偉大な世代』

か学生運動世代か」
　　　遠藤晶久(早稲田大学)「世代で異なる政治対立」
討論：空井護(北海道大学)

第2日　10月14日(日)
9：30〜11：30　分科会(Ｃ1〜Ｃ8)
Ｃ−1　内閣・政党組織と選挙(企画委員会企画)
司会：藤村直史(神戸大学)
報告：松本俊太(名城大学)「政党指導部は今でも所属議員の代理人なの
　　　　　　　　　　　　　か？──アメリカ連邦議会における政党指導部
　　　　　　　　　　　　　の発達と分極化」
　　　上條諒貴(京都大学)「首相の地位維持策としての内閣改造」
　　　清水直樹(高知県立大学)「国政の政権党による地方の政策操作──
　　　　　　　　　　　　　都道府県レベルの政治的景気循環」
討論：稗田健志(大阪市立大学)
　　　濱本真輔(大阪大学)

Ｃ−2　ストリートレベル官僚制組織の管理(企画委員会企画)
司会：宗前清貞(関西学院大学)
報告：関智弘(熊本県立大学)「生活保護行政の組織管理」
　　　三谷宗一郎(慶應義塾大学)「へき地医療の縮小・撤退政策をめぐる
　　　　　　　　　　　　　組織管理」
　　　鈴木潔(専修大学)「児童虐待防止行政の組織管理」
討論：金井利之(東京大学)

Ｃ−3　政治史・政治思想史のリサーチデザイン──方法論を議論する
　　　(公募企画)
司会：井上彰(東京大学)
報告：伊藤武(東京大学)「政治科学と歴史学の狭間で──政治史の方法論
　　　　　　　　　　　　　的基礎に関する考察」
　　　犬塚元(法政大学)「いつまでスキナー頼みか──ケンブリッジ学派
　　　　　　　　　　　　　以後の政治思想史方法論」
討論：坂本治也(関西大学)
　　　馬路智仁(早稲田大学)

Ｃ−4　恒常的緊縮の政治的・政策的帰結の国際比較(公募企画)
司会：横田正顕(東北大学)

報告：杉之原真子（フェリス女学院大学）「恒常的緊縮下の政策選択と政党
　　　　間競争——日米の事例から」
　　　　近藤正基（京都大学）「増税の政治学——ドイツにおける付加価値税
　　　　改革の政治過程」
　　　　加藤雅俊（立命館大学）「財政再建国家の政治的帰結——オーストラ
　　　　リアを事例として」
討論：横田正顕（東北大学）
　　　　渡辺博明（龍谷大学）

C−5　体制転換と対外政策の変容（戦前戦後・比較政治史研究フォーラム）

司会：小宮京（青山学院大学）
報告：中澤俊輔（秋田大学）「近代日本の非主流派とナショナリズム——山
　　　　川健次郎に見る忠君・愛国・科学」
　　　　佐藤健太郎（千葉大学）「佐々木惣一と政治教育——戦時期公民教育
　　　　の断面」
　　　　信田智人（国際大学）「政権交代と対外政策決定過程についての理論
　　　　構築」
討論：前田健太郎（東京大学）
　　　　村井良太（駒澤大学）

C−6　政治情報研究における方法論的挑戦（政治学方法論研究会）

司会：鈴木基史（京都大学）
報告：金子智樹（東京大学大学院），三輪洋文（学習院大学）「テキスト分析
　　　　による新聞のイデオロギー位置の推定」
　　　　中村悦大（愛知学院大学）「有権者は選挙公報の何を見るのか？」
　　　　多湖淳（早稲田大学），稲増一憲（関西学院大学）「『見えない危機』
　　　　をめぐる政府公式声明が観衆に与える影響の研究」
討論：池田謙一（同志社大学）
　　　　境家史郎（首都大学東京）

C−7　選挙制度，文脈と投票行動——因果効果検証のための工夫（自由論題）

司会：飯田健（同志社大学）
報告：浅野正彦（拓殖大学），中村公亮（横浜市立大学大学院），遠藤勇哉
　　　　（早稲田大学大学院）"Getting Electoral Systems to

Count: Does Candidate's Smile Matter in Japan?"

三村憲弘(武蔵野大学)，深谷健(武蔵野大学)「『模擬選挙』実験で検証する投票制度のメカニズム——大学と行政との連携プロジェクトを通じて」

重村壮平(神戸大学大学院)「復活当選と投票率——準実験による因果効果の測定」

討論：松林哲也(大阪大学)

C-8　政治思想(自由論題)

司会：平石耕(成蹊大学)

報告：石田雅樹(宮城教育大学)「『公衆』の政治教育の可能性について——「リップマン-デューイ論争」再考」

横地徳広(弘前大学)「アレントとハイデガー」

松井陽征(明治大学)「『保守主義』政治思想の意義は現実政治への非有用性にある——オークショットと半澤孝麿にみられる非政治的保守主義政治思想の比較考察」

討論：平石耕(成蹊大学)
　　　金慧(千葉大学)

第2日　10月14日(日)

12:30～14:00　政治学のフロンティア

F-2　政治学のフロンティア(ポスターセッション)

報告：粕谷祐子(慶應義塾大学)「実証政治学における『因果推論革命』」

田中智和(関西大学・上宮高等学校)「大阪都構想が与えた周辺都市への影響——府下24市議会委員会発言データから」

大村啓喬(滋賀大学)「平和維持活動に対する政策選好の性差」

田部井滉平(早稲田大学大学院)「テロリズムの発生が移民に対する意識に与える影響——自然実験デザインによる分析」

具裕珍(東京大学大学院)「日本における保守市民社会のロビー先選択——議員連盟に着目して」

喜多宗則(早稲田大学大学院)「内戦における移行期正義の波及効果」

坂井亮太(早稲田大学大学院)「認識的デモクラシー論に対するロバストネス分析の応用——認知的多様性の発見」

小森雄太(明治大学)，松岡信之(明治大学)「議員定数の変化に関す
る基礎的研究——議員立法の変化との関係性に
注目して」

和足憲明(いわき明星大学)「政令指定都市における財政赤字の比較
分析——1975 - 2014年」

第2日　10月14日(日)
13:10～15:10　分科会(D１～D８)
D－１　原敬内閣１００年，日本政党政治史を考える(企画委員会企画)
司会：奈良岡聰智(京都大学)
報告：清水唯一朗(慶應義塾大学)「『初の本格的政党内閣』の歴史的制度
分析」

伏見岳人(東北大学)「後藤新平は政友会内閣をどう見たか？」

菅原健志(愛媛大学)「イギリスから見た原敬内閣期の日本　1918 -
1921年」

討論：待鳥聡史(京都大学)

五百旗頭薫(東京大学)

D－２　選挙不正の比較政治学——理論・実証のフロンティア(企画委員会企画)
司会：高橋百合子(早稲田大学)
報告：豊田紳(日本学術振興会)「独裁の鏡の中の競争選挙」

Bohács Dávid（東北大学大学院)「与党のための選挙改革——ハンガ
リーの事例」

鷲田任邦(東洋大学)「覇権政党の盛衰と選挙不正戦略——マレーシ
アの事例から」

討論：飯田健(同志社大学)

高橋百合子(早稲田大学)

D－３　政治学におけるデータ・資料の公開と共有に関する現状と課題(企画委員会企画)
司会：矢内勇生(高知工科大学)
報告：尾野嘉邦(東北大学)「比較政治学」

小宮京(青山学院大学)「政治史」

多湖淳(早稲田大学)「国際関係論」

D－４　国際秩序思想と憲法(公募企画)

司会：宇野重規（東京大学）

報告：安武真隆（関西大学）「啓蒙期の国際秩序構想と国制構想における相克」

川口雄一（東京女子大学）「南原繁の政治哲学における『世界秩序』構想と立憲主義——戦前・戦中・戦後」

篠田英朗（東京外国語大学）「戦後初期日本における新憲法と新国際法の受容——横田喜三郎に焦点をあてて」

討論：苅部直（東京大学）

Ｄ－５　若者の政治参加と主権者教育（教育と政治研究会）

司会：吉田徹（北海道大学）

報告：末木孝典（慶應義塾高等学校）「18歳選挙権で見えてくる日本の政治参加の課題」

鈴木規子（東洋大学）「フランスの若者の政治参加と市民性教育」

小玉重夫（東京大学）「高大接続改革と18歳選挙権」

討論：岡野八代（同志社大学）

田村哲樹（名古屋大学）

Ｄ－６　サブナショナルレベルの政治過程における垂直的効果と水平的効果（日本政治過程研究会）

司会：小林良彰（慶應義塾大学）

報告：堤英敬（香川大学）「候補者選定方法と政党組織——地方組織主導の候補者選定過程の開放と自民党」

原田勝孝（福岡大学）, Smith Daniel M.（Harvard University）"Distributive Politics and Crime"

築山宏樹（東京大学大学院）"Electoral Systems and Incumbency Advantage: Evidence from Local Elections in Japan"

討論：三輪洋文（学習院大学）

三船毅（中央大学）

Ｄ－７　選挙制度・投票行動研究の最新動向（自由論題）

司会：前田幸男（東京大学）

報告：高宮秀典（東京大学大学院）「『県議枠』としての参議院選挙区——自民党県議の国政進出が促進される条件に着目して」

今井亮佑（崇城大学）, 日野愛郎（早稲田大学）「二次的選挙における投票行動——欧州議会選挙の重要性認識と野党

投票の関係について」

Song Jaehyun（早稲田大学），Park Beomseob（ニュージャージー大学）「最重要課題としての経済──経済争点のセイリアンスが有権者の経済投票に与える影響」

討論：建林正彦（京都大学）
　　　中井遼（北九州市立大学）

D−8　行政がコントロールできるものは何か（自由論題）

司会：辻陽（近畿大学）
報告：宋一正（神戸大学大学院）「都道府県における行政組織の変化を分析する──二元代表制における知事の執政構造」
　　　北川雄也（同志社大学大学院）「障害者福祉の政策学──評価とマネジメント」
　　　若山将実（北陸学院大学），俵希實（北陸学院大学），西村洋一（北陸学院大学）「地方自治体における多文化共生政策の選択」
討論：嶋田暁文（九州大学）

第2日　10月14日（日）
分科会（E1〜E8）　15:30〜17:30
E−1　寛容論の再考（企画委員会企画）

司会：井柳美紀（静岡大学）
報告：加藤節（成蹊大学）「ロックの寛容思想──『政教分離』論の原理・意図・意味」
　　　川出良枝（東京大学）「政治的寛容──ポリティーク派からピエール・ベールへ」
　　　高田宏史（岡山大学）「ウェンディ・ブラウンのリベラルな寛容批判の検討──ポスト世俗主義の視角から」
討論：網谷龍介（津田塾大学）
　　　古城毅（学習院大学）

E−2　海外インフラ投資政策の日中比較分析（企画委員会企画）

司会：佐々田博教（北海道大学）
報告：礪波亜希（筑波大学）"The Choice is Yours: China's Investment in Critical Infrastructure in Democracies"
　　　Jiang Yang（デンマーク国際問題研究所）"Competitive Partners in Development Financing: China and Japan Expanding

Overseas Investment in Infrastructure"

Dadabaev Timur（筑波大学）"Japanese and Chinese Infrastructure
Development Strategies in Central Asia"

討論：寺田貴（同志社大学）

中逵啓示（立命館大学）

Ｅ－３　研究成果の出版と発進──単著本，査読論文（英語・日本語）（若手セッション）（企画委員会企画）

司会：青木栄一（東北大学）

報告：中井遼（北九州市立大学）「単著」

早川有紀（関西学院大学）「単著」

松林哲也（大阪大学）「英語論文」

浜中新吾（龍谷大学）「日本語論文」

Ｅ－４　核・原子力をめぐる日本外交の黎明──日本・アメリカ・アジア（公募企画）

司会：井口治夫（関西学院大学）

報告：土屋由香（京都大学）「1955 〜 62年における水爆実験と遠洋漁業をめぐる日米交渉」

友次晋介（広島大学）「アジア原子力センター構想に対する日本の反応──対アジア原子力協力の胎動」

黒崎輝（福島大学）「国際原子力協力と核兵器製造能力──1950・60年代の日本の再処理技術開発」

討論：楠綾子（国際日本文化研究センター）

Ｅ－５　3.11後の社会運動──誰がなぜいかにして参加したのか（公募企画）

司会：中野晃一（上智大学）

報告：樋口直人（徳島大学）「誰が参加したのか──運動参加者の社会的構成」

松谷満（中京大学）「『怒れる市民』の虚像と実像──感情・イデオロギーと運動参加」

大畑裕嗣（明治大学）「SNS時代の社会運動？──運動への勧誘をめぐるネットワークの位置づけ」

討論：中野晃一（上智大学）

E−6 ＥＵ統合と国民国家──欧州政治の動態と課題(2018年)(「地域統合」分科会)

司会：羽場久美子(青山学院大学)

報告：細田晴子(日本大学)「EU統合とカタルーニャ──スペインにおける分離独立運動の展開」

富崎隆(駒澤大学)「EU統合とスコットランド──ブレグジットとスコットランド人意識・政党政治・統治構造」

清水聡(青山学院大学)「EU統合と旧東ドイツ地域──メルケル政権と『ドイツのための選択肢』(AfD)の動向」

討論：八十田博人(共立女子大学)

原田徹(同志社大学)

E−7 対抗運動の政治経済学(批判的政治学研究会)

司会：小林誠(お茶の水女子大学)

報告：中島醸(愛知県立大学)「アメリカにおける新自由主義的経済政策と労働政治の新展開──社会運動ユニオニズムの検討」

久保木匡介(長野大学)「イギリスにおけるキャメロン政権期の教育改革と対抗運動」

佐々木寛(新潟国際情報大学)「安倍政権に対抗する地方政治のダイナミズム──新潟の事例」

討論：小林誠(お茶の水女子大学)

E−8 現代ヨーロッパ政治の変容(自由論題)

司会：日野愛郎(早稲田大学)

報告：源島穣(筑波大学大学院)「ブラウン・キャメロン政権期における就労支援政策の持続──イギリスの『社会的包摂』は社会分断を助長したのか？」

杉村豪一(神戸大学)「『改革』と党派性──宗教・地方・イデオロギー」

中川洋一(立命館大学)「2017年ドイツ連邦議会選挙と連邦政治への含意」

討論：伊藤武(東京大学)

松尾秀哉(龍谷大学)

『年報政治学』論文投稿規程

※第9条の「投稿申込書」は，日本政治学会のウェブサイトからダウンロードできます。（URL: http://www.jpsa-web.org/publish/nenpo.html）

1．応募資格
　　・日本政治学会の会員であり，応募の時点で当該年度の会費を納入済みの方とします。

2．既発表論文投稿の禁止
　　・応募できる論文は未発表の原稿に限ります。

3．使用できる言語
　　・日本語または英語とします。

4．二重投稿の禁止
　　・同一の論文を本『年報政治学』以外に同時に投稿することはできません。
　　・また，同一の論文を『年報政治学』の複数の号に同時に投稿することはできません。

5．論文の分量
　　・日本語論文の場合，原則として20,000字以内（注，参考文献，図表を含む）とします。文字数は，日本政治学会ウェブサイト「投稿論文の分量について」にしたがって計算してください。論文の内容から20,000字にどうしても収まらない場合には，超過を認めることもあります。ただし査読委員会が論文の縮減を指示した場合には，その指示に従ってください。
　　・英語論文の場合，8,000語（words）以内（注，参考文献，図表を含む）とします。文字数は，日本政治学会ウェブサイト「投稿論文の分量について」にしたがって計算してください。論文の内容から8,000語にどうしても収まらない場合には，超過を認めることもあります。ただし査読委員会が論文の縮減を指示した場合には，その指示に従ってください。

6．論文の主題
　　・政治学に関わる主題であれば，特に限定しません。年報各号の特集の主題に密接に関連すると年報委員会が判断した場合には，特集の一部として掲載する場合があります。ただし，査読を経たものであることは明記します。

7. 応募の締切

・論文の応募は年間を通じて受け付けますので，特に締切はありません。ただし，6月刊行の号に掲載を希望する場合は刊行前年の10月20日，12月刊行の号に掲載を希望する場合は刊行年の3月20日が応募の期限となります。しかし，査読者の修正意見に対応した修正論文の再提出が遅れた場合などは，希望の号に掲載できないこともあります。また，査読委員会が掲載可と決定した場合でも，掲載すべき論文が他に多くある場合には，直近の号に掲載せず，次号以降に回すことがありますので，あらかじめご了承ください。掲載が延期された論文は，次では最優先で掲載されます。

8. 論文の形式

・図表は本文中に埋め込まず，別の電子ファイルに保存し，本文中には図表が入る位置を示してください。図表の大きさ（1ページを占めるのか半ページを占めるのか等）も明記してください。図表が複数ある場合には，すべての図表を一つの電子ファイルに入れるようにしてください。また，他から図表を転用する際には，必ず出典を各図表の箇所に明記してください。

・図表はスキャン可能な電子ファイルで提出してください。出版社に作成を依頼する場合には，執筆者に実費を負担していただきます。

・投稿論文には，審査の公平を期すために執筆者の名前は一切記入せず，「拙著」など著者が識別されうるような表現は控えてください。

9. 投稿の方法

・論文の投稿は，ワードまたは一太郎形式で電子ファイルに保存し，『年報政治学』査読委員会が指定する電子メールアドレス宛てに，メールの添付ファイルとして送信してください。投稿メールの件名（Subject）には，「年報政治学投稿論文の送付」と記入してください。

・なお，別紙の投稿申込書に入力の上，投稿論文と共にメールの添付ファイルとして送付してください。

10. 投稿論文の受理

・投稿論文としての要件を満たした執筆者に対しては，『年報政治学』査読委員会より，投稿論文を受理した旨の連絡を電子メールで行います。メールでの送受信に伴う事故を避けるため，論文送付後10日以内に連絡が来ない場合には，投稿された方は『年報政治学』査読委員会に問い合わせてください。

11. 査読
・投稿論文の掲載の可否は，査読委員会が委嘱する査読委員以外の匿名の
レフリーによる査読結果を踏まえて，査読委員会が決定し，執筆者に電子
メール等で結果を連絡します。
・「掲載不可」及び「条件付で掲載可」と査読委員会が判断した場合には，
執筆者にその理由を付して連絡します。
・「条件付で掲載可」となった投稿論文は，査読委員会が定める期間内に，
初稿を提出した時と同一の手続で修正稿を提出してください。なお，その
際，査読者の修正意見への対応がわかる別紙もメールの添付ファイルとし
て送ってください。

12. 英文タイトルと要約，キーワード，引用文献目録
・『年報政治学』に掲載されることが決まった論文（特集論文を含む）につい
ては，著者名の英文表記，英文タイトル，和文及び英文の要約（ただし英
語論文の場合は英文要約のみ），キーワード（5語程度），引用文献目録を
必ず付してください。英文要約は150語程度（150words）になるようにして
ください（200語以内厳守）。英文タイトル及び英文要約について，査読委
員会は原則として手直しをしないので，執筆者が各自で当該分野に詳しい
ネイティヴ・スピーカーなどによる校閲を済ませてください。

13. その他の留意点
・執筆者の校正には初校と再校があります。校正原稿は，遅滞なく返送して
ください。期限までに返送がない場合には，入稿原稿のままとすることが
あります。また，校正段階で大幅な修正・加筆をすることは認められませ
ん。査読を経た原稿は，査読委員会の了承がなければ，誤植等を除き，原
則として修正・加筆をすることはできません。万一，査読委員会の了承の
下に校正段階で大幅な修正・加筆を行う場合，そのことによる製作費用の
増加や発行遅延による郵送費の発生は執筆者に負担していただくととも
に，査読委員会・年報編集委員会・学会事務局・出版社の指示に従ってい
ただきます。次号以下に掲載を繰り延べることもあります。
・本『年報政治学』への同一の著者による論文の投稿数については何ら制限
を設けるものではありませんが，採用された原稿の掲載数が特定の期間に
集中する場合には，次号以下に掲載を順次繰り延べることがあります。

附則1
この規程は，2016年7月1日より施行します。

附則 2
　この規程は，『年報政治学』2019 年度第 1 号への投稿論文より適用されます。

（2018 年 6 月 30 日改定）

査読委員会規程

1. 日本政治学会は，機関誌『年報政治学』の公募論文を審査するために，理事会の下に査読委員会を置く。査読委員会は，委員長及び副委員長を含む7名の委員によって構成する。

   ②査読委員会委員の任期は1年間とする。任期の始期及び終期は総会を基準とする。ただし再任を妨げない。

   ③委員長及び副委員長は，理事長の推薦に基づき，理事会が理事（次期理事を含む）の中から任命する。その他の委員は，査読委員長が副委員長と協議の上で推薦し，それに基づき，会員の中から理事会が任命する。委員の選任に当たっては，所属機関，出身大学，専攻分野等の適切なバランスを考慮する。

2. 査読委員会は，『年報政治学』に掲載する独立論文および特集論文を公募し，応募論文に関する査読者を決定し，査読結果に基づいて論文掲載の可否と掲載する号，及び配列を決定する。特集の公募論文は，年報委員長と査読委員長の連名で論文を公募し，論文送付先を査読委員長に指定する。

3. 査読者は，原則として日本政治学会会員の中から，専門的判断能力に優れた者を選任する。ただし査読委員会委員が査読者を兼ねることはできない。年報委員会委員が査読者になることは妨げない。査読者の選任に当たっては，論文執筆者との個人的関係が深い者を避けるようにしなければならない。

4. 論文応募者の氏名は査読委員会委員のみが知るものとし，委員任期終了後も含め，委員会の外部に氏名を明かしてはならない。査読者，年報委員会にも論文応募者の氏名は明かさないものとする。

5. 査読委員長は，学会事務委託業者に論文応募者の会員資格と会費納入状況を確認する。常務理事は学会事務委託業者に対して，査読委員長の問い合わせに答えるようにあらかじめ指示する。

6. 査読委員会は応募論文の分量，投稿申込書の記載など，形式が規程に則しているかどうか確認する。

7. 査読委員会は，一編の応募論文につき，2名の査読者を選任する。査読委員会は，査読者に論文を送付する際に，論文の分量を査読者に告げるとともに，論文が制限枚数を超過している場合には，超過の必要性についても審査を依頼する。

   査読者は，A，B，C，Dの4段階で論文を評価するとともに，審査概評を報告書に記載する。A〜Dには適宜＋または−の記号を付してもよい。記号の意味は以下の通りとする。

   A：修正なしで，掲載水準に達している論文

   B：一部修正をすれば，掲載水準に達する論文

C：相当の修正を施せば掲載水準に達する論文
　　　D：相当の修正を施しても，掲載水準に達しない論文。
　　査読者は，BもしくはCの場合は，別紙に修正の概略を記載して査読報告書とともに査読委員会に返送する。またDの場合においては，論文応募者の参考のため，論文の問題点に関する建設的批評を別紙に記載し，査読報告書とともに査読委員会に返送する。査読委員会は査読者による指示ならびに批評を論文応募者に送付する。ただし査読委員会は，査読者による指示ならびに批評を論文応募者に送付するにあたり，不適切な表現を削除もしくは変更するなど，必要な変更を加えることができる。
　　AないしCの論文において，その分量が20,000字（英語論文の場合には8,000語）を超えている場合には，査読者は論文の内容が制限の超過を正当化できるかどうか判断し，必要な場合には論文の縮減を指示することとする。

8.　　修正を施した論文が査読委員会に提出されたときは，査読委員会は遅滞なく初稿と同一の査読者に修正論文を送付し，再査読を依頼する。ただし，同一の査読者が再査読を行えない事情がある場合には，査読委員会の議を経て査読者を変更することを妨げない。また，所定の期間内に再査読結果が提出されない場合，査読委員会は別の査読者を依頼するか，もしくは自ら査読することができるものとする。

9.　　最初の査読で査読者のうち一人がD（D＋およびD－を含む。以下，同様）と評価した論文は，他の査読者に査読を依頼することがある。ただし，評価がDDの場合は掲載不可とする。修正論文の再査読の結果は，X（掲載可），Y（掲載不可）の2段階で評価する。XYの場合は，委員会が査読者の評価を尊重して掲載の可否を検討する。

10.　　査読委員会は，年報委員長と協議して各号に掲載する公募論文の数を決定し，その数に応じて各号に掲載する公募論文を決定する。各号の掲載決定は，以下の原則によるものとする。
　　1）　掲載可と判断されながら紙幅の制約によって前号に掲載されなかった論文をまず優先する。
　　2）　残りの論文の中では，初稿の査読評価が高い論文を優先する。この場合，BBの評価はACの評価と同等とする。
　　3）　評価が同等の論文の中では，最終稿が提出された日が早い論文を優先する。
　　上記3つの原則に拘らず，公募論文の内容が特集テーマに密接に関連している場合には，その特集が組まれている号に掲載することを目的として掲載号を変えることは差し支えない。

11.　　応募論文が特集のテーマに密接に関連する場合，または応募者が特集の一部とすることを意図して論文を応募している場合には，査読委員長が特集号

の年報委員長に対して論文応募の事実を伝え，その後の査読の状況について適宜情報を与えるものとする。査読の結果当該論文が掲載許可となった場合には，その論文を特集の一部とするか独立論文として扱うかにつき，年報委員長の判断を求め，その判断に従うものとする。

12.　　学会は査読委員長，査読副委員長の氏名・所属のみを公表する。査読委員の氏名・所属は，担当巻公刊までは公表しないものとする。査読者の氏名・所属は公表しない。

付則1

1. 本規程は，2005年10月より施行する。
2. 本規程の変更は，理事会の議を経なければならない。
3. 本規程に基づく査読委員会は2005年10月の理事会で発足し，2006年度第2号の公募論文から担当する。最初の査読委員会の任期は，2006年10月の理事交代時までとする。

付則2

1. 本規程は，2007年3月10日より施行する。

付則3

1. 本規程は，2016年10月2日より施行する。

付則4

1. 本規程は，『年報政治学2017-Ⅱ』の公募論文より施行する。

『年報政治学』の著作権に関する規程

1．目的

　この規程は，『年報政治学』（以下『年報』という。）に掲載されるすべての論文・書評・学界展望・その他の記事（以下「論文等」という。）の著作権について必要な事項を定める。

2．利用の許諾

　論文等の著作権は，執筆者本人に帰属するものとする。

　論文等の著作権者は，著作権法第63条により，日本政治学会に対し，その論文等の複製と公衆送信を許諾するものとする。

3．論文等の電子化

　論文等は，原則として，刊行されてから1年を経過した適切な時期に，電子ファイルとして複製され，公衆送信されるものとする。

4．他者の著作権侵害の禁止

　執筆者は，論文等の執筆に際し，他者の著作物を引用するときは出典を明記し，他者の著作権の侵害，名誉毀損の問題を生じさせてはならない。

　他者の著作権を侵害したことに伴う一切の責任は，執筆者本人が負うものとする。

5．改廃

　この規程の改廃は，日本政治学会理事会によって行われるものとする。

附則

　この規程は，2015年7月1日より施行する。

（2015年6月6日制定）
（2018年6月30日改定）

★　日本政治学会による『年報政治学』一般公開について希望されない執筆者の方は事務局までご連絡ください。

The Annuals of
Japanese Political Science Association 2018-Ⅱ

Summary of Articles

Support Measures for People with Limited Access to the polling station:
Findings for an Election Management Committee Survey

Kazunori KAWAMURA

Graduate School of Information Sciences, Tohoku University/ Associate Professor

In recent year, reforms to improve the voting environment have been pushed forward to reduce the vote week. Some election management committees (EMC) in the depopulated area carry out support measures for people with limited access to the polling station. The aim of this paper is to clarify of the electoral administration of Japan using survey data for the EMC.

According to our survey data, 13.1% of EMC carried it out in the 2016 election of House of Councilors. There is the concern of the EMC staff in the background of this. They who mind "cost" and "equitableness" are reluctant to introduce them. As a result of statistical analysis, we understood that it tended to be carried out in the municipalities with a high percentage of aged people which has experienced a merger. Support measures carried out at present have two characteristics. One is a transportation poor measure, another is an alternative corrective measure with the polling station decrease.

In aged Japan, the vote week tends to increase. It is necessary for us to do research on substantive voting rights.

The Determinants of Information Dissemination by Electoral Management Bodies:
An Analysis using the Data on the Election Administration commissions of Local Governments in Japan.

Tetsukazu OKAMOTO

Kansai University, Faculty of Policy Studies

Japanese local governments have been allowed to post official campaign bulletins of local election since 2012. Not all of the local governments, however, have done it so far.

Furthermore, the length of time during which people can get access to official campaign bulletins online varies from local government to local government. The purpose of this study is to examine what factors caused these variations. An analysis using survey data from the officials at the election administration commissions in Japanese local governments indicated that preference of local officials had a profound effect on the level of information dissemination by the local election administration commissions.

Perceptions of Party Issue Positions and Post - Election Regret
The Anti - Constitutional Amendment Voters for the Pro - Amendment Parties in the 2016 Upper House Election

Takeshi IIDA
Doshisha University

The 2016 Japanese Upper House election resulted in an overwhelming victory for the pro - constitutional amendment camp, with a two - thirds majority of seats. According to public opinion polls conducted before the election, however, citizens were not necessarily supportive of the amendment. Using an Internet survey, this study examines why the pro - constitutional amendment camp succeeded, despite general public disagreement on the issue, or why some anti - amendment citizens voted for the pro - amendment parties. The analysis shows that the anti - amendment citizens who do not know the leading Liberal Democratic Party's position on the constitutional amendment issue were more likely to vote for the pro - amendment parties, and they were more likely to regret after the election, especially among those who did early voting. This implies that citizens have difficulty in exerting the substantive voting rights by not correctly perceiving party's positions on issues.

What Explains the Organization of Electoral Management Bodies in the U. S. States?

Shunta MATSUMOTO
Meijo University, Faculty of Law

Multi - national studies have investigated the relationship between organization of Electoral Management Body (EMB) and its performance. But it is hard to apply the multi - national framework to the U.S., one of the leading democracies in the world. Instead, this paper focuses on the state - level EMB in the U.S. by describing and explaining the variation and common characteristics.

First, state EMBs are categorized into three: a single chief official (typically Secretary of State) is elected by voters: a single chief official is politically appointed: and a bipartisan commission system whose members are selected from major parties. Regression analyses weakly support the hypothesis that a state that more voters support Democrats tend to have a bipartisan commission. But more important determinants are political processes each election commission are created and its stability after the reform. Second, no state has nonpartisan EMB. It is also the case even in the recent call for such EMB. This paper argues that the very attention to the electoral governance stimulated the partisan battle over the organization of EMB. A case of Wisconsin supports this point that once created the nonpartisan election commission but later abandoned.

The Paradox of Democratized and Pluralized Institutions. Electoral Management in Contemporary Italy

Takeshi ITO

Department of Advanced Social and International Studies,
Graduate School of Arts and Science, University of Tokyo

The electoral management in Italy has suffered from severe troubles such as vote - buying and lacked integrity since the beginning of the First Republic. The institutional design, nevertheless, has mostly unchanged. Why has such troubled management experienced no major reform? The paper explores the postwar development and current functions of electoral management. The author argues that notwithstanding the comparative evaluation of Italian electoral management into an administrative model, the actual institutions have been more plural and democratic. The complex balances of mixed parties such as the EMB in the administration, parliaments, political parties, judiciaries, and citizens, have given strong legitimacy to the Italian style of electoral management. Sufficiently pluralized and democratized, the Italian style has survived throughout postwar period.

Party Politics and Fortuity behind the I-voting introduction in Estonia

Ryo NAKAI

The University of Kitakyushu, Department of Policy Studies

This article argues the introduction of internet voting in Estonia as a political outcome in which nationalist and liberal political parties played key roles, and the nation-wide ID system with post-Soviet context was important. The re-voting scheme as an anti-coercion/

vote buying measure was politicized in the process of amendments of the election laws, and experienced two presidential vetos and a judicial review. The rationale behind this political drama involving legislature, executive, and judiciary sectors was respective political parties' vote-maximization incentives. This article demonstrates political processes how and why the internet voting was introduced in Estonia, with parliament stenographic records, interviews, and press reports at the time.

Dominant Party Rule and Electoral System:
Voters' Perceptions on the Electoral System in Singapore

Takeshi KAWANAKA
Institute of Developing Economies

This article investigates the effects of individual socioeconomic attributes on perceptions about the electoral system that support the dominant party rule in Singapore. We test the hypothesis that intergenerational differences, income gap, educational gap, and ethnicity affect the voters' perceptions, based on the data of the Post - Election Surveys conducted in 2011 and 2015 by the Institute of Policy Studies Lee Kuan Yew School of Public Policy, National University of Singapore. By using logistic and OLS models, we examine the effects of four variables (age, income, education and ethnicity) on voters' assessment of the current electoral system. The results show that intergenerational differences and income gap affect their assessments of fairness of the system and their preferences for maintaining it. On the other hand, the effects of income are not robust, and ethnicity has only limited effects.

Effects of the Media, Economy, and Independent Voters on
Post - War Japanese Prime Ministers' General Policy Speeches

Emi SAUZIER-UCHIDA
Professor, School of Political Science and Economics, Waseda University

Discourse analysis of post - war Japanese prime ministers' general policy speeches indicates that speeches made during the early post - war period include a high ratio of mental process clauses, representing experience as the internal processes of their perception and cognition (feeling, thinking). In the later post - war period, however, the ratio of material process clauses, by means of which PMs referred to experience of the external world and described the process of physical actions (doing), increased. In order to provide an explanation of why this change occured, multiple regression analysis was conducted. Our main findings suggest that (i) during the high economic growth period, the spread of the media was the most influential factor, followed by economic fluctuations; (ii) during the transition period, similarly, the impact of the media was strongest, and after that the economy; (iii) during the period of economic stagnation, along with the media as the most controlling factor, a surge in independent voters became a significant factor. This study offers empirical evidence that post - war Japanese PMs have come to exhibit a growing awareness of the need for accountability and the dissemination of the media has been the constantly dominant factor in this change.

Party Leaders' Strategic Responses to Members' Dissent:
The Case of Democratic Party of Japan

Keisuke TANI

Ph.D. Candidate in the Graduate School of Law, Kobe University
Research Fellow of the Japan Society for the Promotion of Science

How do parties prevent their legislators from defecting, which makes the collapse of government and the party? Existing research looked at party switching in terms of the backbenchers' incentives to affiliate with parties. This article argues that party leaders make strategical choices of allocating resources to valuable legislators in order to persuade them to stay in their party.

Using the original dataset of the Democratic Party of Japan's dissent, this study confirms the ideological distance between legislators and a prime minister affects legislators' defection, but this effect is conditioned by the electoral performance of the party in the constituency. The analysis of the cabinet post allocation also shows this interaction effect. This article offers significant contribution on the literature of party organization by showing that party switching is not only the consequences of backbenchers' decision , but also those of party leaders' strategic behavior.

The boundaries of democracy: justification and legitimacy

Masato FUKUHARA

Ph.D. student, Graduate School of Arts and Sciences, The University of Tokyo

Democracy is widely understood as rule by the people, but who are the people? How is the demos constituted? This is the boundary problem of democracy. While a decision to exclude people that are morally entitled to be members of the demos is made through actual procedures of democracy, a morally justified principle of democratic inclusion (e.g. the all - affected principle) does not determine a particular boundary of the demos. In this paper, I defend that a boundary of the demos is legitimate if and only if it would be reasonably acceptable to all qualified points of view, applying this acceptability requirement to itself. That is, reasonable ranges of permissible demos are constituted through a hypothetical procedure of democratic legitimacy.

What is Pre-distribution: Policy Agenda and Philosophical Conceptions

Dai OBA

Graduate School of Political Science, Waseda University

Special Research Fellow DC, Japan Society for the Promotion of Science

The idea of "pre-distribution" has been discussed by politicians and researchers as a new approach to distributive policy after the 2008 global financial crisis. The gist of the idea is to realize social and economic equality through ex-ante distribution rather than through traditional tax-and-transfer model of distribution. The debate about pre-distribution concerns both practical policy-oriented questions of "what policies we should pursue" as well as more philosophical question of "what policies qualify as pre-distribution." This paper critically examines the approach of pre-distribution touching on both these aspects. I would argue that the most promising way to understand the approach is to connect it to the normative visions of property-owning democracy and transitional theory articulated by John Rawls. It is shown that these philosophical frameworks are helpful in pursuing the approach of pre-distribution in a practically and normatively appealing way.

年報政治学2018-Ⅱ
選挙ガバナンスと民主主義

2018年12月25日　第1刷発行　Ⓒ

編　者　日 本 政 治 学 会 （年報編集委員長　大西　裕）

発行者　坂 口 節 子

発行所　有限会社　木 鐸 社

〒112-0002　東京都文京区小石川5-11-15-302
電話　(03) 3814-4195　　郵便振替　00100-5-126746番
ファクス　(03) 3814-4196　　http://www.bokutakusha.com/

印刷　フォーネット　TOP印刷 ／ 製本　吉澤製本

乱丁・落丁本はお取替致します

ISBN978-4-8332-2527-4　C3331

日本政治学会編　年報政治学

年2回刊

日本政治学会編　年報政治学2005－Ⅰ
市民社会における参加と代表
A5判・360頁・2300円（2005年11月）ISBN978-4-8332-2370-6 C3331
政治改革の効果測定＝小林良彰
2003年衆議院選挙・2004年参議院選挙の分析＝池田謙一

日本政治学会編　年報政治学2005－Ⅱ
市民社会における政策過程と政策情報
A5判・260頁・1700円（2006年3月）ISBN978-4-8332-2375-1 C3331
衆議院総選挙候補者の政策位置＝谷口将紀
無党派知事下の地方政府における政策選択＝曽我謙悟・待鳥聡史

日本政治学会編　年報政治学2006－Ⅰ
平等と政治
A5判・320頁・2200円（2006年11月）ISBN978-4-8332-2382-9 C3331
運命と平等——現代規範的平等論＝飯田文雄
世界秩序の変動と平等＝遠藤誠治

日本政治学会編　年報政治学2006－Ⅱ
政治学の新潮流　21世紀の政治学へ向けて
A5判・270頁・1800円（2007年3月）ISBN978-4-8332-2391-1 C3331
規範理論と経験的研究との対話可能性＝田村哲樹
比較政治学における「アイディアの政治」＝近藤康史

日本政治学会編　年報政治学2007－Ⅰ
戦争と政治学　戦争の変容と政治学の模索
A5判・200頁・1400円（2007年9月）ISBN978-4-8332-2396-6 C3331
ウエーバーにおける戦争と政治＝亀嶋庸一
書かれざる「戦争の政治学」＝川原　彰

日本政治学会編　年報政治学2007－Ⅱ
排除と包摂の政治学　越境，アイデンティティ，希望
A5判・262頁・1700円（2007年12月）ISBN978-4-8332-2398-0 C3331
帝国の時代におけるリージョンとマイノリティ＝竹中　浩
無国籍者をめぐる越境とアイデンティティ＝陳　天璽

日本政治学会編　年報政治学2008－Ⅰ

国家と社会　統合と連帯の政治学

A5判・368頁・2300円（2008年6月）ISBN978-4-8332-2404-8 C3331
労働の再定義——現代フランス福祉国家＝田中拓道
ハイエクの民主政治論——トクヴィルとの比較＝山中　優
結社と民主政治＝早川　誠

日本政治学会編　年報政治学2008－Ⅱ

政府間ガバナンスの変容

A5判・380頁・2500円（2008年12月）ISBN978-4-8332-2412-3 C3331
中央地方関係から見た日本の財政赤字＝北村　亘
行政組織の必置緩和と地方政府の制度選択＝村上祐介
中央地方間ガバナンスの政治分析＝南　京兌・李　敏撰

日本政治学会編　年報政治学2009－Ⅰ

民主政治と政治制度

A5判・408頁・3000円（2009年6月）ISBN978-4-8332-2417-8 C3331
近代日本における多数主義と「憲政常道」ルール＝村井良太
1925年中選挙区制導入の背景＝奈良岡聰智
衆議院選挙制度改革の評価と有権者＝山田真裕

日本政治学会編　年報政治学2009－Ⅱ

政治における暴力

A5判・330頁・2400円（2009年12月）ISBN978-4-8332-2425-3 C3331
政治と暴力について＝千葉　眞
民族浄化（ethnic cleansing）について＝月村太郎
国際革命としてのパレスチナ革命＝木村正俊

日本政治学会編　年報政治学2010－Ⅰ

政治行政への信頼と不信

A5判・256頁・2000円（2010年6月）ISBN978-4-8332-2431-4 C3331
行政に対する制度信頼の構造＝池田謙一
行政信頼の政府側と市民側の要因＝大山耕輔
アジアにおける政府の信頼と行政改革＝小池　治

日本政治学会編　年報政治学2010－Ⅱ

ジェンダーと政治過程

A5判・350頁・3000円（2010年12月）ISBN978-4-8332-2438-3 C3331
アメリカ政治過程のジェンダーの意味＝大津留智恵子
イギリス議会における女性議員と代表論＝梅川正美
ドイツの女性議員のクオータ制＝中谷　毅

日本政治学会編　年報政治学2011−Ⅰ

政治における忠誠と倫理の理念化

A5判・336頁・2800円（2011年6月）ISBN978-4-8332-2445-1 C3331

「国民」を疑う＝岡本仁宏
トランスナショナル・デモクラシーはデモクラフィックか＝押村高
リベラルの夢から醒めて＝岡野八代

日本政治学会編　年報政治学2011−Ⅱ

政権交代期の「選挙区政治」

A5判・280頁・2400円（2011年12月）ISBN978-4-8332-2451-2 C3331

選挙運動支出の有効性＝今井亮佑
利益団体内の動態と政権交代＝河村和徳
知事選挙における敗北と県連体制の刷新＝山田真裕

日本政治学会編　年報政治学2012−Ⅰ

自民党と政権交代　自民党政権の総括

A5判・232頁・2400円（2012年6月）ISBN978-4-8332-2455-0 C3331

プラザ合意と「平成政変」＝松浦正孝
有権者による政党システム認識の変遷＝中村悦大
ポスト構造改革の政策路線＝永戸　力

日本政治学会編　年報政治学2012−Ⅱ

現代日本の団体政治

A5判・500頁・4500円（2012年12月）ISBN978-4-8332-2459-8 C3331

日本の消費者団体のシステム＝井上拓也
新自由主義的教育改革の政治過程とその分析視角＝森　裕城
政権交代の団体—政党関係への影響＝濱本真輔

日本政治学会編　年報政治学2013−Ⅰ

宗教と政治

A5判・432頁・品切（2013年6月）ISBN978-4-8332-2463-5 C3331

「宗教と政治」の現在＝千葉　眞
公共宗教と世俗主義の限界＝高田宏史
共同翻訳と公共圏のポリフォニー＝木部尚志

日本政治学会編　年報政治学2013−Ⅱ

危機と政治変動

A5判・336頁・3000円（2014年1月）ISBN978-4-8332-2471-0 C3331

主権国家形成と黙示録＝安武真隆
戦争する国家，たたかう人々＝小川有美
危機の政治史＝中溝和弥

日本政治学会編　年報政治学2014－Ⅰ

民意

A5判・400頁・4000円（2014年6月）ISBN978-4-8332-2476-5 C3331

「民意」の語られ方＝前田幸男

二院制における多元的民意の反映＝今井亮佑

民意のベースライン＝荒井紀一郎

日本政治学会編　年報政治学2014－Ⅱ

政治学におけるガバナンス論の現在

A5判・352頁・3500円（2015年1月）ISBN978-4-8332-2483-3 C3331

税制改革と民主主義のガバナンス＝木寺　元

日本の基礎自治体ガバナンスにおける無作為市民参加の研究＝長野　基

好意の規定因としての対人環境とメディア＝白崎　護

日本政治学会編　年報政治学2015－Ⅰ

政治理論と実証研究の対話

A5判・362頁・3500円（2015年6月）ISBN978-4-8332-2485-7 C3331

政治理論と実証研究をつなぐ環＝稗田健志

観察可能なものと観察不可能なもの＝田村哲樹

他者への支援を動機づける同情と憐れみ＝河野　勝・三村憲弘

日本政治学会編　年報政治学2015－Ⅱ

代表と統合の政治変容

A5判・360頁・3500円（2015年12月）ISBN978-4-8332-2489-5 C3331

ドイツにおける統合と代表の論理＝河崎　健

フランス・オランド政権下の政治的代表制＝久邇良子

「政党の共和国」から「大統領制の共和国」へ？＝池谷知明

日本政治学会編　年報政治学2016－Ⅰ

政治と教育

A5判・288頁・2750円（2016年6月）ISBN978-4-8332-2496-3 C3331

意識調査から見た有権者教育の射程と限界＝竹島博之

教育はなぜ脱政治化してきたか＝小玉重夫・荻原克男・村上祐介

「公民政治」の残影＝河野有理

日本政治学会編　年報政治学 2016－Ⅱ

政党研究のフロンティア

A5判・438頁・4200円＋税

日本の選挙区はどう作られたのか

　－空間的政治制度の始点を考える＝清水唯一朗

選挙制度改革の政治学

　－カリフォルニア州のプライマリー改革の事例研究＝西川　賢

サルトーリ再考＝岡﨑晴輝

日本政治学会編　年報政治学 2017 − Ⅰ
世界経済の変動と政治秩序
A5判・280頁・3500円+税

日本政治学会編　年報政治学 2017 − Ⅱ
政治分析方法のフロンティア
A5判・390頁・4500円+税

日本政治学会編　年報政治学 2018 − Ⅰ
政治と司法
A5判・333頁・4500円+税